本书出版获得以下项目资助：

天津理工大学2011年学术专著资助项目

天津理工大学2009年中青年教师进修基金项目

金融业外商直接投资对发展中东道国经济影响机制的研究

Study on the Influencing Mechanism of Financial FDI upon the Economy of Developing Host Country

刘兴凯 / 著

人民出版社

策划编辑:郑海燕

封面设计:徐　晖

版式设计:东昌文化

责任校对:周　昕

图书在版编目(CIP)数据

金融业外商直接投资对发展中东道国经济影响机制的研究/刘兴凯 著.
- 北京:人民出版社,2012.5
ISBN 978 - 7 - 01 - 010765 - 3

Ⅰ.①金…　Ⅱ.①刘…　Ⅲ.①金融业-外商直接投资-影响-经济发展-
研究-发展中国家:东道国　Ⅳ.①F112.1

中国版本图书馆 CIP 数据核字(2012)第 052055 号

金融业外商直接投资对发展中东道国经济影响机制的研究
JINRONGYE WAISHANG ZHIJIE TOUZI DUI FAZHANZHONG
DONGDAOGUO JINGJI YINGXIANG JIZHI DE YANJIU

刘兴凯　著

人 民 出 版 社 出版发行
(100706　北京朝阳门内大街 166 号)

北京集惠印刷有限责任公司印刷　新华书店经销

2012 年 5 月第 1 版　2012 年 5 月北京第 1 次印刷
开本:710 毫米×1000 毫米 1/16　印张:16
字数:200 千字

ISBN 978 - 7 - 01 - 010765 - 3　定价:36.00 元

邮购地址 100706　北京朝阳门内大街 166 号
人民东方图书销售中心　电话 (010)65250042　65289539

目　录

图表索引

图索引

表索引

前　言

　　20 世纪 90 年代以来，全球外商直接投资（FDI）呈现出一个重要的发展趋势，即快速流向新兴发展中国家的金融部门。20世纪 90 年代以前，金融部门外商直接投资在全球外商直接投资总额中的比重较低，而且主要表现为发达国家之间的对流。但是90 年代以后，随着市场化金融制度在全球范围内的推广和建立，这种格局发生了显著的变化，金融部门 FDI 的地位日益重要，尤其是，流向新兴市场国家的数量在 90 年代中期以后迅猛增长。从以新兴市场国家银行为目标的跨国并购交易总额来看，1990—1996 年间新兴市场国家金融业 FDI 总额为 60 亿美元，而在1997—2000 年间则迅速增至 500 亿美元。从相对比例看，以新兴市场国家金融机构为目标的跨国并购额占全球相应并购额的比重，在 1991—1995 年是 13％，1996—2000 年就增加到 28％，而2001—2005 年则达到了 35％。新兴发展中国家的金融部门成为全球外商直接投资的一个重要选择投向，而金融业外商直接投资的现实发展也自然引发了人们的广泛关注。

　　金融业外商直接投资对发展中东道国产生了深刻的影响，相应的，对金融业外商直接投资的理论研究也逐渐成为国际经济学界关注的热点问题之一。众多学者对金融业外商直接投资问题从不同角度进行研究，但是从已有文献资料来看，这些研究较多的侧重于微观和中观层面考察金融业外商直接投资的决策因素以及产业效应，而对金融业外商直接投资对东道国宏观经济发展的影响却没有予以足够的重视。固然，作为产业内的投资活动，金融业外商直接投资对产业本身的影响很重要，但是产业的发展最终还是要服务于国家经济发展，因此，对宏观经济的影响亦不容忽视。基于这个视角的考虑，本书试图从理论和经验层面系统研究金融业外商直接投资对发展中东道国宏观经济的影响及其影响机制，以此丰富这一领域的研究成果，弥补理论研究在这一方面的不足。

本书共包括七章内容，具体安排如下：

第一章阐述本书的研究背景和选题意义，介绍研究思路、研究内容和研究方法，归纳本书的主要创新和不足之处等；

第二章从微观、中观和宏观三个层面，对金融业外商直接投资的有关研究文献进行了系统梳理和评价，以此作为本书研究的理论基础。

第三章采用描述性方式探讨了金融业外商直接投资流向新兴国家的发展变化趋势及其特点，以及这种趋势对东道国产生的影响。

在此基础上，第四、五、六章进行了理论分析和经验检验。

第四章在强调金融业外商直接投资与实体部门外商直接投资区别的基础上，基于竞争和溢出视角构建金融业外商直接投资影响东道国宏观经济的机制框架。在这个框架中，力求将FDI—增长、金融—增长两个领域的研究整合在一个系统中，进而形成金融业FDI、东道国金融部门发展和经济增长的因果关系链条，并从这个链条中提炼出金融业FDI影响经济增长的两类机制：直接机制和间接机制。直接机制强调金融业FDI通过改善东道国金融市场而加强金融发展和经济增长的各种渠道，间接机制则强调金融业 FDI 通过改善东道国金融市场而加强其他各种影响经济增长的外部因素的渠道。

第五、六章利用面板数据模型对金融业外商直接投资影响东道国经济增长的资本作用机制、效率作用机制、信号作用机制和强化溢出机制分别进行了实证检验。结果表明：首先，金融业外商直接投资总体上有利于促进发展中东道国经济增长。金融业 FDI 通过促进竞争、溢出和制度完善等渠道改善东道国金融产业效率和金融体系稳定，高效稳健的金融体系可以稳定地提高信贷供给能力、改善公司治理和制度建设、持续地吸引其他实体产业的资本流动或贸易，从而有利于东道国的资本形成和生产率提高，并最终促进宏观经济增长。其次，金融业外商直接投资的增长效应存在明显的区域性差异，这表明，金融业 FDI 的增长效应既要依赖于东道国完善的金融监管框架，又要受东道国自身经济禀赋条件的约束。

第七章为结论与启示，在归纳本书主要结论的基础上，结合中国金融业外商直接投资的现状提出了政策性建议。

本书的主要创新之处包括：构建金融业外商直接投资对东道国经济影响机制的分析框架，并使用面板数据模型进行了实证检验；分析了金融业外商直接投资对东道国宏观经济影响机制的区域性差异及其约束条件；对各类作用机制的重要性进行了识别，认为效率机制是金融业 FDI 促进东道国经济增长的最核心作用机制。

第一章 绪 论

第一节 选题背景与研究意义

一、选题背景与问题的提出

外商直接投资（Foreign Direct Investment，简称 FDI）是推动经济全球化的重要力量，也是跨国公司实现生产活动国际化分工的重要方式，FDI 的快速扩张对许多国家以及整个世界的经济都产生了深刻的影响。跨国公司早期的投资活动主要集中于制造业，但是 20 世纪 80 年代中期以来，随着经济全球化与服务市场的开放，服务业逐渐超过制造业而成为外商直接投资最为重要的领域。根据联合国贸易和发展会议（UNCTAD）的统计，20 世纪 70 年代初期的时候，服务业 FDI 仅占全球直接投资流入存量总额的 25%，但是到了 80 年代末，该比例已经接近 50%，2002 年继续提高到了 60%，2007 年年末，全球服务业 FDI 流入存量已超过 10 万亿美元，占世界 FDI 总流入存量的 64%，远远超过制造业 FDI 同期 27% 的存量份额（UNCTAD，2004，2008）。服务业 FDI 的迅速增长，使得外商直接投资的部门结构转向服务业，服务业逐渐取代制造业而成为外商直接投资比重最大的产业部门，而服务业跨国公司通过并购、战略联盟与新建投资等扩大市场范围的方式，也相应的成为国际竞争的重要角色。

在服务业 FDI 的行业结构中，金融部门是外商直接投资的重要领域，在服务业 FDI 中占据相对较高的份额。就金融服务业 FDI（Financial Services FDI，FSFDI）存量而言，如表1-1 所示，1990 年该部门占世界服务业流入存量总额的40.5％，2002 年这一比例为 28.6％，之后基本维持在 30％以上。截止到 2007 年年末，金融业 FDI 流入存量超过 3 万亿美元，占服务业流入存量总额的 30％。最近几年金融业 FDI 份额的下降主要是由于服务业其他部门 FDI 的快速增长所致，尤其是电力、电信、供水和商务服务业等，如 1990 年到 2002 年，电力行业 FDI 流入存量的美元价值猛涨了 13 倍，占全球服务业 FDI 流入存量的 3％，电信、仓储和运输业增长近 15 倍，占服务业 FDI 流入存量的 11％，而商务服务业增长了 8 倍，占到了 26％的份额（UNCTAD，2004）。尽管如此，金融产业依然是服务业 FDI 存量中比例最高的部门，在服务业 FDI 中占据重要位置。

20 世纪 90 年代以前，金融业 FDI 的动机主要是追随母国制造业客户并为其提供金融服务，金融业 FDI 更多地表现为制造业跨国公司的附加功能。但是 90 年代之后，由于全球化的深入以及各国对金融管制的放松，以寻求国外市场机会为主要动机的金融部门海外扩张日益明显，发达国家的大型金融集团通过跨国并购的方式迅速拓展自身的市场范围，并凭借总资产和分支机构在东道国数量上的绝对优势支配着世界金融服务业。1989 年《财富》杂志按收入排序的世界最大 50 家跨国公司中没有金融公司，但是到了 2003 年，来自德国、欧盟、日本和美国等发达国家的 14 家金融集团进入了这一排名（UNCTAD，2005）。2006 年，以地理分布指数（Geographical

Spread Index，GSI)① 排序的世界前50家金融跨国公司中，欧洲国家以34家的绝对数量在排名榜中占主导地位，美国、日本和加拿大分别占据9家、4家和3家（UNCTAD，2008）。

表 1-1　1990—2007 年金融部门 FDI 流入存量及其份额

（单位：百万美元；%）

	1990	2002	2003	2004	2005	2006	2007
世界总体	384035 [100] (40.5)	1248975 [100] (28.6)	1555138 [100] (30.2)	1824614 [100] (31.0)	1877556 [100] (30.7)	2434579 [100] (31.5)	3041894 [100] (30.4)
发达国家	288748 [75.2] (37.1)	963542 [77.2] (30.8)	1299225 [83.5] (32.4)	1518066 [83.2] (32.8)	1515866 [80.7] (32.4)	1970262 [80.9] (33.7)	2457410 [80.8] (33.7)
发展中国家	95288 [24.8] (56.3)	246299 [19.7] (22.4)	251082 [16.2] (22.6)	299813 [16.4] (24.5)	341036 [18.2] (25.5)	432716 [17.8] (24.2)	544898 [17.9] (21.1)
中东欧国家	— — —	39133 [3.1] (29.0)	4832 [0.3] (17.6)	6736 [0.4] (19.6)	20654 [1.1] (23.6)	31601 [1.3] (32.7)	39586 [1.3] (29.6)

注：方括号中的数字为各组国家 FSFDI 流入存量占世界总体 FSFDI 流入存量的百分比，圆括号中的数字为各组国家 FSFDI 流入存量占相应服务业 FDI 流入存量的百分比。
资料来源：UNCTAD 的历年世界投资报告，作者整理计算。

在金融服务业 FDI 流入存量的国家或地区分布中，发达国家占据了全球金融服务业 FDI 的大部分，1990 年的份额为 75.2%，2002 年上升为 77.2%，之后基本保持在 80% 以上（见表 1-1）。这表明，发达国家在金融业 FDI 存量中占主导地位。实际上，早期的金融业 FDI 主要是在发达国家之间对流，发达国家既是金融业 FDI 的主要流出国，也是主要的流入国。但是，

————————

① 在世界投资报告中，地理分布指数计算为国际化指数与东道国数量乘积的平方根，而国际化指数为国外分支机构占所有分支机构数量的份额。

20 世纪 90 年代以来，这种结构发生了显著的变化，发达国家依然是金融服务业 FDI 的主要来源国，但是投资的重心向发展中国家尤其是新兴市场经济国家转移，这些国家成为发达国家对外直接投资的重要选择目标地区。根据世界银行 2001 年的《世界发展报告》，发展中国家吸收的金融业 FDI 从 1991 年的 360 亿美元增加到 1997 年的 1730 亿美元。尽管金融业 FDI 增长在 1997—1999 年的亚洲、俄罗斯和巴西危机中受挫，但是 2000 年又保持在约 1780 亿美元的水平上。根据国际清算银行下属的全球金融系统委员会（CGFS）2004 年的报告，20 世纪 90 年代后半期新兴市场国家的金融业 FDI 流入是前半期的 8 倍，在这些金融业 FDI 流入量中，银行部门占据了主要部分，但是保险和证券公司的比重也在逐渐增加。在几大新兴经济区域中，拉美和中东欧地区尤为突出，许多国家的外资银行已经占据了全部银行资产中的主要份额，亚洲国家的外资银行资产份额虽然相对比较低，但是也在不断提高。

金融服务业 FDI 在全球经济中的现实发展引起了决策者和学者的广泛关注。在已有的学术研究中，研究者最为关注两大类问题，一类是金融服务业 FDI 的动因和决策因素，即一国金融机构为什么要向海外扩张？这种跨国投资活动的区位决策受到哪些因素的影响？这是金融服务业 FDI 研究中关注比较多的问题，并且主要以金融产业中的银行部门为研究对象。对于这类问题，一些学者使用国际贸易的分析框架进行了探讨，如福卡雷利和波佐洛（Focarelli 和 Pozzolo，2001）在研究银行海外扩张活动时对母国和东道国的经济条件进行比较后发现，比较优势的存在是银行海外扩张的重要原因，那些海外股权较多并且其母国金融市场发达的银行可能更易于进行海外扩张，而东道国的获利机会越高越有利于吸引外资银行对其进行投资；而乔瓦尼（Di Giovanni，2005）则把引力模型（Gravity Model）理论运用到银行跨国并购分析中，发现一国银行对他国的直接投资与两国之间的距离成反比，而与两国的真实 GDP 成正比。更多的关于这类问题的研究则是使用了邓宁（Dunning，1977）基于制造业 FDI 提出的国际生产折衷理论（Eclectic Theory），在这种分析框架下，所有权优势、区位优势和内部优势的决策考量将影响金融部门 FDI 的更多因素纳入了进来，如乔戈尔（Tschoegl，1983）、乌尔萨基和韦尔京斯基（Ursacki 和 Vertinsky，1992）、福卡雷利和波佐洛（Focarelli 和 Pozzolo，2001）等提出的银行资产规模或跨国经营经验等推动银行对外扩张的所有权优势；戈德伯格和桑德斯（Goldberg 和 Saunders，1980）、奈和周等人（Nigh 和 Cho 等，1986）提出的东道国的市场机会、资金成本以及金融管制等区位优势；菲利克（Fieleke，1977）、奈和周（Nigh 和 Cho 等，1986）、Yamori（1998）、莫西仁（Moshirian，2001）等人提出的制造业直接投资或双边贸易额等内部化优势。

第二类问题则关注于金融服务业 FDI 对东道国金融体系的意义，即金融服务业 FDI 的进入对东道国国内金融机构以及金融产业会带来什么样的影响？是否会促进东道国建立高效而稳健的金融体系进而促进其金融发展？这类问题的探讨由金融业 FDI 的投资主体转向了投资客体。由于许多发展中国家开放金融部门的初衷是谋求外部力量改善脆弱的国内金融系统功能，因此金融业 FDI 对发展中东道国的产业效应问题受到了较多的关注。这类问题的研究主要围绕以下几个方面而展开：第一，金融业 FDI 对东道国金融体系效率的影响。许多经验研究表明，金融业 FDI 的流入通过强化竞争有助于发展中东道国本土金融机构成本的降低和效率的改善，进而提高整体金融部门的效率（Barajas 和 Steiner 等，2000；Claessens 和 Demirg Kunt 等，2001；Lensink 和 Hermes，2004）；金融业 FDI 的竞争效应也会影响东道国的资本配置，如竞争的加剧可能会推动东道国中小规模的本土银行转向中小企业客户或完全退出不具备竞争力的业务领域（Bonin 和 Abel，2000；Jenkins，2000），也有可能会因外资银行的"摘樱桃"（Cherry Picking）行为而进一步加大东道国中小企业的贷款难度（Berger 和 DeYoung，2001；Gormley，2006）。第二，金融业 FDI 对东道国金融系统稳定性的影响。全球金融系统委员会（CGFS，2004）研究报告指出，外资银行的金融创新活动以及先进的风险管理技术通过竞争和溢出效应有助于提高东道国金融体系的稳定性，当东道国陷入金融危机时，外资银行有可能会起到"稳定锚"的作用。但是也有研究表明，外资银行进入东道国也可能会带来消极的传染效应，如卡德纳斯和格拉夫等人（Cárdenas 和 Graf 等，2003）认为，当东道国金融部门 FDI 来源国高度集中时，母国的外部冲击很容易传导至东道国，从而不利于东道国金融系统的稳定。第三，金融业 FDI 对东道国金融监管及基础设施的影响。全球金融系统委员（CGFS，2004）指出，外资银行的金融创新活动会促进东道国金融监管体制改革，而外资银行的母国监管也会溢出到东道国监管当局。另外，正如莱文（Levine，2001）所指出，银行部门 FDI 也有助于促进东道国诸如评级机构、财务和审计公司以及获取和处理信息的信用机构等金融附属机构的发展。当然，外资银行也会给东道国监管当局带来很多挑战，如加强学习外国法律、财务和规制框架知识的挑战，各国监管当局之间对更多更好跨境信息共享的需要等。

　　总的来看，学界对金融服务业 FDI 的研究主要侧重于微观和中观层面，而对于宏观层面的研究相对比较薄弱（项卫星和王达，2007），而且在理论或经验研究中多遵循了制造业 FDI 的分析框架①。无疑，制造业 FDI 的许多经验可以运用于金融服务业 FDI 的分析，正如戈德伯格（Goldberg，2007）所言，金融业 FDI 和实体部门的 FDI 具有许多相似之处。但是，不容忽视的另外一个事实是，金融产业毕竟与其他产业存在较大的差异，金融业（尤其是银行部门）在一国经济中具有独特的地位和功能，作为经济中储蓄—投资机制的核心，金融产业成为一国经济结构中具有战略地位的枢纽部门。金融产业的独特之处并不在于其产值的大小或多少，而关键在于其提供的服务对经济运行的调节作用。从这样一个角度而言，作为现代经济的基础设施，金融服务业为其他产业的发展直接或间接地提供要素投入，相应的，金融体系效率的高低或质量的好坏会对经济中的多个生产部门乃至于整个经济的稳定和繁荣产生直接或间接的影响。基于金融服务业的这种特殊功能，当外部 FDI 资本进入金融部门之后，由此产生的经济影响及其影响机制可能与其他产业的 FDI 存在显著的差别。在制造业，FDI 的经济影响，比如技术溢出效应，更多地体现在某个实体产业内部（产业内溢出）或实体产业之间（产业间溢出）。而在金融服务业，FDI 不仅通过溢出直接影响金融产业本身，更为重要的是它可以通过金融产业与其他实体产业部门的紧密联系而渗透或传导至整个经济。因此，在经济与金融日益全球化的背景下，深入分析金融服务业 FDI 对东道国宏观经济发展的影响具有非常重要的意义。从东道国的角度来看，在各国

---

① 萨比（Sabi，1988）指出，银行部门 FDI 的研究可以比照已有制造业 FDI 理论。

经济发展和金融发展水平存在巨大差异的前提下，我们需要思考的是，金融服务业 FDI 对东道国金融体系的效率和稳定会产生什么样的影响？更进一步，金融服务业 FDI 是否会促进东道国实体经济的发展或为其提供竞争优势？如果答案是肯定的，那么这种作用的内在机制是什么？这种经济影响机制和实体部门 FDI 相比存在什么异同？金融服务业 FDI 对东道国宏观经济影响的动态效果如何？为了明确回答这些问题，我们提出了本研究的论题：金融服务业 FDI 对东道国宏观经济影响机制的研究。

二、选题的意义

基于上述金融服务业 FDI 发展的现实情况与理论研究背景，本书将以新兴发展中国家为主要研究对象，分析金融业 FDI 对东道国宏观经济发展的影响机制。这一研究的重要性表现在如下方面：

从理论方面看，本研究侧重于从影响机制的角度全面探讨金融服务业 FDI 对东道国宏观经济的影响，这个角度的研究有助于弥补现有研究的不足。现有关于金融业 FDI 的研究，或者侧重于考察金融业 FDI 的决策因素，或者侧重于探讨金融业 FDI 对东道国金融产业的影响，但是关于金融业 FDI 对东道国宏观经济影响机制的研究并不充分，而使用严密的计量方法进行金融业 FDI 对东道国宏观经济增长的经验研究更是缺乏。尽管在金融发展理论中，许多研究探讨了金融和增长的关系问题，但是金融体系的外部影响因素（金融业 FDI）及其影响机制的研究并非是其理论考察的重点。基于此，本书把 FDI—增长和金融—增长两个研究领域的内容结合在同一个框架中，以金融部门 FDI、金融体系发展与经济发展的内在因果链条为逻辑主线，构建金融业

FDI 影响东道国宏观经济发展的机制框架，并在此基础上对金融业 FDI 的各种作用机制进行实证检验，这种尝试与努力在一定程度上可以弥补目前金融业 FDI 研究的空白和不足。

从现实方面看，伴随着全球金融开放的进程，金融部门 FDI 在许多新兴发展中国家出现了快速增长的趋势，金融部门 FDI 的流入导致许多国家金融产业的所有权结构发生了深刻的变化，外资银行在东道国金融部门的资产或数量比重不断提高。由于金融业的特殊性质，与制造业 FDI 相比，金融部门 FDI 的影响可能存在很大差异，因此有必要深入研究金融部门 FDI 对东道国经济的影响及其影响机制。这种研究对于东道国的政策评估很重要，因为许多发展中国家允许金融部门 FDI 流入的最终目的是为了实现经济的稳定增长和长足发展，因此，如果不深入探讨金融部门 FDI 的这些影响机制的话，那么许多政策的意义可能是含混或不明确的。

对中国而言，新兴发展中国家金融业开放的经验和教训为我国提供了非常有益的借鉴。我国具有转型经济和新兴市场经济的双重特点，但是我国金融业的开放相对比较晚，金融业总体发展水平还比较低。2006 年年底，我国结束了加入 WTO 后的五年过渡期，根据加入之初的承诺，取消了外资金融机构在华经营地理位置、经营币种、客户类型、经营实体等方面的限制，对外资金融机构实现全面国民待遇。随着外资金融机构在华投资步伐的加快，金融部门 FDI 对中国金融产业和宏观经济的影响在不断深化，因此，对其他转型国家或新兴市场国家金融业 FDI 经济影响机制的研究可以为我国提供良好的借鉴和参考。

第二节　研究思路与内容设计

本书的中心论题是研究金融业 FDI 对东道国宏观经济发展的影响机制。金融业 FDI 与其他产业 FDI 存在共同之处，但是由于金融产业本身的特殊功能及其在经济系统中的战略性地位，其特殊性也更加明显。根据经济增长分解理论，要素投入与生产率是经济增长主要来源（尤其是生产率），因此实体部门 FDI 主要通过竞争或溢出效应而影响这些增长来源并直接构成东道国经济增长的外部因素。金融部门 FDI 的宏观经济增长效应，一方面可以通过信贷投放或资本配置而直接影响东道国资本形成或生产率，但是更重要的是通过竞争或溢出效应改善东道国本土金融机构乃至整个金融系统的效率，从而作用于资本形成和生产率。而且作为东道国金融系统改善的推动因素，金融业 FDI 也会通过影响经济增长的其他外部变量，如非金融部门 FDI、贸易进出口或证券资本流动等更为间接地影响经济增长。因此金融部门 FDI 相对于实体部门 FDI 最重要的特殊性就在于其竞争和溢出效应是广义的，即不仅仅局限于某个产业自身内部或几个产业之间，更为重要的是会超越产业本身而溢出到东道国整个经济领域。

为此，本书基于竞争和溢出的视角，在区别实体部门 FDI 和金融部门 FDI 的基础上，构建金融服务业 FDI 影响东道国经济发展的机制框架，并以此作为实证检验的理论基础。在这个框架中，力求将 FDI—增长、金融—增长两个领域的研究整合在一个系统中，通过引入 FSFDI 因素而形成一个金融部门 FDI、东道国金融部门发展和经济增长的因果关系链条。在这个链条中提炼出金融服务业 FDI 影响经济增长的两类机制：直接机制和间接机制。直接机制强调的是通过改善东道国金融市场而加强金融发展和经济增长的各种渠道。间接机制强调的是通过改善东道国金融市场而加强其他各种影响经济增长的外部因素的渠道。按照上述逻辑思路，本书将按照文献综述→描述分析→理论分析→实证检验→政策讨论的技术路线，对本书的论题——金融服务业FDI对东道国经济影响机制进行全面的讨论。全书包括七章，具体如下：

第一章为引言，主要介绍本论题提出的现实和理论背景以及论题的研究意义，界定了本研究所涉及的基本概念和研究范畴，同时对本研究的逻辑构思、总体框架、研究方法、可能的创新点及存在的不足等问题进行了说明。

第二章为文献综述，主要对本论题相关研究文献进行了回顾。本章通过直接投资主体和客体以及微观、中观和宏观三个层面对金融服务业FDI的相关研究文献进行了系统的归类梳理与评述，通过文献工作，提出了现有金融业FDI研究中可以进一步拓展的内容和方向。本章为本书的后续研究提供了资料准备和理论基础，现有研究的不足也构成了本书研究的起点。

接下来的几章为本书的主体部分，主要包括五章：

第三章为描述性分析，主要探讨了新兴发展中国家金融部门FDI的发展变化趋势及其影响。这一章包括三部分内容，首先分析了新兴发展中国家金融部门FDI的发展变化趋势，其次分析了新兴发展中国家金融业FDI的变化特征，最后探讨了金融业FDI对发展中东道国金融产业的产权结构和市场结构的影响。在本章的研究过程中，我们使用大量具体、翔实的数据对拉美地区、中东欧地区和亚洲地区等典型的新兴发展中国家进行了描述性比较分析。

第四章为理论分析，主要从理论层面分析了金融服务业 FDI 对东道国经济影响的各种机制并形成了一个分析框架。在这个框架中，基于金融部门 FDI 的竞争效应和溢出效应，在强调金融部门与实体部门 FDI 差异性基础上，本章将金融部门 FDI 对东道国宏观经济增长的影响概括为直接和间接两大类机制，具体包括资本作用机制、资源配置效率机制、治理与制度建设机制、信号机制以及强化溢出机制等，对于经济增长而言，这些机制最终通过资本形成和生产率改善而促进东道国经济增长。

第五、六章为实证研究，这两章利用拉美地区、中东欧地区以及亚洲地区的 56 个新兴市场经济国家 1995—2005 年的面板数据集，使用面板数据模型对第四章中提出的金融业 FDI 影响东道国宏观经济增长的两大类机制进行了实证检验，以此作为理论分析的经验支持证据。实证结果总体表明，金融部门 FDI 通过各种机制有利于东道国宏观经济增长，但是金融业 FDI 的增长效应在拉美、中东欧与亚洲三大地区之间存在区域性差异。

第七章为结论和启示，在总结本书主要结论的基础上，结合中国金融业 FDI 的现状提出了政策性建议。

基于上述研究的主要思路与内容设计，我们将本书的基本逻辑框架通过下面的技术路线图予以概括（见图 1-1）。

第三节　基本概念及研究范畴的界定

一、FDI 与金融业（部门）FDI

生产要素的跨国流动是国际经济融合的重要表现形式。生产要素的国际流动主要包括商品、资本、劳务以及技术的流动。对于国际资本流动而言，通常又包括三种情况，即外商直接投资

```
┌─────────────────┐
│   论题的提出      │
└─────────────────┘
         │
┌─────────────────┐
│  相关文献研究评述  │
└─────────────────┘
         │
┌──────────────────────┐
│ 金融服务业FDI的发展变化趋势 │
└──────────────────────┘
         │
┌────────────────────────────────┐
│ 金融服务业FDI对东道国经济影响机制的分析框架 │
└────────────────────────────────┘
         │
┌────────────────────────────────────────┐
│ 金融服务业FDI对东道国经济影响机制的经验检验        │
└────────────────────────────────────────┘
   │                          │
┌──────────────────┐    ┌──────────────────┐
│ 直接机制的面板数据检验 │    │ 间接机制的面板数据检验 │
└──────────────────┘    └──────────────────┘
   │         │              │          │
┌──────┐ ┌──────┐    ┌──────┐  ┌──────────┐
│资本机制│ │效率机制│    │信号机制│  │强化溢出机制│
└──────┘ └──────┘    └──────┘  └──────────┘
              │                  │
         ┌──────────────┐
         │  东道国经济增长  │
         └──────────────┘
                │
         ┌──────────────┐
         │ 结论及政策性含义 │
         └──────────────┘
```

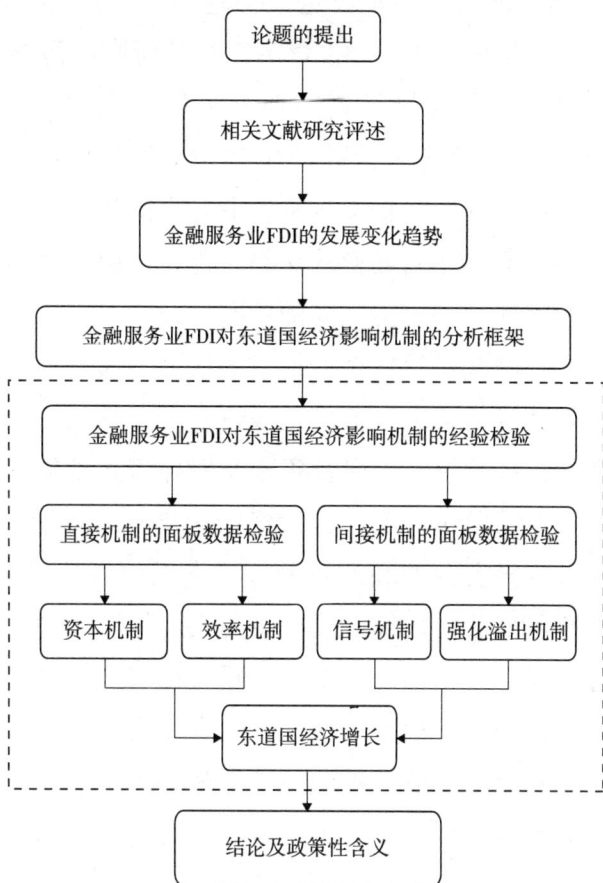

图 1-1　本书研究的基本逻辑框架

（Foreign Direct Investment，FDI）、外国证券投资（Foreign Portfolio Investment，FPI）以及外国银行借款（Foreign Banking Investment，FBI）。在这三种形式的资本流动中，又以 FDI 与 FPI 为主，不过，尽管直接投资和证券投资都属于国际投资范畴，但是二者又存在着重要的区别。

根据国际货币基金组织（IMF，1993）和经济合作与发展组织（OECD，1996），FDI 被定义为这样一种国际投资：一个经济体中的居民实体[①]（直接投资者）在其所在经济体以外的其他经济体中的企业（直接投资企业）以持久利益为目的的投资。"持久利益"意味着直接投资者和直接投资企业之间长期关系的存在以及直接投资者对直接投资企业管理的显著影响力。直接投资既涉及两个实体之间最初的交易，也包括两者之间以及法人或者非法人的国外分支机构之间的所有后续资本交易。FDI 流量是由直接投资者向直接投资企业提供的资金，或者直接投资者从直接投资企业获得的资金，通常由股权资本、收益再投资和其他资本等三个基本部分构成。股权资本是对外直接投资者购买的本国以外国家企业的股份，收益再投资包括未被分支机构以股息形式分配掉的直接投资者的利润份额，或未汇给直接投资者的利润，其他资本则包括公司内部贷款或公司内部债务交易等。FDI 存量是属于母公司的资本和准备金（包括留存利润）份额的价值，加上分支机构对母公司的净负债。外国直接投资者除了通过股权投资形式获得对他国企业的控制与管理外，还可以通过非股权形式对一家企业实体的管理施加有效影响，如分包合同、管理合同、交钥匙、特许、许可与产品分享等各种形式。

从上述定义中可以看出，直接投资的显著特点是投资者对投资企业所有权和控制权的共同享有，与控制权相伴随的对企业的直接管理意味着投资者带给投资企业的不仅包括资本要素，而且也包括技术和管理技能等一揽子资源。与此不同的是，外国证券投资主要是外国居民实体对一国证券市场进行的投资行为，其构成要素是单一的资本资源，因此外国证券投资的主要目的是为了

[①] 这里的居民实体既可以是商业实体，也可以是个人。

获得资本收益。另外，FPI 与 FDI 的关键区别在于，外国证券投资者对于其投资的他国公司只拥有所有权而没有控制权，其对企业经营的管理需要委托给企业的管理者代理，但是代理问题的存在常常会使得 FPI 投资项目不如 FDI 投资项目更为有效（Goldstein 和 Razin，2005）。

按照投资领域的不同，外商直接投资可以划分为金融业（或金融部门）FDI 和非金融业（或实体部门）FDI 两大类。根据外商直接投资的基准定义，国际清算银行下属的全球金融系统委员会（CGFS）将金融业 FDI 界定为一国或地区的投资者在其他国家或地区的金融机构中建立长期关系、享有持久利益并拥有控制权的投资活动（CGFS，2004）。显然，金融业 FDI 是针对于金融部门的直接投资行为，作为特定产业的直接投资，金融业 FDI 的资本流动也主要由三部分构成，即股权投资、收益再投资和其他资本。另外，金融业 FDI 的投资活动也可以通过绿地投资或并购的方式实现，但是在发展中国家的金融部门，跨国并购是主要的方式，而绿地投资在许多国家的金融部门 FDI 中所占份额比较少（CGFS，2004）。

与实体部门 FDI 相比，金融部门 FDI 的量化统计中存在一些需要注意的问题，正如 CGFS（2004）指出的，尽管直接投资者对投资企业的显著性影响通过一定的股权门槛来体现，但是这种方式并非可以那么容易的适用于金融部门的资本流动，因为经常会存在这样一种情况，直接投资者往往会通过不断的购买股权从而达到一个较高的份额。另外，尽管有些国家的国际收支统计中提供了分部门的 FDI 数据，但是全面而又在方法上保持一致的跨国金融部门 FDI 却难以获得，因此许多研究中使用了跨国金融并购数据、外资金融机构的数量或资产等替代指标。不过这些替代指标也存在缺陷与不足，跨国金融并购数据并不包括绿地投资，因而会低估金融业FDI，而对于外资金融机构资产或数量指标，同样面临一个门槛比例选择的问题，银行部门通常以50％的所有权作为划分内外资银行的比例标准，但是外资银行有时可能仅持有东道国银行的少数股权，因此这个比例标准也可能会低估外资的影响。

金融业FDI存在广义和狭义之分。根据金融产业的构成，一般而言，金融业FDI的外延应该是包括银行、保险和证券等所有部门在内的广义直接投资，不过许多研究文献中的金融部门仅指银行，尤其是发展中国家，银行是金融系统的核心，因此金融业FDI是仅包括银行部门的狭义直接投资。鉴于数据的可得性以及银行与保险部门的内在异质性，本书也主要是在狭义上使用金融业FDI这个概念。另外，由于银行是金融业FDI资本流动的主要载体，所以在本书的行文过程中，外资银行是经常与金融业FDI交替使用的概念，根据惯例，外资银行定义为外资所有权超过50％的银行。

二、溢出（Spillover）

溢出是一种典型的外部效应[①]。在经济学理论中，外部效应是指生产者或消费者的一项经济活动会给社会上其他成员带来好处或危害，但生产者或消费者本身并未由此而得到利益的补偿或支付危害的成本。换句话说，这种利益或危害对于经济活动本身而言是外在的。外部性理论在公共问题、产业集聚、国际投资与

---

① 马歇尔在1890年的《经济学原理》中最早论述了这一经济现象，而庇古则提出了较系统的外部性理论。

贸易对东道国的经济影响等领域得到了广泛的应用和发展。经济增长理论最早对溢出现象作出了外部性解释，阿罗（Arrow，1962）的干中学（Learning by Doing）理论认为，新投资具有溢出效应，进行投资的厂商可以通过积累生产经验而提高生产率，而且其他厂商也可以通过学习进而提高生产率。卢卡斯（Lucas，1988）的增长模型则强调了人力资本溢出效应，一个拥有较高人力资本的人对他周围的人会产生更多的有利影响，提高周围人的生产率但他并未因此而得到收益。罗默（Romer，1986）的技术进步内生增长模型则强调了知识溢出效应[①]，知识与普通商品的最大不同在于知识具有溢出效应，这种效应使得任何厂商所生产的知识都能提高全社会的生产率。

在国际直接投资领域，人们更为关注的是 FDI 的技术外部性，即技术溢出（Technology Spillover）问题。麦克道尔（MacDougal，1960）在分析直接投资对东道国经济福利影响时首先系统考察了 FDI 的溢出效应，科克（Kokko，1992）、Blomstrom 和 Kokko（1998）则进一步从外部性的角度将 FDI 技术溢出概念界定为：跨国公司通过在东道国设立子公司而引起当地技术或生产力进步，但跨国公司子公司无法将这些收益全部内部化。这种界定在国内外得到了广泛的使用，不过需要指出的是，这种界定中的 FDI 外部性主要强调的是一种正溢出效应，实际上根据外部性的含义，溢出的负外部效应也是可能的，比如 FDI 进入后由于竞争所导致的东道国企业的退出或新的垄断的形

---

① 在罗默的动态数学模型中，总生产函数将资本存量 K、劳动力 L 及技术进步 A 与产出 Y 之间的关系描述为：$Y=K^a(AL)^{1-a}$，其中 α 与 A 均为介于 0 与 1 之间的数。

成，就是一种负的溢出效应。尽管如此，国内外对 FDI 溢出的研究中主要还是侧重于正溢出效应，这也是许多发展中国家采取各种措施积极吸引 FDI 的主要目的之一。Javorcik（2004）提出了 FDI 溢出的两种主要方式：一是主动溢出，主要表现为外资企业为了获得高质量的中间投入品而主动向上游企业转移技术；二是被动溢出，主要发生在生产相同或相似产品的企业间，主要途径是通过模仿外资生产部门的产品、技术和管理等方式溢出，或者是由于外资企业带来的竞争，迫使国内企业更有效地利用现有资源以及加快研发活动的方式溢出，最重要的则是通过人力资本进行溢出，即外资企业的人员通过自身的学习和培训等方式积累一定的技术和知识后，转向国内企业或成为企业家建立自己的企业。

总体而言，FDI 的技术溢出不仅包括有意而为的技术转移，更包括无意而为的正向外部效应，这些外部性主要通过示范效应、竞争效应、人员培训效应以及关联效应等渠道而使东道国企业受益。技术溢出就其本质而言是一种知识溢出，这种知识溢出不仅包括产品技术、工艺技术等硬技术，也包括企业组织与管理等软技术。实体部门的技术多是与有形资本或设备相结合的产品工艺或设计等硬技术，因此其技术创新多表现为使用新的或改进的机器设备，通常使用的衡量指标是研发费用（丁志杰，2002）。现代金融服务业是明显的技术密集型产业，但金融产业的技术更多的表现为与人力资本相结合的软技术，如信贷评估、资产组合、风险定价等专业知识，这些技术大部分通过培训或经验积累的方式而获得，通常的衡量指标是表现技能的报酬水平。相对于实体部门而言，金融部门 FDI 的技术溢出更多的是一种软技术溢出，而且这种溢出更容易发生，因为实体部门的硬技术通过诸如申请专利等措施很容易进行技术封锁，但是金融部门的技术主要以雇员为载体，因此进行封锁不太容易。更为重要的是，金融部门 FDI 溢出的不仅仅是技术，也包括其他诸如金融稳定、危机或监管的溢出，因此，金融部门 FDI 溢出是一种更为宽泛意义上的外部效应。

第四节　研究方法、可能的创新与不足

一、研究方法

一个具有逻辑自洽性的论题研究需要有严谨科学的研究方法来支撑。在本项研究中，主要使用了以下方法：

1. 综合归纳与逻辑演绎、定性与定量分析、理论分析与经验检验相结合的方法。在已有研究文献的基础上，运用逻辑演绎与综合归纳的方法从理论上概括提炼出金融服务业 FDI 影响东道国宏观经济增长的各种内在机制，基于大量的资料和数据，在定性分析的基础上加入定量的描述性分析。同时，利用可获得的实际数据，使用面板数据模型对 FSFDI 影响东道国经济的直接机制与间接机制进行了经验检验。

2. 比较分析方法。通过比较发现问题是本书注重使用的一个重要方法，在研究过程中，本书在比较分析的基础上特别强调了金融部门 FDI 与实体部门 FDI 的不同之处。另外，拉美地区、中东欧地区及东亚地区虽然都是新兴市场国家范畴，但是在对金融服务业 FDI 流入的政策、原因以及分布上都存在明显的差异，本书对此专门进行了比较分析。同时在经济影响机制的计量检验中，在对样本总体进行回归的基础上，也分别对三大典型区域进行了回归并作出了比较性分析。

3. 实证方法与规范方法相结合。本书既要回答"是什么"和"为什么"的实证问题，也要回答"怎么样"的规范问题，在理论和经验实证的基础上提出了相应的政策性建议。

二、本书的创新与不足之处

相对于实体部门 FDI，对金融部门 FDI 的研究要稍显滞后，而对于金融部门 FDI 影响东道国宏观经济发展的相关研究则更为不足，基于此，本书在已有研究文献的基础上，尝试对如下几个方面进行探讨，希望有所突破和创新：

第一，本书构建了一个分析金融部门 FDI 影响东道国宏观经济的机制框架。现有对金融部门 FDI 的研究主要集中于金融部门 FDI 的决策因素及其对东道国金融产业的影响等方面，而金融部门 FDI 对宏观经济发展的影响及其影响机制的研究则很不充分，为此，本书在金融部门 FDI—金融部门发展、金融发展—经济增长两个领域的研究基础上，基于金融部门 FDI、金融体系发展与经济发展的内在因果链条的逻辑主线，将两种研究思路融为一体，系统分析了金融服务业 FDI 影响东道国宏观经济发展的各种内在机制，这些机制包括资本作用机制、效率作用机制（包括资源配置、公司治理和制度建设）、信号作用机制以及强化溢出机制。在强调金融部门 FDI 与实体部门 FDI 区别的基础上，基于竞争和溢出的视角，金融部门 FDI 通过影响金融体系的效率与稳定而改善东道国金融服务功能，东道国金融服务功能的改善通过直接机制（资本作用机制、效率作用机制）和间接机制（信号作用机制、强化溢出机制）两大类机制影响实体经济的资本形成和生产率，从而最终促进东道国经济增长。

第二，在构建的机制框架基础上，本书利用 1995—2005 年来自于拉美、中东欧和亚洲地区 56 个新兴发展中国家的较新数据集，使用面板数据计量技术对金融部门 FDI 影响东道国宏观经济增长的两大类机制（直接机制和间接机制）分别进行了实证检验，这个系统性的工作在目前同类研究中是不多见的。

第三，本书的实证研究发现了一些非常有意义和有价值的结果。在直接作用机制中，金融部门 FDI 通过促进竞争效应有利于改善东道国金融产业效率，从而促进东道国经济增长，但是这种增长效应的实现主要通过生产率渠道，由于金融部门 FDI 存在挤出东道国资本的可能，因此尽管金融业 FDI 的促进竞争效应与资本形成存在正相关关系，但是结果并不稳健。在间接机制中，金融部门 FDI 有利于非金融部门 FDI 流入和贸易流动，因为金融部门 FDI 为其发出了积极的信号，但是对于证券资本流入的信号作用并不明显；发展中东道国比较落后的金融系统制约了 FDI 的技术溢出，但是金融业 FDI 的进入有助于强化这种 FDI 溢出效应。另外我们还发现，在短期内，金融部门 FDI 的增长效应并不稳健，但是长期增长效应非常明显。

第四，明确指出了金融业 FDI 对东道国经济的影响及其影响机制存在着区域间的差异性。通过研究分析，我们认为尽管金融部门 FDI 对发展中东道国总体上存在积极的增长效应，但是这种效应和作用机制存在明显的区域性差异。中东欧地区的各种作用机制检验结果与总体结果比较接近，相对于拉美和亚洲地区，中东欧地区金融业 FDI 的增长效应更为明显。这种结果说明金融业 FDI 的宏观经济效应受到东道国自身禀赋条件的约束，如东道国经济发展水平、金融监管水平等。相对于拉美和亚洲地区，中东欧国家比较成功的经济改革和私有化进程为金融业 FDI 发挥积极效应奠定了良好的基础，不断提高的经济发展水平、不断完善的金融基础设施、不断健全的金融法规等为外资银行搭建了良好的作用平台，促进了外资银行技术溢出的传播和深化，提升了东道国本土银行以及整个银行体系的效率和稳定，从而最终为东道国资本形成和生产率提高做出了较多的积极贡献。

第五，对各类作用机制的重要性进行了识别，认为效率机制是最为核心的作用机制。在长期内，金融体系效率的提高可以稳定地增加信贷供给能力，从根本上改善公司治理和制度建设，持续地吸引资本流入和贸易往来，并不断地提高东道国吸收 FDI 技术溢出的吸收能力。在效率作用机制中，我们尤其考察了金融部门 FDI 对东道国实体经济的资源配置效率，以往研究较多地强调了金融部门 FDI 间接的资源配置效率，但是本书的研究表明，金融部门 FDI 不仅可以通过促进竞争而间接改善东道国资源配置，而且在控制住竞争效应后，金融部门 FDI 依然可以直接改善东道国资源配置。这个结果对于急需转变经济增长方式、谋求可持续发展的中国具有非常重要的政策性含义。

金融部门 FDI 对发展中东道国宏观经济发展的影响研究是一项意义重大但又极具挑战性的工作，由于作者学识水平和研究能力有限，本书的研究也存在一些需要后续完善的不足之处：

第一，在本书的实证检验中，由于数据的局限性，仅仅使用了金融部门 FDI 的两个替代指标：外资银行数量比重和外资银行资产比重，这两个指标虽然在目前研究中被普遍使用，但是这两个指标存在自身的缺陷，因此如果可以得到比较全面一致的金融部门 FDI 流量或存量数据，结果可能会更具有说服力，但是目前无法获取这些数据。另外，数据集中所包含的国家范围和时间跨度还可以扩大或延长，但是目前依然存在数据的局限性问题。

　　第二，本书没有专门对中国金融部门 FDI 展开研究，我们
只是在结论中对中国金融部门 FDI 进行了简要的分析，并给出
了政策性建议。由于中国金融部门开放比较晚，因此可获得的数
据序列比较短，所以我们的分析只是描述性的，缺乏实证研究，
这个方面的内容需要在后续研究中加以补充。

第二章　文献综述

在全球 FDI 资本流动中，尽管金融部门的直接投资活动早已存在（主要是发达国家之间的跨国银行），但在 20 世纪 90 年代之前，FDI 理论研究的重心一直集中于实体部门，对于金融部门的对外直接投资活动没有给予足够的重视。之后，随着金融部门 FDI 的快速发展，金融部门 FDI 的行为与影响的研究才进入了众多研究者的视野。在过去的十几年中，作为金融全球化进程中的重要表现形式，金融部门 FDI 的理论和经验研究取得了大量的成果，总的来看有两个方面的内容尤其受到各国政府决策者和经济学家的广泛关注：金融部门 FDI 行为的影响因素与金融部门 FDI 进入对东道国所产生的影响[①]。因此，本章将对上述两个方面的相关研究文献进行梳理和评论。另外，由于本书的研究重点是探讨金融服务业 FDI 经由东道国金融产业而作用于实体经济的内在机制问题，而这一问题的研究需要涉及到金融部门发展与经济增长的关系理论，因此本章也对此进行了简要的

---

① 实际上正如福卡雷利和波佐洛（Focarelli 和 Pozzolo，2008）所言，在很大程度上，人们对第二个方面内容的广泛关注源自于决策者对外国投资者是否会控制本国金融部门的担心和顾虑。

评述①。

第一节 金融业 FDI 的影响因素研究

从前人的研究成果看，有些研究从投资主体角度来探讨，投资者为什么要对金融部门进行跨国直接投资？这种跨国投资行为的区位选择、组织形式等受到哪些因素的影响？这是金融机构海外扩张时首先需要考量的决策内容。

一、追随客户假说

在国际经济活动中，"追随客户"（Follow the Customer）并非一种新的现象，但是布里默和达尔（Brimmer 和 Dahl，1975）首次将其纳入了跨国银行的研究中，认为银行海外扩张的原因是由于一些管制政策限制了美国银行满足已有客户需求的能力（特别是跨国企业），因此美国银行追随客户是在特定管制刺激之下而做出的行为。菲利克（Fieleke，1977）将"追随客户"拓宽为更一般的假说，在考察美国银行对外扩张时提出，美国银行海外经营的主要目的是为本国的海外非银行客户提供服务。阿利伯（Aliber，1984）则进一步指出，美国银行海外经营的主要优势在于他们拥有如何满足美国跨国企业金融需求的充分知识，因此母国银行通过海外直接投资可以保持现有的市场份额和客户群。威廉姆斯（Williams，2002）则进一步将跨国银行的这种动机称为"防御性扩张"（Defensive Expansion），认为通过这种策略可

---

① 金融与增长的关系问题是金融发展理论的核心内容，这个领域的研究成果非常多，因本书的重点并不在此，所以对此并未着以过多笔墨。

以避免银行和客户之间长期关系遭到破坏。

许多实证研究结果支持"追随客户"或"防御性扩张"假说。如戈德伯格和桑德斯（Goldberg 和 Saunders，1980）、奈和周等（Nigh 和 Cho 等，1986）、格罗斯和戈德伯格（Grosse 和 Goldberg，1991）、布雷利等（Brealey 和 Kaplanis 等，1996）、威廉姆斯（Williams，1998）、布赫（Buch，2000）、福卡雷利和波佐洛（Focarelli 和 Pozzolo，2005）等通过考察发达国家之间的空间距离、双边贸易额、非金融部门 FDI 等衡量经济一体化程度的变量与银行扩张变量之间的关系，发现本国银行海外扩张与本国企业海外活动存在显著的正向关系。

但是也有一些研究并不支持该假说，如赛斯等人（Seth 和 Nolle 等，1998）通过考察美国境内六个国家（日本、加拿大、法国、德国、荷兰及英国）的银行和非银行企业的借贷模式，发现四个国家（日本、加拿大、荷兰、英国）银行的大部分借款人并不是来自于其母国的企业。米勒等（Miller 和 Parkhe 等，1998）在研究美国银行 1987—1995 年对 32 个国家的扩张模式时发现，美国银行对发达国家的银行扩张与制造业 FDI 流出正相关，但对发展中国家，这种关系并不存在，因此，"追随客户"假说可能更适合于发达国家，而对发展中国家的适用性是有限的。在此基础上，克拉克等人（Clarke 和 Cull 等，2003）则进一步指出，非金融部门 FDI 是否会对银行部门 FDI 产生因果影响并不明确，因果关系的方向有可能是相反的。在发展中国家，由于外资银行面临低效的国内竞争，因此东道国可能为外资银行在本国提供金融服务创造了潜在的利润机会，并且外资银行的进入有助于带动非金融部门企业进入东道国。鲁尔和赖安（Ruhr 和 Ryan，2005）使用日本银行的对外直接投资数据对这一反向因果关系给予了证据支持。Farnoux 和 Lanteri 等（2004）在考察波兰金融部门 FDI 时则发现，金融部门和非金融部门 FDI 之间存在动态的因果关系，外资银行在 1993 年之前进入的主要动机是追随客户，但是 2000 年之后，随着外资银行涉足领域的不断扩大，追随客户的动机开始趋于弱化，寻求利润动机日益明显。

二、市场利润机会

尽管在菲利克（Fieleke，1977）的研究中，银行海外分支机构的资产回报率并不是决定性的解释变量，但是对新兴市场国家，东道国特有市场环境所创造的潜在利润机会成为吸引发达国家银行 FDI 的重要因素。

克拉克等人（Clarke 和 Cull 等，2003）认为，与发达国家的外资银行相比，发展中国家的外资银行更关注于贷款机会，因为发展中国家非饱和的、欠发达的以及低效率的金融市场能够为其带来较高的收益和良好的发展前景，而且发展中国家的市场机会也可以满足其获取规模经济收益和在全球范围内分散经营风险的需要。克莱森斯和昆特等人（Claessens 和 Demirg Kunt 等，2001）使用 80 多个国家 7900 家银行 1988—1995 年的样本数据，通过发展中国家和发达国家内外资银行的比较发现，外资银行进入的原因在发达国家和发展中国家之间存在显著差异，发展中国家的外资银行在利润、边际利差和税负方面都要高于内资银行，发达国家则恰好相反，内资银行拥有较高的利润、边际利差和税负，导致这种结果的原因可能在于发达东道国和发展中东道国金融体系竞争和管制环境的差异，那些拥有低税负和高人均收入的发展中国家更能吸引外资银行进入。布雷利等（Brealey 和 Kaplanis 等，1996）、Yamori（1998）、布赫（Buch，2000）等人的实证研究均发现了反映东道国经济发展前景的 GDP 或人均 GDP 与外资银行进入存在显著的正向关系。布赫和德隆（Buch 和 De Long，2004）通过分析 1978—2000 年间发生的 2300 件国际银行并购后指出，外国银行倾向于进入那些比较大但经济欠发达的国家，因为这些地区存在规模经济和未来增长机会的前景。布赫等人（Buch 和 Lipponer，2004）通过考察德国银行在 20 世纪 90 年代后半期对 190 个国家的直接投资活动得出了类似的结论。

三、其他各种经济和非经济因素

实际上金融部门海外扩张的影响因素是复杂多样的，除了追随客户和市场机会等跨国经营的重要因素外，其他许多母国和东道国的经济因素都会对银行的海外扩张决策产生影响，金融部门海外扩张是多种因素共同作用的结果。

莫西仁（Moshirian，1998）以澳大利亚 1985—1996 年金融服务业 FDI 的流量和存量数据为对象，分析了金融业 FDI 的决定因素，金融业 FDI 的流量数据结果表明，澳大利亚的经常账户平衡、国内外利率以及国内外经济活动有助于金融部门 FDI 流入，而金融业 FDI 的存量数据则表明银行的资本成本、澳大利亚银行市场规模、实际汇率、制造业 FDI 以及银行部门对外资产是影响金融业 FDI 的主要因素。莫西仁（Moshirian，2001）对其他发达国家（美国、英国和德国）银行对外直接投资活动的研究得出了类似的结论。克拉克等人（Clarke 和 Cull 等，2003）指出，银行部门 FDI 中，母国与东道国的经济一体化程度、东道国市场的利润机会以及东道国对外资银行的限制等是银行机构对外进行直接投资决策的重要考虑因素。

一些研究强调跨国银行的竞争优势是影响其海外扩张的因

素。格鲁伯（Grubel，1977）运用海默提出的跨国公司竞争优势理论对跨国银行进行分析，认为跨国银行之所以能够和东道国本土银行展开竞争是因为其具有的一系列优势。格雷等人（Gray Jm 和 Gray HP，1981）进一步将邓宁的跨国公司生产折衷理论运用到了商业银行 FDI 的动因分析中。但是也有一些研究认为折衷理论无法解释发达国家银行部门之间的 FDI 现象（Aliber，1984），而 Dufey 和 Giddy（1981）则认为金融部门 FDI 与竞争优势并不直接相关。不过在对新兴市场国家的 FSFDI 中，跨国公司的生产折衷理论对金融机构海外扩张活动还是有解释力的，主要原因在于新兴国家国有银行主导的银行部门效率低下，因此发达国家银行的竞争优势比较明显。一些研究也强调信息优势的重要性，福卡雷利和波佐洛（Focarelli 和 Pozzolo，2008）比较了金融部门和非金融部门的跨国并购活动，发现银行部门的跨国并购比非金融部门更为明显，原因可能是由于银行部门的信息不对称或金融管制。

除了经济因素外，许多诸如制度、文化等方面的因素也会对银行部门海外扩张产生影响。许多研究强调了金融监管制度对金融部门 FDI 活动的影响。福卡雷利和波佐洛（Focarelli 和 Pozzolo，2001、2008）发现外资银行倾向于对银行活动限制较少的国家进行投资，而且母国金融当局对本国银行对外直接投资的限制也会降低本国银行海外扩张的可能性。布赫和德隆（Buch 和 De Long，2004）则发现在较多管制环境中经营的银行不太可能成为国际银行并购的目标。戈德伯格和约翰逊（Goldberg 和 Johnson，1990）、米勒等人（Miller 和 Parkhe，1998）的研究也表明了东道国放松跨国银行投资活动的限制以及税收优惠政策等对金融部门 FDI 重要性。一些研究也强调了法律、规制和制度相似性的重要性，加林多和米科等人（Galindo 和 Micco 等，2003）使用 176 个国家的双边银行数据发现，由于国家之间法律、规制与制度的差异提高了进入成本，因此降低了外资银行参与的可能性。克莱森斯等人（Claessens 和 Van Horen，2008）通过对所有发展中国家的大部分银行进行研究后指出，相对于东道国和来源国之间的绝对制度差异而言，具有竞争关系的来源国之间的相对制度差异对于外资银行区位选择更为重要。地理位置的接近以及文化相似性等因素也是影响银行是否海外扩张的考虑因素，布赫和德隆（Buch 和 De Long，2004）以及克莱森斯 Claessens 和 Van Horen（2008）等研究表明，双边距离、共同语言背景以及殖民联系等因素都会影响外资银行进入。

对金融部门 FDI 的动因和决定因素的研究成果非常丰富，但是非常明显的特点是大部分研究的焦点都集中于跨国银行的考察，而对非银行金融机构的关注较少，并且已有的研究基本遵循了实体部门 FDI 研究框架，使用跨国企业或国际贸易的相关理论进行解释。不过最近几年，随着保险部门在金融体系中重要作用的日益显现，以及金融全球化趋势的深入发展，国际保险业的管制放松和自由化趋势日益明显，因此有关保险部门的国际化行为受到了学者的关注。莫西仁（Moshirian，1997）在研究美国保险部门 FDI 时指出，美国的保险服务需求、相对回报率、汇率、来源国保险部门规模以及双边关系等是决定保险部门 FDI 流入的重要因素，而且在美国，保险部门 FDI 和银行部门 FDI 之间是替代关系，Ma 和 Pope（2003）使用 1995—1998 年 9 个经合组织国家的非均衡面板数据研究了外国保险公司 FDI 的决定因素，实证结果表明，市场结构是决定外国保险公司 FDI 的重要因素，缺乏竞争、贸易壁垒不断减少的市场可以提高外国保险公司参与的意愿，而且具有较高 GDP 的国家更有利于吸引外资保险的参与。Li 和 Moshirian（2004）使用美国 1987—1998 年的数据实证研究了保险 FDI 的决定因素，实证结果表明，东道国稳固的经济基础是吸引保险部门 FDI 的重要因素，国民收入、来源国的保险市场规模、东道国金融发展等因素有利于促进保险部门 FDI，但是东道国较高的工资和资本成本却不利于金融部门 FDI，外汇市场的不确定性提高了投资风险，因此会降低投资者的投资意愿。

第二节　金融业 FDI 对东道国金融产业的影响研究

从东道国中观层面而言，外国金融机构通过并购或绿地投资的方式参与东道国金融产业会产生什么样的积极影响，又会带来哪些负面效应？这是金融部门 FDI 研究中关注较多的另外一个重要问题，此类研究大多是以银行部门为主要考察对象的经验研究。

一、关于东道国金融机构与金融产业的收益

许多经验研究都认为，外资金融机构的进入会通过强化竞争而改善东道国本土金融机构的经营效率，从而提高金融产业的整体效率。早期的一些研究以发达国家的银行部门为分析对象，发现了由竞争所带来的效率收益，如特雷尔（Terrell，1986）通过比较 14 个发达国家（其中 8 个国家允许外资银行进入）1976 年与 1977 年银行业财务数据，发现在同等资产规模下允许外资银

行进入的国家拥有较低的净利差、较低的税前利润和营业成本。麦克法登（Mc Fadden，1994）对澳大利亚的研究发现了同样的效率收益，面对外资银行进入带来的竞争，澳大利亚本土银行通过改善经营、投资新技术以及缩减成本而做出积极反应。

20世纪90年代以后，随着金融部门FDI向新兴发展中国家的快速流入，FSFDI对发展中东道国的影响更是受到了学者的关注。一般认为，发展中国家金融部门普遍存在垄断低效的问题，因此外资银行进入带来的金融市场竞争会迫使国内金融机构采用新的或更新已有的知识技能、管理和技术，改善金融服务质量，相关经验研究证实了这种积极影响。一些研究以单个国家作为考察对象，如周（Cho，1990）对印度尼西亚、克拉克等人（Clarke 和 Cull 等，2000）对阿根廷、巴拉亚斯和斯泰纳等人（Barajas 和 Steiner 等，2000）对哥伦比亚等，这些实证研究都表明，外资银行进入给国内银行带来了竞争压力，并促进了银行业整体效率改善。与此不同，克莱森斯和昆特等人（Claessens 和 Demirg Kunt 等，2001）则使用1988—1995年80个发达和发展中国家的7900家银行财务数据考察了外资银行进入对国内银行收入、成本与利润等许多绩效指标的影响，如净利差、利润率、非利息收入率、管理费用率、呆账准备金率等，结果发现，外资银行的进入降低了内资银行的利润率、非利息收入率和总经营性支出，表明外资银行进入通过促进东道国金融市场竞争而提高了本土银行的效率、并为国内经济提供了积极的福利效应。另外，他们还发现外资银行进入的数量对国内银行市场的竞争效应要比外资银行的市场份额更明显，这表明外资银行的竞争效应随着数量的增加而立即发生，而并非等到外资银行占有了一定的市场份额之后才会发生。

一些研究强调了外资银行对东道国不同类型银行的影响。克拉克等人（Clarke 和 Cull 等，2000）使用阿根廷的数据更加细化地考察了外资银行对不同国内银行的影响，发现外资银行在具有比较优势的领域对国内银行带来了竞争压力，贷款组合集中于制造业的国内银行（这也是外资银行业务最多的领域）比其他国内银行拥有较低的净利差和税前利润，相反，在外资银行没有大量涉足的消费者信贷领域，国内银行具有较高的净利差和税前利润。苏利文等人（Unite 和 Sullivan，2003）通过对菲律宾的研究，同样也发现，外资银行的参与降低了相同业务领域展开竞争的国内银行的净利差和利润，但是这种效应只是存在于那些附属于家族企业集团的国内银行中。

一些研究强调了东道国银行获取效率收益的约束条件。巴拉亚斯和斯泰纳等人（Barajas 和 Steiner 等，2000）使用哥伦比亚银行财务数据，通过运用描述性比较和面板数据计量检验表明，外资银行进入通过强化竞争与降低成本而改善了银行行为，但是这种收益以国内银行贷款质量的下降为代价。伦辛克和赫尔墨斯（Lensink 和 Hermes，2004）认为，长期内外资银行通过竞争可以激励国内银行降低经营成本、提高效率和金融服务种类，而且外资银行进入还会导致正向溢出效应以及提高东道国银行系统人力资本质量，但是在短期内，他强调外资银行对国内银行的影响依赖于东道国的经济发展水平，经济发展水平较低的国家，外资银行进入导致国内银行成本和净利差上升，因为国内银行为了吸收外资银行的溢出需要投资，从而导致短期内成本与净利差都会提高，经济发展水平高的国家，外资银行进入对国内银行成本和净利差的影响并不明显。根据伦辛克和赫尔墨斯（Lensink 和 Hermes，2004）的研究思路，Uiboupin（2005）考察了东道国金融体系发展程度对外资银行短期效应的约束作用。哈伯和穆萨基奥（Haber 和 Musacchio，2005）、苏尔茨（Schulz，2006）对墨西哥的研究则发现，外资银行进入并没有导致效率改善，原因在于墨西哥银行系统的集中程度在外资银行进入前和进入后都非常高，银行系统的竞争压力有限。

除了上述效率收益外，许多研究也考察了金融部门 FDI 对东道国金融产业稳定的影响。莱文（Levine，1996）认为，外资银行通过改善东道国银行部门的运行效率而有利于增强东道国整个金融体系的稳定性。昆特和莱文等（Demirgüç－Kunt 和 Levine 等，1998）使用多元 Logit 模型对部分新兴市场国家的研究发现，外资银行进入程度与银行危机的发生概率呈负相关关系，外资银行的进入降低了发生银行危机的可能性。一些研究通过考察危机期间外资银行的借贷行为，发现外资银行相对于东道国国内银行更为稳定，如戈德伯格和达克斯等（Goldberg 和 Dages 等，2000）对 1994—1995 年"龙舌兰"危机期间阿根廷和墨西哥外资银行的考察，皮克和罗森格伦（Peek 和 Rosengren，2000）对 1994—1999 年拉美国家的考察等。德特拉贾凯和古普塔（Detragiache 和 Gupta，2006）对 1997—1998 年马来西亚的研究、哈斯等人（De Haas 和 Van Lelyveld，2006）对 1993—2000 年中东欧国家的研究均发现了类似的结果，没有证据表明外资银行在危机期间会放弃东道国市场，尽管危机期间国内银行收缩了信贷，但是外资银行依然保持了信贷供给。

另外，莱文（Levine，2001）认为，外资银行进入会促进那些有利于企业信息流动的附属机构的发展，如评级机构、财务和审计公司以及获取与处理信息的信用机构。外资银行还可以激励国内监管的改善，有助于国内银行进入国际资本市场，以及刺激国内金融政策，改善金融基础设施等。全球金融系统委员会（CGFS，2004）则指出，外资银行的进入能够促进新兴国家金融市场的发展，如基金市场、证券市场以及衍生金融工具市场，因为在金融市场尚不发达的新兴市场国家中，外资银行拓展业务的一个重要手段是通过金融创新来占领市场份额（如为客户提供新的金融产品和服务），而新的金融工具的出现必然要求这些国家发展相应的金融市场，另外，外资银行出于避险和对冲风险的需要，也会通过提供相应的技术支持和构建法律框架的建议等方式协助东道国金融当局发展相关的金融市场。

二、关于东道国金融产业的潜在风险与成本

尽管金融部门 FDI 通过竞争或溢出效应为东道国金融产业带来了效率或稳定的收益，但是外资金融机构的进入也可能会使东道国面临潜在的风险与成本。斯蒂格利茨（Stiglitz，1993）认为，外资银行进入给东道国金融产业带来的潜在成本，主要是国内银行和外资银行由于竞争而产生的风险成本以及利润损失。巴拉亚斯和斯泰纳等人（Barajas 和 Steiner 等，2000）在对哥伦比亚金融部门 FDI 的研究中指出，尽管外资银行进入通过竞争强化了东道国金融部门效率，但是竞争也可能会导致银行（特别是国内银行）风险提高以及由于银行特许权价值的丧失而导致的贷款质量恶化。卡德纳斯和格拉夫等人（Cárdenas 和 Graf 等，2003）指出，尽管外资银行在东道国发生危机时能够起到稳定锚的作用，但是他们也有可能会成为危机的传染媒介，特别是当东道国的 FSFDI 来源国高度集中时，来自母国的外部冲击很容易对东道国的经济产生负面影响。在特殊的情况下，外资银行总部遭受冲击而陷入困境时，由此带来的全面收缩可能对东道国产生负面影响，如玻利维亚在 1999—2002 年经济萧条过程中遭受了来自西班牙的外部冲击。

长期以来许多决策者对外资金融机构坚持限制性政策的主要原因是存在各种担心和顾虑，莱文（Levine，1996）、昆特和莱文等人（Demirgüç—Kunt 和 Levine 等，1998）将其总结为：外资银行与国际金融市场的联系比国内银行更为密切，因此外资银行可能会促进资本流出；外资银行可能只为外国公司或最富有利润的国内市场提供服务，即所谓的"撇奶油"问题（Cream Skimming），也可能会完全地控制东道国国内市场；外资银行在东道国市场或母国市场出现问题时都可能会撤出，因此外资银行缺乏承诺的行为会提高国内金融系统的脆弱性；政府当局肩负着保持金融系统（包括支付系统）的安全责任，如果外资银行被允许直接进入支付系统，那会导致更大的风险环境，当局为了保证安全可靠的支付系统需要花费更多的努力。尽管莱文等人坚持认为这些担心相对于外资银行进入的收益而言不足为虑，但是放松外资金融机构的进入限制却不可避免地为东道国金融监管当局带来了许多的挑战。

三、关于外资银行的摘樱桃行为与东道国中小企业贷款问题

外资银行对东道国信贷获取的影响是金融部门 FDI 进程中的重要问题，也是一个富有争议性的问题。一些学者特别关注外资银行的选择性市场定位行为，即所谓的"摘樱桃"（Cherry Picking）行为。这种行为倾向于选择那些营利性最强、透明度最高的企业并为其提供金融服务，而减少对中小企业的融资业务，这可能会对中小企业带来非常不利的影响，进而损害东道国经济。因为在许多国家，中小企业发挥了主要的作用，也是创新的主要来源。不过经验研究表明这种顾虑并不明确。伯杰和德杨（Berger 和 De Young，2001）使用阿根廷 1998 年年末 115 家银行对 61295 家企业 195695 笔贷款数据研究发现，规模越小、越不透明的企业不太可能从大银行或外资银行那里获得贷款，小企业面临较高的融资约束。Mian（2006）使用巴基斯坦 7 年 80000 笔贷款的面板数据分析发现，外资银行避免为那些只具有"软信息"的农村小企业、不隶属于企业集团的企业提供贷款。德特拉贾凯和特雷塞尔（Detragiache 和 Tressel 等，2006）通过构建模型表明，当外资银行拥有比国内银行更为有效监测高端客户技术的时候，外资银行参与会导致东道国信贷总量降低、经营成本提高和福利降低等结果，通过使用 89 个低收入国家的数据，他们发现外资银行的更多进入与信贷市场增长速度的放慢存在相关关系。戈穆里（Gormley，2007）使用印度数据考察了 20 世纪 90 年代外资银行进入对国内信贷获取的影响，也证实了摘樱桃行为的存在。

与上述观点不同的是，一些研究认为外资银行由于拥有更多获取可贷资金的便利条件，因此有助于保持较高的贷款水平，而且即使外资银行倾向于选择那些透明度高的企业，小企业可以通过国内银行向这些市场的转移而提高信贷获取。一些经验研究为这种观点也提供了证据支持。克拉克（Clark，2001）发现外资银行改善了所有规模企业的融资环境，尽管这个过程好像更有利于大企业。克拉克等人（Clarke 和 Cull 等，2005）使用四个拉美国家 20 世纪 90 年代中期的银行数据考察了银行来源对小企业贷款份额和增长速度的影响，尽管他们发现总体上外资银行对小企业的贷款比国内银行要少，但是他们发现不同规模的外资银行贷款行为是存在差异的，大的外资银行对小企业的贷款份额和增长速度常常会超过国内银行，大的外资银行比内资银行更愿意为小项目提供贷款。詹内蒂和翁杰纳（Giannetti 和 Ongena，2005）使用东欧国家 6000 家公司的数据考察了外资银行信贷对企业融资和增长的影响，结果表明外资银行的借贷促进了所有企业销售量和资产的增长。克拉克等人（Clarke 和 Cull 等，2006）使用 35 个发展中国家的 3000 家企业调查数据研究发现，在外资银行渗透水平越高的国家中，包括中小企业在内的所有企业的融资障碍更低。

在国内研究中，虽然金融部门 FDI 对东道国金融产业的影响也受到了许多学者的关注，但多以描述性和政策性探讨为主，如何德旭（2004）、马君潞和满新程（2006）、刘春江和洪凯（2006）、廖岷（2008）等。不过最近几年，一些学者也运用实证方法进行了严格的经验研究，分析了外资银行对东道国金融业效率和稳定的影响。叶欣和冯宗宪（2003）利用 50 个国家 1988—1997 年的数据，运用多元 Logit 模型检验了外资银行进入程度与东道国银行体系危机发生可能性之间的关系，结果表明外资银行进入数量的增加有助于增强东道国银行体系稳定性。郭妍和张立光（2005）利用中国具有代表性的 13 家国内商业银行 1993—2002 年的数据研究发现，外资银行的"市场竞争效应"、"技术示范效应"和"金融稳定效应"在中国金融市场均有所体现，但"市场势力假说"并不成立。叶欣（2006）认为外资银行进入对中国银行部门的实际竞争压力程度有限，尚未打破中国银行业低效均衡的状态，而且中国银行市场竞争条件的改善将有利于外部竞争压力对国内银行效率演变的促进作用。张荔和张蓉（2006）使用新兴市场国家的截面数据分析表明，外资银行对东道国银行体系效率的改善依赖于有效的竞争环境并受到一定约束条件和传导路径的限制。周慧君和顾金宏（2009）使用中国 1999—2008 年的数据，利用阶段理论分析方法研究了外资银行渗透对中国银行体系稳定性的影响，结果表明，随着外资银行的渗透，中国银行体系稳定性的演化过程粗略表现出了阶段理论所提出的倒"U"形态，并且外资银行在危机期间所采取的微观战略对中国银行体系的稳定性产生了重要的影响。傅章彦（2009）使用 8 个亚洲新兴市场国家的样本考察了外资银行进入对东道国金融市场信贷资金供应数量和质量的影响，结果表明，短期内外资银行进入不利于东道国信贷资金供给数量的增加，但是有利于信贷质量和金融稳定性的提高。

第三节　金融业 FDI 的经济增长效应研究

就宏观层面而言，金融业 FDI 能否成为东道国经济增长的催化剂？这是金融服务业 FDI 研究的重要内容，也是各国放松对金融部门 FDI 限制进而谋求经济发展的最终诉求。现有文献对金融业 FDI 宏观经济效应的研究多侧重于金融功能的视角，因此金融发展与经济增长的关系理论成为金融业 FDI 增长效应研究的基本理论基础。

一、金融发展与经济增长的关系

金融发展理论是金融经济学研究的重要领域，金融发展理论通过考察各种金融变量的变化以及金融制度变革对经济发展的长期影响，进而为发展中国家谋求经济增长而提供金融发展政策，所以金融发展和经济增长的关系问题是金融发展理论中最为核心的内容。

作为经济中最重要的部门之一，金融部门对实体经济的作用伴随着银行的产生而得到广泛而又富有争议性的探讨。巴杰特（Bagehot，1873）认为，在英国的工业革命进程中，银行系统通过提供大型工业项目融通所需要的资本而发挥了关键性作用。熊彼特（Schumpeter，1912）则强调了发达的银行部门服务对生产率及增长的强化效应，认为银行的关键功能在于识别最富有效率的投资项目并向其提供资金，进而促进技术创新并实现经济增长。希克斯（Hicks，1969）进一步指出，真正引发英国工业革命的是金融系统的创新而非一般意义上的技术创新，工业革命中所使用的技术在工业革命之前就已经存在，通过向需要资本的大型项目融资，金融创新使这些技术得以实现。

与此不同，一些经济学家提出了相反的观点。卢卡斯（Lucas，1988）认为经济学家过分强调了金融系统的作用，而一些发展经济学家则以忽略金融系统的方式表达了对金融发展作用的质疑（Chandavarkar，1992），例如，由迈耶等人（Meier 和 Seers，1984）主编的包括三位诺贝尔经济学奖获得者在内的《发展经济学先驱》论文集中根本没有论及金融问题。罗宾逊（Robinson，1952）则认为银行只是消极被动的对企业经济活动做出反应，所谓的"企业走到哪里金融就跟到哪里"意味着，金融部门发展是实体部门需求变动的结果，而金融本身并不会引致经济增长。

以戈德斯密（Goldsmith）、麦金农（Mckinnon）和肖（Shaw）为首的经济学家在 20 世纪六七十年代所作的大量理论和经验研究工作在一定程度上扭转了部分新古典框架下金融对增长的消极被动思维范式，同时也标志着金融发展理论的正式形成。戈德斯密（Goldsmith，1969）在其《金融结构与金融发展》

一书中明确提出了"金融发展就是金融结构的变化"的论断，并使用35个国家1860—1963年的数据对以金融相关比率（Financial Interrelations Ratio，FIR）为核心的金融结构和金融发展水平进行了实证的比较研究，在金融发展与经济增长关系问题上发现了二者之间的平行关系。麦金农（Mckinnon，1973）的《经济发展中的货币与资本》、肖（Shaw，1973）的《经济发展中的金融深化》两部著作则从发展中国家的金融抑制入手，通过对发展中国家以"包括利率和汇率在内的金融价格的扭曲以及其他手段"为特征的金融抑制体制的批判而构建了系统的金融发展模型。对于金融发展如何促进经济增长，麦金农（Mckinnon，1973）提出了金融发展通过渠道效应[①]提高储蓄水平从而提高资本形成并最终促进经济增长的机制。肖（Shaw，1973）则使用债务媒介论[②]阐述了金融体系对经济增长的内在促进机制。

尽管麦金农—肖的金融抑制和金融深化理论在理论界引起了强烈的反响，并且对许多发展中国家的货币金融政策以及金融体制改革都产生了深远的影响，但是他们对金融和增长关系的研究基本停留在经验式的主观判断上，对金融—增长关系的刻画较为粗糙（赵振全和薛丰慧，2004）。麦金农—肖基于金融抑制的金融深化理论充分强调了金融发展对经济增长中的资本形成渠道的

---

　　① 麦金农（Mckinnon）认为，金融制度的落后导致发展中国家主要依赖于内部融资而非外部融资，如果实际存款利率为正，则潜在的投资者就会以货币作为保值手段，此时货币会成为投资的先决条件或渠道；而如果货币的实际收益率，即真实利率增加，则内部融资的资本的形成机会也会增大，这就是所谓的"渠道效应"。

　　② 肖（Shaw）认为，货币是金融体系的一种债务，而不是真实的社会财富，货币在整个社会中发挥着各种媒介作用，它通过降低生产和交易成本而提高生产效率，增加产出，进而促进储蓄和投资，这就是所谓的"债务媒介论"。

作用，但是却没有重视金融系统通过信息生产而有效配置资源、管理风险以及实施公司控制等其他功能而影响经济增长的生产率渠道（这是第二代金融发展理论的主要贡献）。另外基于金融抑制论而倡导的金融自由化政策在发展中国家的实施并非那么尽如人意，有些国家甚至还陷入了金融危机，严峻的现实激发了人们对麦金农—肖学派理论的不断反思。

20世纪90年代以来，随着内生经济增长深入发展、信息技术的不断进步以及宏观经济金融数据的日益完备，金融—增长关系的研究又一次成为金融经济学和发展经济学的前沿课题，而以金（King）和莱文（Levine）为代表的经济学家放弃了麦金农—肖基于发展中国家的传统，试图将发展中国家和发达国家纳入统一框架而构建一个一般性的金融发展理论，由此形成了第二代金融发展理论。结合内生经济增长与最优化理论，金与莱文主要从金融功能的角度考察了金融中介与金融市场在经济发展中的内生形成机制以及金融发展对经济发展的作用，尤其强调了金融发展通过改善资源配置、风险管理以及公司控制等功能而影响全要素生产率并进而促进经济增长的机制。通过构建大量结构严谨和推理缜密的模型与实证检验，第二代金融发展理论使得金融和增长的关系及其内在机制问题获得了实质性进展。

自从金融发展理论形成以来，对金融—增长关系的实证检验成为了重要的研究内容，而金（King）与莱文（Levine）等学者所开创的从经验到理论选择的研究模式更是强化了这种研究取向。许多学者针对单个国家和多个国家以及不同行业和企业，使用横截面数据、时间序列数据或面板数据方法对金融与增长的关系进行了广泛而又深入的考察。许多实证研究结果均表明了金融发展对经济增长的积极作用，金融发展能够提高储蓄率、刺激投资、避免资本的早期清偿、降低外部融资的成本、提高资本配置的效率和引领技术创新，进而促进经济的长期增长（King 和 Levine，1993；Beck 和 Levine，2004；Levine 和 Loayza 等，2000；Benhabib 和 Spiegel，2000；谈儒勇，1999；韩廷春，2001）。然而，也有一些研究得出了不同的结论，Ram（1999）对 1960—1989 年 95 个国家的实证研究表明，银行发展与经济增长之间的关系是不确定的，相对于各国经济结构和金融体系的巨大差距而言，金融发展对经济增长的影响微不足道。格雷戈里奥和吉多蒂（De Gregorio 和 Guidotti，1995）使用 12 个拉美国家 1975—1985 年的数据发现，银行发展和经济发展之间存在负相关关系。一些基于两部门（金融部门和实体经济部门）模型的经验研究则发现，金融发展与经济增长之间的关系是非线性的（Deidda 和 Fattouh，2002；Rioja 和 Valev，2004），这意味着金融发展并不是在经济增长的所有阶段上都会促进经济增长。

已有文献中对金融发展的度量多采用了莱文（Levine）构建的基于银行系统或股票市场的指标，因此多数文献实际上侧重于金融系统中的银行体系或股票市场。相对而言，保险部门与经济增长的关系并没有如同银行或股票市场那样较早的受到足够的重视。但是最近几年，随着保险部门在整个金融系统中重要性的日益显现，以及保险、银行和证券市场之间的关系日益紧密，作为风险转移的提供者和重要的机构投资者，保险部门对经济的影响也逐渐被一些学者纳入了金融—增长关系研究的范围。一些文献通过单一国家的研究强调了保险的重要性，如阿费加等人（Ranade 和 Ahuja，2001）对印度的研究，亚当斯和安德森等人（Adams 和 Andersson 等，2005）对瑞典的研究，库格勒等人（Kugler 和 Ofoghi，2005）对英国的研究等。艾瑞娜（Arena，

2006)、韦勃和格瑞斯（Webb 和 Grace 等，2002）则使用了跨国样本，考察了保险部门与银行、股票市场的相互作用。海斯等人（Haiss 和 Sümegi，2008）使用 1992—2005 年 29 个欧洲国家的面板数据，考察了保险部门对经济增长的影响。研究发现，欧盟 15 国以及瑞士、挪威和冰岛的人身险对 GDP 增长存在正效应，而对来自中东欧的新欧盟成员国，责任险则存在较大影响。另外，他们特别强调了利率和经济发展水平对保险—增长关系的影响，保险部门影响经济增长的主要渠道是风险转移和投资。

二、金融业 FDI 的宏观经济增长效应

尽管金融发展与经济增长的关系问题受到了广泛的关注，许多理论和经验研究也探讨了东道国法律和制度以及金融部门 FDI 等因素对金融产业的影响，但是金融部门 FDI 对东道国宏观经济增长效应的系统性研究却很薄弱，相关研究文献非常缺乏，已有研究多以外资银行为主要对象进行了考察。

莱文（Levine，1996）使用两步分析方法，揭示了外资银行对经济发展的作用。他认为，发展中国家通过金融发展可以促进长期经济增长，而对外资银行开放又可以促进金融发展，从而外资银行间接有利于东道国经济增长。昆特和莱文等（Demirgüç—Kunt 和 Levine 等，1998）则使用简单的计量方法检验了外资银行对东道国经济增长的影响，结果发现，外资银行对经济增长的直接作用并不明显，但是外资银行通过改善东道国金融系统效率、进而促进经济增长的间接作用非常显著。埃勒和海斯等人（Eller 和 Haiss 等，2006）使用 1996—2003 年 11 个中东欧国家的面板数据，基于跨国增长核算框架，实证检验了金融部门 FDI 对经济增长的影响，结果表明，金融部门 FDI 与东道

国经济增长存在正向关系，但是这种关系呈现出"驼峰"（Hump—shaped）式的非线性特点，这意味着金融业 FDI 对东道国增长效应的发挥并非是越多越好，而应该存在一个适度的规模。戈德伯格（Goldberg，2007）在强调金融部门 FDI 适用实体部门 FDI 的分析框架基础上，分析了金融部门 FDI 对新兴市场国家的技术转移与效率溢出效应，以及金融部门 FDI 对东道国工资水平、制度发展、经济周期及经济增长的关系。勒斯尔和海斯（Roessl 和 Haiss，2008）使用 1997—2006 年的数据考察了新欧盟成员国的金融部门 FDI 与一般资本流动和商品贸易之间的关系。这些有限的文献研究表明，金融业 FDI 对东道国宏观经济层面的影响已经开始得到研究者的关注，并成为金融业 FDI 有意义和有价值的研究方向。

第四节　简要评述

本章从微观、中观和宏观三个层面对金融服务业 FDI 的相关研究文献进行了系统的归类综述，这个工作为本书研究提供了资料准备和理论基础，同时现有研究的不足也构成了本书研究的起点。通过对相关文献的回顾，我们发现：

1. 从总体上来看，国内外关于金融服务业 FDI 的学术性探讨，主要集中在金融服务业 FDI 的决策因素及其对东道国金融产业的影响两大层面，但是金融服务业 FDI 对东道国宏观经济效应的研究并未受到足够的重视，金融部门 FDI 对东道国经济影响机制的系统性分析更为缺乏。实际上，金融部门 FDI 是涉及直接投资和金融两个领域的问题，但是现有研究的考察角度往往是单一的，或者侧重于效率与稳定的角度分析 FSFDI 对东道国金融产业发展的积极或消极影响，或者侧重于金融体系功能的角度考察金融发展对经济增长的作用。这两个角度的研究往往是作为两个领域分开进行探讨，从而使得研究思路都是片段的，前一种思路虽然细致地考察了金融部门 FDI 对金融产业的影响，但是忽略了金融业 FDI 的宏观经济效应，很少从宏观经济增长的角度进一步考察金融业 FDI 对东道国的利益；后一种思路虽然是从宏观角度考察金融发展对经济增长的作用，但是并没有考虑金融业 FDI 对金融发展的影响。因此如何将这两种思路融为一体，在金融部门 FDI、金融发展和经济增长的内在因果关系链条中，系统研究金融部门 FDI 对东道国宏观经济的影响及其影响机制问题就显得尤为必要。

2. 现有研究大多以发达国家之间的金融部门 FDI 流动为主要研究对象，而对发展中东道国 FSFDI 的研究相对比较滞后。由于影响投资决策的因素不同，金融部门 FDI 对发达东道国和发展中东道国金融产业的影响存在较大差异。FSFDI 流入发达国家的主要动机是追随母国客户，因此在发达国家市场上，外资银行对国内银行的技术优势并不明显，外资银行的效率甚至低于东道国银行。在发展中东道国市场上，金融部门 FDI 的流入更多的关注于当地市场机会，相对于效率低下的东道国银行，外资银行的技术和效率优势更为明显，因此发展中东道国从金融业 FDI 中可以获得更多的外部正效应。金融服务业是典型的知识与技术密集型产业，对人力资本的要求比较高，由于发达国家之间教育和金融基础设施的发展水平较高并且比较接近，因此发达国家之间金融部门 FDI 流动所带来的人力资本效应并不明显。相对而言，发展中国家由于教育投资较少，金融基础设施比较落后，因此由发达国家向发展中国家流动的金融业 FDI 可以产生更多的人力资本形成效应。总之，发展中国家自身禀赋的差异必然会使得金融部门 FDI 对东道国经济影响的路径和机制不同于发达国家，但是现有文献对这些特点缺乏系统性的分析和探讨。

3. 现有研究大多遵循实体部门 FDI 的分析框架，利用比较优势、产业组织、内部化、国际生产折衷等外商直接投资理论解释金融部门 FDI 行为。虽然金融部门与非金融部门 FDI 在许多方面存在相似之处，但是由于金融系统对经济的特殊功能，金融部门 FDI 对东道国经济的影响机制可能和实体部门 FDI 存在很大的区别。相对于实体部门而言，金融部门属于虚拟经济范畴，金融产业经营的是虚拟资本，所以经营者具有更强的投机性意愿，也更容易受到各种外部冲击的影响，而且金融部门在一国经济系统中处于战略性地位并肩负着特殊的关联性功能，因此流入金融部门的 FDI 与流入实体部门的 FDI 在运作模式以及管理体制上存在很大的差异，相应的金融部门 FDI 对东道国宏观经济的影响机理也必然存在其独特之处。金融部门 FDI 固然是金融产业内的经济行为，但是与实体部门 FDI 的最大不同在于，实体部门 FDI 对东道国的经济效应更多局限在某个具体产业内或几个产业间，而金融部门 FDI 会通过影响东道国金融产业而渗透到其他实体产业乃至整个经济。因此当我们跳出产业的局限而考虑整个经济系统时，我们会发现，金融部门 FDI 对东道国宏观经济的影响及其影响机制与实体部门 FDI 存在较大的差异，东道国宏观经济对金融部门外部因素的影响更为敏感，金融部门 FDI 对实体经济的"溢出效应"更为明显。

第三章 新兴发展中国家金融业
FDI 的发展趋势及影响

20 世纪 90 年代以来，全球金融业 FDI 的重要发展趋势是流向新兴发展中国家，这种趋势背后的推动力量是经济与金融全球化的深入发展，以及新兴市场国家在危机冲击或转型诉求之下对金融管制的放松。尽管新兴市场国家开放金融部门的初衷都是试图借助于外部力量救助或改善处于困境中的金融系统，但是在不同的新兴经济体中，金融业 FDI 流入的直接原因、进度与程度以及 FDI 的来源分布等各方面都表现出许多不同的特点。金融业 FDI 的流入对发展中东道国金融系统的产权结构和市场结构变化都产生了重要的影响。本章将对此做出系统的比较描述性分析。本章主要包括三部分内容，第一节首先分析新兴市场经济国家金融部门 FDI 的兴起和发展，第二节对新兴市场国家金融部门 FDI 的共同驱动因素进行分析，最后一节则对拉美、中东欧及东亚三大不同新兴经济体的金融部门 FDI 进行比较分析。

第一节 新兴发展中国家金融业
FDI 的发展趋势

20 世纪 90 年代以来，全球经济与金融形势都发生了重要的变化，以直接投资和贸易为主要特征的国际经济活动推动全球经济向纵深发展，许多发展中国家日益融入全球经济，逐渐成为全球经济版图中的重要力量。在金融领域，基于市场化的金融制度在全球范围内得到了广泛的认可与支持，由此推动了发展中国家金融自由化的进程，这个过程在 90 年代中后期的突出表现是新兴市场经济①吸收的金融部门 FDI 快速增长。

一、金融业 FDI 的发展变化趋势

20 世纪 90 年代中后期，全球金融部门 FDI 的显著趋势是向新兴发展中国家的流动快速增加。这个趋势主要由发达国家掀起的跨国金融并购浪潮所推动，因此金融并购作为一个替代指标可以在一定程度上反映金融部门 FDI 的变化趋势②。图 3－1 给出了 1990—2006 年发生在新兴市场国家和工业化国家的跨国金融并购交易情况。

可以看出，1995 年之前全球跨国金融并购交易主要发生在工业化国家之间，对新兴市场国家的金融并购交易非常少，但是

---

① 新兴市场经济（Emerging Market Economies，EMEs）并没有一个严格意义上的确切性界定，到底哪些国家应该包括在新兴市场经济中并没有一致的意见，国际货币基金组织（IMF）在其世界经济概览（World Economic Outlook，WEO）中把所有非工业化国家都纳入了这一范畴，而在其 2004 年 9 月的《全球金融稳定报告》中新兴市场经济只是指那些金融市场发展程度低于发达国家，但仍便于外国投资者大范围投资的发展中国家。英国《经济学家》则把新兴经济体分成两个梯队：第一梯队为中国、巴西、印度和俄罗斯，也称"金砖四国"；第二梯队包括墨西哥、韩国、南非、波兰、土耳其、埃及等"新钻"国家。在本书中我们遵从 IMF 的方法，把所有非工业国家作为新兴市场国家。

② 对于金融部门 FDI 的衡量可以使用多个替代指标，但是都不太完美，FDI 流量或存量本身由于各国统计方法的差异，不能全面获得，跨国并购指标可能存在低估问题，因为跨国并购不包括绿地投资。

(单位: 10亿美元)

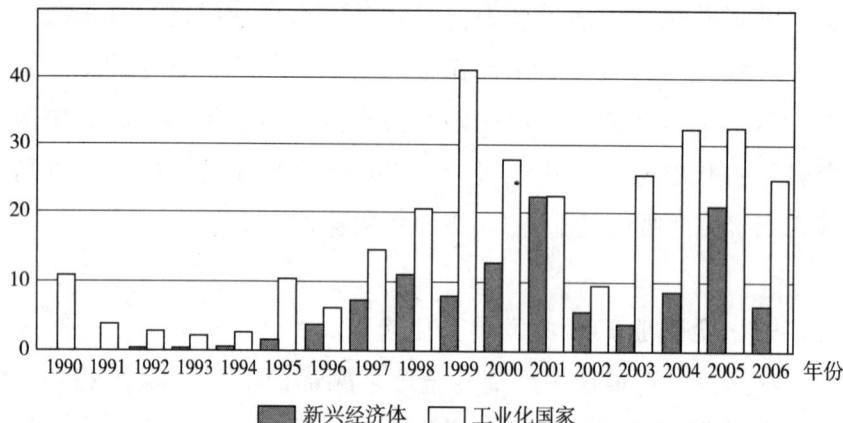

图 3-1　1990—2006 年对新兴经济体和工业化国家金融部门的跨国并购交易

注: 均为完成的并购交易额, 2006 年为 1—6 月的交易额。

资料来源: Thomson Financial, 转引自 Cumming (2006), "Review of Recent Trends and Issues in Financial Sector Globalization", *Fifth BIS Annual Conference on Financial Globalization.*

　　1995 年之后, 无论是工业化国家还是新兴市场国家都掀起了一股金融并购浪潮, 而新兴国家的增速更为明显。就金融并购交易额而言, 以新兴市场国家金融部门为目标的并购交易总额由 1990—1996 年的约 60 亿美元迅速增长至 1997—2000 年的将近 500 亿美元, 而 2001—2005 年又上升到了近 700 亿美元 (Domanski, 2005)。由于受到阿根廷金融危机的影响, 2002 年新兴市场国家金融部门 FDI 由 2001 年的约 200 亿美元的顶峰急剧下降到了约 50 亿美元的水平, 这种下滑的趋势持续到 2003 年后开始慢慢回升, 并在 2005 年又达到了接近 2001 年的程度。相对于发达国家之间的跨国金融并购, 新兴市场国家金融部门 FDI 的重要性日渐上升, 就其在全球跨国金融并购中的份额而言, 对新兴国家金融机构的并购由 1990—1996 年的 18% 上升到了

1997—2000 年的 30％ (CGFS, 2004), 2001—2005 年 10 月又上升到了 35％ (Domanski, 2005)。

新兴市场国家金融部门 FDI 的流入在各个经济体之间并非完全整齐划一, 在不同的新兴地区, FSFDI 的流入进度与程度都存在明显的差异。如图 3-2 所示:

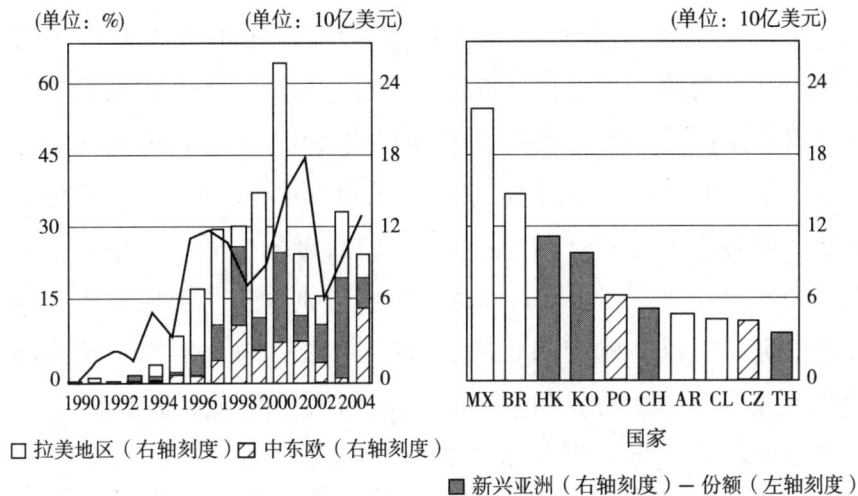

图 3-2 流入新兴经济地区及部分国家的金融部门 FDI

注: 左轴的刻度为完成的并购交易额占跨国并购交易总额的百分比, 右轴的刻度为交易额, 单位: 10 亿美元; 右图为 1990—2005 年各目标国已完成并购交易的累计额, 单位: 10 亿美元。其中, MX＝墨西哥, BR＝巴西, HK＝中国香港, KO＝韩国, PO＝波兰, CH＝中国内地, AR＝阿根廷, CL＝智利, CZ＝捷克, TH＝泰国。

资料来源: Thomson Financial, 转引自 Domanski (2005), "Foreign Banks in Emerging Market Economies: Changing Players, Changing Issues", *BIS Quarterly Review*, No. 12, pp. 69—81.

总体上来看, 在拉美、中东欧和亚洲新兴地区中, 以跨国并购额衡量的 FSFDI 大部分流入拉美地区, 1991—2005 年并购交易总额达到 580 亿美元, 占全部新兴国家金融部门跨国并购交易总额的 48％。拉美是最早允许外资金融机构进入的地区, 但是在 20 世纪 90 年代之前，由于比较封闭的管制环境，金融部门 FDI 的流入非常少。这种状况在 90 年代中期后有所改变，墨西哥爆发的"龙舌兰"危机（Tequila Crisis）使拉美地区的许多国家都遭受了严重冲击，迫于银行资本重组的压力以及建立稳固合理的金融部门的需要，许多拉美国家纷纷放松了对外资银行的进入限制，试图通过引入外资金融机构来救助或重组本国银行系统。1995 年开始，西班牙、美国、荷兰等国家的大型跨国银行相继通过并购的方式进驻拉美地区，对金融部门的并购数量和交易额都开始快速增长。因此拉美地区的 FSFDI 可以称之为"冲击诱导型"或"危机导向型"（项卫星和王达，2008）。从趋势上来看，拉美地区的 FSFDI 从 1994 年墨西哥危机后稳步增长，但是 1999 年和 2002 年例外，因为这两年分别发生了巴西危机和阿根廷危机，所以并购交易锐减。2002 年之后的几年中，拉美的 FSFDI 流入开始回落，这一方面是因为阿根廷危机使得外资银行开始重新考虑与 FSFDI 相关的可能成本，另一方面也因为拉美主要金融系统的 FSFDI 可能已经达到饱和，如墨西哥，1990—2002 年吸收了拉美地区累计流入量的大约 40%，外资银行资产占银行总资产的比重到 2002 年底已经达到了 80% 以上。

中东欧也是 FSFDI 流入非常明显的地区，1991—2005 年对中东欧地区金融部门的跨国并购交易总额累计约 200 亿美元，占全部并购交易累计总额的 17%。与拉美地区不同的是，中东欧地区的许多国家所经历的并非是危机的冲击，而主要是转型，即放弃社会主义之后由计划经济向市场经济的制度转型，因此流入中东欧地区的 FSFDI 明显的表现出"改革推进型"的特征（项卫星和王达，2008）。从时间上来看，中东欧地区的 FSFDI 大规模流入主要发生在 20 世纪 90 年代后半期，不过中东欧国家对金融部门的改革在 20 世纪 90 年代初期就已经进行，但是多数国家都试图依靠自身内部的调整来改善处于困境中的金融系统，对外资的进入在初期存在抵触情绪。然而，早期的诉诸于国内自我调整的改革方案（清理不良资产和政府注资）并没有收到令人满意的效果，甚至在一些国家还引发了严重的道德风险。改革的困境表明，在所有权结构没有实质性改变的前提下，由政府主导的对银行部门自上而下的改革无法从根本改善金融体系的问题，因此许多国家转而开始寻求外部力量来对其银行系统进行资本重组。20 世纪 90 年代末期中东欧国家成为金融部门 FDI 流入的重要地区，波兰与捷克是中东欧地区吸收金融 FDI 最多的国家，分别占到了该地区 1991—2005 年并购总量的 38％ 和 28％，2003—2005 年中，FSFDI 主要集中在保加利亚、克罗地亚和罗马尼亚等准备加入欧盟的国家。不过总的来看，中东欧地区的 FSFDI 流入有所回落，这意味着该地区的 FSFDI 在一定程度上也接近饱和。

与拉美和中东欧地区相比，FSFDI 向新兴亚洲地区的流动较少，外资银行的参与作用比中东欧和拉美国家要小得多。主要原因是大部分亚洲国家对外资金融机构有着较为严格的进入限制，尤其是限制进入零售市场，而且对破产银行系统的资本重组倾向于选择国内投资者来进行的（如为处理不良贷款而建立的国有资产管理公司）。但是这种情况在 1997 年东南亚金融危机后有所改变，为了引入资本和重组本地金融系统，许多政府放松了进入限制，外资银行的参与程度逐渐增加，因此，亚洲地区 FSFDI 的类型非常类似于拉美地区，都是危机导向型。2003 年以后，并购交易大幅增加，2003—2005 年，亚洲地区每年都吸收了最多的 FSFDI 份额，结果是 1991—2005 年 FSFDI 流入总计为 430 亿美元，所占新兴地区的份额提高到 36％，其中发生在韩国和泰国的并购交易最为明显。新兴亚洲成为日益饱和的拉美与中东欧地区之后最富有吸引力的 FSFDI 流向目标地区。在新兴亚洲地区，以并购衡量的 FSFDI 流入存在一个明显特点，即并购交易金额都比较小，因此很多外资银行获得了少数股权，最近几年中国尤为明显，外资金融机构对中国最大 3 家银行的参股比例在 10％到 25％之间。中国银行业（国有银行、股份制商业银行和城市商业银行）的外资权益总计达到了近 180 亿美元（Domanski，2005）。尽管如此，许多亚洲国家对于外资持有多数股权（Majority Ownership）的限制仍然存在，亚洲地区以多数股权持有资产衡量的外资银行的参与比例仍然相当小。

二、金融业 FDI 变化趋势的原因

20 世纪 90 年代以来，新兴发展中国家金融部门 FDI 的变化趋势是内外部多种因素共同作用的结果。经济与金融全球化以及电子通讯技术的进步为金融部门 FDI 流向发展中国家创造了可能的外部条件，而新兴发展国家对金融系统的改革，以及借助外部力量救助困境中的金融系统的诉求则直接推动了金融管制的放松和金融环境的改善，这些变化为外国金融机构进入新兴市场国家并为其提供金融服务提供了市场机会与投资动力（见图 3-3）。

1. 金融业 FDI 的全球化背景因素

新兴市场国家金融部门 FDI 兴起的主要原因在于各国对金融管制的放松，从外部环境来看，新兴市场国家放松金融管制则是经济全球化与区域经济一体化背景下制度发展及技术进步的必然趋势。

首先，发达国家与新兴市场国家经济一体化进程的深入发展

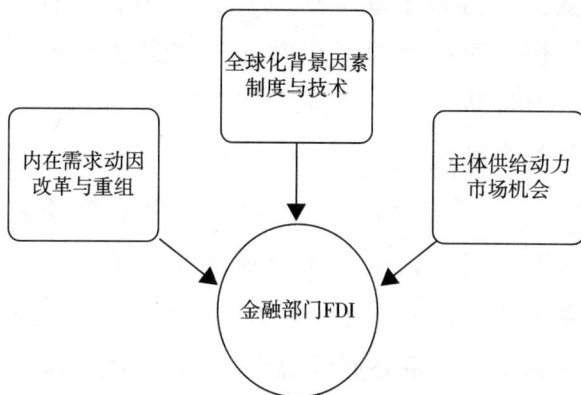

图 3 - 3　新兴发展中国家金融部门 FDI 的驱动因素

资料来源：作者绘制。

是推动金融部门 FDI 流向新兴地区的重要背景性因素。经济的全球与区域融合是 20 世纪 90 年代以来经济发展的显著图景，经济全球化和区域一体化进程的加速使得发达国家与新兴市场国家之间的经济依存度日益提高。这种依存关系主要的体现在发达国家对新兴市场国家不断提高的直接投资和贸易往来方面，而 FDI 与贸易的快速增长直接带动了发达国家银行机构对新兴市场的扩张，以便继续为其母国的跨国公司客户提供金融服务，这便是传统的对银行部门 FDI 作出理论解释的"追随客户"假说（Fieleke，1977；Williams，2002），大量经验研究为这种假说提供了证据上的支持[①]。另外，区域经济一体化也是推动部分新兴地区金融部门 FDI 的重要因素，如中东欧转轨国家金融部门 FDI

---

　　①　尽管许多研究证实了追随客户假说，但也有一些研究提出不同的观点，所以二者之间的关系可能远非单向因果关系那样简单。但是经济一体化为金融部门 FDI 奠定了外部基础这一点是毋庸置疑的，尽管严格意义上的关系需要计量检验，但是直观意义是显而易见的。

的迅速增长就主要得益于欧盟区域经济一体化进程（如欧盟东扩）的不断加快，而拉美国家金融部门 FDI 的迅速增长则主要得益于北美自由贸易区的组建和以美国为主导的构建美洲自由贸易区的努力（项卫星和王达，2007）。

其次，GATS（服务贸易总协定）框架是推动金融服务业 FDI 的重要制度性背景因素。金融服务业 FDI 是金融服务贸易中的商业存在形式，作为全球贸易形式，服务贸易的发展要落后于商品贸易，其中一个重要原因就在于技术的限制以及各国对服务贸易所设置的各种壁垒或障碍。在商品贸易中，贸易壁垒的主要形式是各种有形的边境障碍或关税，而服务贸易则更多的表现为无形的法律和制度障碍。GATS 框架就是基于多边国家法律安排的致力于消除这些障碍的重要政治力量。对于金融服务贸易而言，由于金融部门本身的特殊性以及早期各国对开放金融部门的顾虑与谨慎态度，当通讯、信息技术以及交通网络等对于服务贸易不再是主要的问题的时候，对金融服务产品贸易的法律和制度障碍却更为明显，这些障碍既包括施加歧视性限制措施的直接性障碍，也包括由于各国法规的多样性而导致的间接性障碍。直接性障碍是一种典型的歧视性措施，包括公开的或隐蔽的歧视，比如通过行政性措施阻碍外资银行或其他金融机构进入当地市场或者限制外资金融经营机构的数量、限制外资金融机构进入特定的城市或地区、限制当地消费者接触外资机构的能力、限制外资金融机构的资产增长率或市场占有率、对国际资本交易进行事前的官方审批等等。间接性障碍主要表现为由于各国监管法规的多样性而产生的国际经营障碍。随着一体化进程的不断深入，带有明显歧视性特点的直接障碍被逐渐消除，但是许多更为微妙和隐蔽的限制却出现了，如多种可能存在冲突的法律法规的共存，这种多样性不可避免带来了国际金融运营的法规成本，进而不利于国际金融服务一体化进程。为了消除各种直接的或间接的障碍，世界贸易组织积极地推进多边贸易自由化谈判，最终重要的结果就是 GATS 框架的产生。虽然 GATS 主要解决服务贸易问题，但是专门有个附件是针对于金融服务贸易的，而多轮的多哈回合谈判也主要是为了解决金融贸易问题而进行的。这些制度性因素为金融服务业 FDI 进入新兴国家奠定了良好的背景基础。

最后，跨国交通基础设施的发展和技术进步为金融部门 FDI 提供了可行性。现代金融服务业是典型的技术密集型产业，因此现代通讯技术的发展以及信息网络的普及为金融机构的跨国经营及组织管理创造了良好的便利条件，尤其是信息网络在新兴市场的国家的普及，使得外资银行分布于各国的分支机构之间的业务往来和信息共享更为顺畅，从而有利于外资银行母行提高组织和管理效率并获得规模经济收益（项卫星和王达，2007）。现代交通网络的全球延伸以及新兴国家交通基础设施的改善也为 FSFDI 的流入奠定了硬件基础，更为重要的是交通与信息技术的发展有利于降低金融部门 FDI 的信息成本。作为影响金融部门 FDI 的重要因素之一，信息成本的高低通常与地理距离的远近或文化的相似性等因素密切相关，如 Buch（2001）的研究专门强调了地理距离对银行部门 FDI 的影响。因此有利于信息成本降低的便利交通条件和技术进步都为金融部门 FDI 向新兴地区流动提供了硬件或技术的支撑。

2. 金融业 FDI 的内在需求动因

尽管全球经济、金融形势的变化以及信息技术的进步为外资金融机构进入新兴市场国家创造了可能的外部必要条件，但是真正推动金融部门 FDI 得以实现的力量是新兴市场国家发展过程中强烈的需求动机。尽管金融部门 FDI 在 20 世纪 90 年代中后期的大规模流入是新兴市场国家放松金融管制的政策性结果，但金融管制的放松却主要源自于这些国家在改革进程中所出现的金融困境或危机冲击后建立或恢复金融系统功能的主动或被动需求。

首先，新兴市场国家自身的许多不足提供了金融部门 FDI 参与的需求因素。这些不足主要表现在资本的短缺、商业银行经营技能的短缺以及无效率的银行市场结构（Hawkins 和 Mihaljek，2001）。资本与商业银行技能的短缺是影响中东欧国家对外资银行参与的重要需求因素，而资本短缺和无效率的市场结构在拉美国家和亚洲国家对外开放银行系统中发挥了主要作用。长期以来，许多新兴国家的银行部门是受到高度保护的产业，银行依靠管制之下的高存贷利差维持，并且严格的限制国内外金融机构的自由进入，结果是形成了一个高垄断下的低效金融产业。但是随着 20 世纪 90 年代金融全球化的发展以及新兴国家内在宏观经济压力，迫使银行部门不得不改变这种旧的运作模式，而可供选择的方式之一就是向外国竞争者开放本国金融市场。

其次，新兴国家危机冲击后对金融部门的重建或修复为外资金融机构的参与创造了条件。20 世纪 90 年代，无论是转型过程中的中东欧地区还是市场化进程中的拉美或亚洲地区，许多新兴国家的金融部门都曾经陷入过危机冲击的困境，正如 Cull 和 Peria（2007）所指出的，仅 90 年代中期，72 个发展中国家就经历了 77 次银行危机事件，而银行危机使发展中国家的决策者面临巨大的挑战并为此付出了一定的成本（如支付存款损失、银行重组等）。因此为了处理危机并建立了一个面对危机冲击更富有弹性的银行系统，许多新兴国家选择了允许外资金融机构的进入，许多拉美国家在墨西哥金融危机后尤为如此，亚洲国家在东南亚金融危机后也选择了同样的模式。

最后，新兴国家银行部门改革进程中的困境促使其寻求 FSFDI 的援助。这一点在中东欧地区尤为明显。许多中东欧国家在对待外资参与的态度上经历了一个由抵触到接受的转变过程。中东欧国家在放弃社会主义制度后开始了转型的改革过程，在银行部门改革中，最初阶段的重点并不是私有化，而是解决遗留下来的大量呆账以及对疲软的国有银行进行资本重组这些更为紧急的问题，但是许多国家，如匈牙利、波兰、捷克等都试图通过自身的力量完成银行部门改革而不愿外资介入，然而许多国家在进行了数轮不良资产的清理和政府注资后，不仅收效甚微而且还引发了严重的道德风险问题（项卫星和王达，2008）。这时许多国家迅速意识到，有效银行系统的发展没有外资银行的参与与合作是不可能的，因此许多国家在 20 世纪 90 年代中期之后开始逐渐接受了外资银行的参与，并借助于外资银行的技术和市场操作经验完成了银行系统的私有化改革。

3. 金融业 FDI 的主体供给动力

新兴市场国家 FSFDI 的投资主体主要来自于美国、欧盟等发达国家，实际上，发达国家对金融部门的投资活动早就存在，不过主要发生在发达国家之间，20 世纪 90 年代为什么将投资的中心转向了新兴市场国家？从供给的角度而言，我们认为两个方面的因素最为明显，即：新兴市场国家由于金融管制放松以及监管环境改善所提供的市场机会以及发达国家接近饱和的母国市场环境，这些因素共同为发达国家金融机构向新兴地区扩张创造了投资意愿与供给动力。

首先，新兴市场国家放松金融管制以及监管环境的改善创造了市场与利润机会，进而成为吸引 FSFDI 的重要拉力因素。许多研究表明，东道国监管环境中的限制越少，外资金融机构进入的意愿就越大（Goldberg 和 Johnson，1990；Miller 和 Parkhe，1998；Focarelli 和 Pozzolo，2001；Buch 和 Lipponer，2004）。尽管投资者存在对新兴国家金融部门投资的意愿，但是许多 EMEs 国家严格的自由进入管制限制了这种意愿的实现。欧洲转型经济直到 20 世纪 90 年代中期才允许外资金融机构进入，目的是为了借助于外国战略投资来推动其银行系统的私有化进程。拉美国家也在 90 年代中期随着墨西哥危机而改变了对外资金融机构的态度，而亚洲国家对外资机构进入限制只是在 90 年代末期由于东亚危机而有所改变。新兴国家私有化改革过程中监管环境的不断改善、以及对金融部门进入限制的放开为外国投资者创造了市场进入机会。另外，新兴市场国家的利润机会也是吸引 FSFDI 的重要动力因素。长期以来，新兴市场国家严格保护之下的金融部门由于竞争的缺乏而存在较高的存贷利差，在贸易融资和批发借贷活动中尤为明显。随着新兴国家金融改革的不断推进以及对金融部门进入限制的逐渐放松，各种经营范围，如零售银行、中间业务、证券交易、衍生市场以及其他资本市场活动等都提供了引入新产品与服务并能够获得较高回报的机会，尤其是对那些首次进入这些市场的机构。另外，新兴国家金融系统随着法律法规与基础设施的不断健全与完善，基于市场的功能日益改善，金融风险更易于控制。总之新兴国家为外国投资者提供了广阔的市场规模，新兴国家富有前景的利润预期成为拉动 FSFDI 流入的重要因素。

其次，发达国家日益提高的竞争压力以及逐渐饱和的市场环境是推动其对新兴地区扩张的重要驱动因素。20 世纪 90 年代，以美国和欧洲为代表的发达国家的金融形势发生了显著的变化。欧洲金融一体化进程以及欧盟银行法规为金融机构合并奠定了基础（Berger 和 De Young 等，2000），尽管跨境合并受到诸多限制，但是银行自由化政策带来了大量寻求规模效应的国内合并，这种规模效应使其在可能的跨国并购活动中处于非常有利的地位。国内银行的大量合并结果是导致了银行市场的日益饱和，从而推动了银行对新兴地区的扩张计划。Guillén 和 Tschoegl（1999）对西班牙银行进入拉美地区的研究证实了这种观点，国内银行市场饱和推动西班牙向拉美地区寻求资产（Asset—Seeking），这种寻求资产战略的目的既是为了开拓新的利润机会，也是为了进一步扩大规模。德国、意大利和法国等欧洲国家的金融部门都经历了类似的由国内合并而导致市场饱和进而向新兴地区转移的历程。美国在 20 世纪 80 年代末至 90 年代的放松金融管制政策也产生了类似的效应，1994 年放开关于跨州经营和设立分支机构的所有限制的瑞格尔—尼尔法案（Riegle—Neal Act）以及 1999 年允许综合银行经营的格拉姆—里奇—布里雷法案（Gramm—Leach—Bliley Act）成为了美国银行合并高潮的催化剂，并最终为跨境并购奠定了基础。

总之，20 世纪 90 年代以来，新兴市场国家成为 FSFDI 的重要区位选择目标是内外部多种因素共同作用下的结果，这些因素既包括经济全球化进程中的制度发展和技术进步等背景性因素，也包括东道国管制环境变化、潜在利润机会及其融入全球经济的双边或多边一体化程度等区位因素，更包括发达国家自身的市场环境变化以及寻求地理多样化与效率收益等影响扩张意愿的供给因素。这些因素的内在逻辑关系在于，全球经济与金融一体化进程的深入发展以及通讯、网络等信息技术的进步为金融部门 FDI

流动创造了可能的外部必要条件，而新兴市场国家对金融系统的改革以及借助外部力量救助处于困境中的金融系统的诉求则直接推动了金融管制的放松和金融环境的改善，这些变化为外国金融机构进入新兴市场国家并为其提供金融服务提供了市场机会与投资动力，进而使得金融部门 FDI 由潜在的可能变为了现实，并最终导致 20 世纪 90 年代金融部门 FDI 在新兴市场国家的快速兴起和发展。

第二节 新兴发展中国家金融业 FDI 的区域性特点

20 世纪 90 年代，以跨国金融并购为主要特征的 FSFDI 主要集中于三大新兴区域：拉美、中东欧和亚洲地区[①]。新兴地区 FSFDI 主要来自于发达的工业化国家，但是在具体的国家来源分布以及投资主体的特征等方面存在不同的特点。

一、EMEs 国家对金融部门 FDI 开放的进度与程度

在三大区域中，尽管拉美地区是最早允许外资金融机构进入的地区，但是在 20 世纪 90 年代之前，由于比较封闭的管制环境，金融部门 FDI 的流入非常少，金融系统中的外资所有权也非常低。这种状况随着 90 年代中期银行部门危机迅速改变了拉美地区对金融部门外资参与的态度。金融部门 FDI 在 1994 年墨

---

① 苏斯（Soussa，2004）指出，在 1990—2003 年期间，这些地区以并购衡量的金融部门 FDI 流入量累计占发展中国家总量的 95％以上（拉美 58％，欧洲 24％，亚洲 16％）。

西哥金融危机之后快速增长（见第一节中的图 3-2，巴西危机的 1999 年和阿根廷危机的 2002 年除外）。墨西哥爆发的"龙舌兰"危机（Tequila Crisis）使拉美地区的许多国家都遭受了严重冲击，迫于许多金融机构资本重组的压力以及建立稳固合理的国有部门的需要，许多拉美国家纷纷放松了对外资金融机构的进入限制，试图通过引入外资金融机构来救助或重组本国银行系统。1995 年开始，西班牙、美国、荷兰等国家的大型跨国银行相继通过并购的方式进驻拉美地区，对金融部门的并购无论是数量还是交易额都开始快速增长。就此而言，拉美地区的 FSFDI 可以称之为"冲击诱导型"或"危机导向型"（项卫星和王达，2008）。

危机冲击后 FSFDI 的流入导致银行部门所有权结构在几年内迅速改变，许多国家外资所有权日益提高并控制了多数资产份额（见图 3-4）。

如阿根廷和智利，在 1994 年年底外资银行就已经占据了一定的市场份额，而通过 1996—1997 年的系列并购活动之后，2000 年外资银行控制的资产份额达到了 50％左右。相对而言，外资银行对拥有较大市场规模的墨西哥的参与程度一直比较低，直到 1999 年年底外资银行控制的资产份额仅为 18％，但是在 2000 年随着墨西哥两家最大银行（第三大银行和第二大银行）的相继出售，外资机构对银行部门资产的控制程度迅速攀升到了 40％以上。巴西由于国有银行控制了大量的银行资产，并且拥有三家大型的资本充足且管理良好的私人银行，所以外资银行在其银行体系中并不占主要位置，但是随着国有银行的私有化改革以及 1997—1998 年两家大型欧洲银行的进入，银行业结构与竞争格局也发生了改变，到 2000 年外资银行资产份额占到了 24％左

（单位：%）

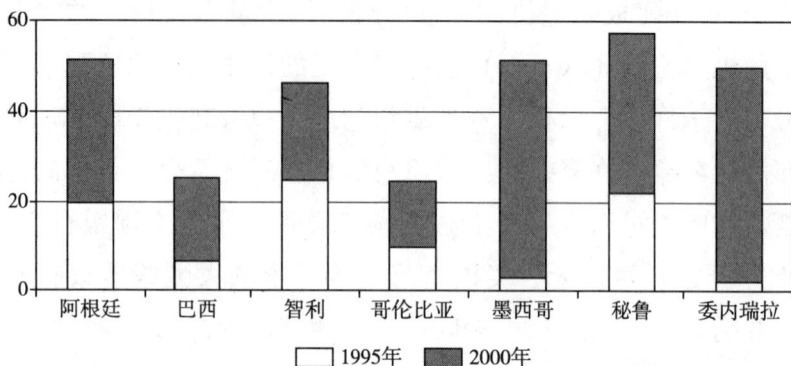

图 3-4　拉美国家外资银行资产份额

资料来源：Crystal 和 Dages 等（2001），"Does Foreign Ownership Contribute to Sounder Banks in Emerging Markets? The Latin American Experience", In：Litan R，Masson P，Pomerleano M（eds），*Open Doors：Foreign Participation in Financial Systems in Developing Countries*，Washington，D. C.：Brookings Institution Press，pp. 217—266.

右。总体而言，拉美地区在危机导向下的 FSFDI 流入时间较早，而且外资参与程度也比较高。

中东欧地区是继拉美之后最为重要的新兴地区，但是与拉美地区不同的是，中东欧地区的许多国家所经历的并非是危机的冲击，而主要是转型，即放弃社会主义之后由计划经济向市场经济的制度转型。因此流入中东欧地区的 FSFDI 明显的表现出"改革推进型"的特征（项卫星和王达，2008）。从时间上来看，中东欧地区的 FSFDI 大规模流入主要发生在 20 世纪 90 年代后半期，实际上，作为整个经济转型中的重要内容，中东欧国家对金融部门的改革在 20 世纪 90 年代初期就已经进行，但是多数国家都试图依靠自身内部的调整来改善处于困境中的金融系统，而对外资的进入在初期存在抵触情绪。然而，早期的诉诸于国内自我调整的改革方案（清理不良资产和政府注资）效果并不令人满意，甚至在一些国家还引发了严重的道德风险。这些改革的困境表明，在所有权结构没有实质性改变的前提下，由政府主导的对银行部门自上而下的改革无法从根本上改善金融体系的问题，因此许多国家转而开始寻求外部力量来对其银行系统进行资本重组并且允许外资持股。结果是 90 年代后半期，外资银行进入大幅增加，到 1999 年许多国家的外资银行资产控制率已经达到了 50% 以上。中东欧国家最初出售的大多数是中小银行，但 1999 年以后，大型的国有储蓄和对外贸易银行也在出售之列。在中东欧国家中，匈牙利的私有化进程走在最前列，到 1999 年年末，银行系统的外资控制率接近 60%。波兰的私有化进程是渐进的，但在 1999 年到 2000 年间有所加快，在 1999 年中期 Pekao 银行出售之后，外资控制率也达到了 53%。捷克在 1998 年开始对国有银行实行私有化改造，随着 2000 年年初四家大型国有银行中的三家被出售，外资控制率上升至 60%，在 2001 年仅剩的一家国有银行私有化之后，外资控制率达到了 90%（刘煜辉和徐义国等，2007）。总体而言，尽管中东欧国家的金融部门 FDI 真正进入时间相对于拉美地区较晚，但是外资在金融系统中的控制程度却是最高的。

在亚洲，尽管 FDI 曾一度是工业化和出口导向型增长模式的重要因素，但是在大多数亚洲国家，金融部门 FDI 的流入在东南亚金融危机之前非常少，外资银行的参与作用比中东欧和拉美国家要小得多，这一现象在一定程度上反映了亚洲国家政府对外资进入的较强限制，尤其是限制其进入零售市场。但是这种情况随着 1997 年亚洲金融危机的爆发而有所改变。危机后为了引入资本和重组本地金融系统，许多国家放松了外资银行的进入限制，外资银行参与程度有所上升。韩国第一银行（Korea First

Bank）出售给新桥资本（New bridge Capital）使得银行控制率在韩国有所上升。危机后泰国有四家银行出售给外资金融机构，使外资控制率从 1994 年的 0.5％上升到 1999 年年底的 4.3％，而印度尼西亚的外资银行资产在危机后则翻了一倍（刘煜辉和徐义国等，2007）。尤为重要的是，当拉美和中东欧地区的 FSFDI 日趋饱和的时候，新兴亚洲地区就成为了一个新的可选目标区域。因此，亚洲地区 FSFDI 的类型非常类似于拉美地区，都是危机导向型，但是在一些国家也具有改革推进型的特征，中国就是一个典型的国家。中国在东南亚危机中，所受冲击并不大，但是随着中国改革的深入，2001 年加入 WTO 后加快了金融部门对外开放的步伐，2006 年随着加入 WTO 过渡期的结束，完全放开了限制，因此外资的进入明显增多，到 2008 年年底，外资银行资产总额已经达到 1.3 万亿美元，占全部银行资产的 4％[①]。

总体而言，拉美与中东欧地区 FSFDI 已趋于饱和，外资金融机构的参与程度远远高于亚洲国家，但是亚洲国家日趋成为最富有吸引力的 FSFDI 流入目标地区，可以预期在未来的时期中将会继续上升。

二、新兴地区金融业 FDI 的国家来源与布局结构

就金融部门 FDI 的来源国而言，新兴国家 FSFDI 存在明显的集中特点，但是不同区域的集中特点存在差异（见表 3-1）。

---

① 中国人民银行国际金融市场分析小组编：《2008 国际金融市场报告》，中国金融出版社 2009 年版。

表 3 - 1 新兴地区 FSFDI 的来源国分布占比情况 　　（单位:%）

拉美地区		中东欧地区		亚洲地区	
西班牙	46	奥地利	18	美国	44
美国	35	意大利	18	英国	19
英国	8	比利时	13	新西兰	17
新西兰	5	法国	11	爱尔兰	7
加拿大	4	德国	10	日本	5
其他	2	其他	30	其他	8

资料来源：CGFS（2004），"Foreign Direct Investment in the Financial Sector of Emerging Market Economies"，*Report submitted by a Working Group established by the Committee on the Global Financial System.*

拉美地区的 FSFDI 主要集中来自于西班牙和美国，1990—2003 年累计吸收来自这两个国家的 FSFDI 占到了拉美地区并购总额的 81%。中东欧地区的 FSFDI 来源国份额比较平均，但是主要集中于西欧国家，五大欧元区国家累计占到了 70% 以上的投资份额。相对而言，亚洲地区 FSFDI 来源国的地理集中程度并不特别明显，除了美国占据较大份额外，其他份额相对比较分散，既有来欧洲国家的投资，也有亚洲国家的投资。

新兴地区 FSFDI 来源国在区位选择上存在明显的特定国家或地区偏好，如美国、德国、奥地利和比利时等发达国家对新兴地区的 FSFDI 主要集中于其邻国墨西哥、波兰、捷克等（见表 3-2）；一些国家虽然没有集中于一个或几个国家，但是在区位选择上却表现出了明显的特定地区偏好（见表 3-3），如西班牙对新兴地区金融部门 FDI 的投资重点在拉美地区各国，而意大利则主要集中于欧洲新兴地区国家。

表 3-2　主要发达国家对新兴地区金融部门 FDI 的东道国分布占比情况

（单位：%）

美国		德国		奥地利		比利时	
墨西哥	58	波兰	68	捷克	63	捷克	54
韩国	15	韩国	13	斯洛伐克	13	波兰	21
巴西	6	匈牙利	6	克罗地亚	9	斯洛文尼亚	19
波兰	6	智利	5	波兰	5	匈牙利	3
新加坡	3	捷克	3	保加利亚	3	印度	2
其他	12	其他	5	其他	7	其他	1

表 3-3　发达国家对特定地区金融部门的 FDI 占比情况　（单位：%）

西班牙		意大利	
巴西	36	波兰	35
墨西哥	26	克罗地亚	18
阿根廷	17	斯洛伐克	13
智利	10	匈牙利	13
哥伦比亚	5	保加利亚	10
其他	6	其他	11

资料来源：Soussa（2004），"A Note on Banking FDI in Emerging Markets：Literature Review and Evidence from M&A Data"，*Centralbank Paper Submitted for the CGFS Working Group on Foreign Direct Investment in the Financial Sectors of Emerging Market Economies.*

　　上述金融部门 FDI 的来源分布格局在一定程度上可以通过 FDI 区位选择理论中的信息成本因素予以解释。一般认为，东道国的信息成本是影响 FDI 投资者进入的重要因素，东道国获取信息的成本越低越有利于吸引 FDI 的流入。在许多经验研究中，信息成本因素通常使用地理距离和文化相似性作为主要的替代变量，鲍尔乔戈尔（Ball 和 Tschoegl，1982）、格罗斯和戈德伯格（Grosse 和 Goldberg，1991）、布赫（Buch，2000）、福雷卡利和波佐洛（Focarelli 和 Pozzolo，2005）等人的研究均发现，银行部门 FDI 的进入程度与地理距离负相关；加林多和米科等人（Galindo 和 Micco 等，2003）则研究了社会文化因素对银行部门 FDI 选择的影响，实证结果发现，文化相似性（殖民联系、语言、法律起源、隐含监管结构以及法律体系等）在银行的对外扩张中起着显著性的作用。基于这种理论，金融部门 FDI 在新兴地区不同的集中性分布格局就很好理解了。拉美地区之所以集中来源于西班牙和美国，一个重要原因就是地理位置的毗邻以及文化的相似性①。中东欧地区集中来源于西欧国家也具有同样的原因，地理位置和文化背景是西欧国家扩张时首要考虑的因素。地理位置的接近和文化的相似为 FSFDI 带来了一定的信息成本优势。亚洲国家相对而言，由地理距离和文化因素所带来的信息成本优势比较欠缺，所以其来源国并没有表现出特别明显的集中特征，而是比较分散的来自于多个发达国家（项卫星和王达，2008）

三、新兴地区金融业 FDI 的投资者类型及其特征

从金融部门 FDI 的投资者角度来看，不同地区也存在不同的特征。多曼斯基（Domanski，2005）将新兴地区金融部门 FDI 的投资主体划分为三类，第一类由全球性银行组成，具体指那些在发达经济体以及至少两个新兴地区中建立了广泛业务基础的机构，这些机构拥有广泛的全球性市场；第二类由那些以某个

---

① 尤其是文化的相似性，拉美地区的大部分国家都曾是西班牙的殖民地，深受西班牙的殖民统治和殖民文化的熏陶，因此西班牙是拉美地区 FSFDI 的主要来源国，西班牙也把银行扩张的重点放在了拉美地区。

新兴地区为战略重点的商业银行构成（占该地区金融部门 FDI 累计价值的 80％以上）；第三类为其他的投资者，主要包括私募基金或金融公司。1991—2005 年期间，全球性银行对新兴地区的 FDI 约占新兴地区 FSFDI 总量的 1/3，因此，新兴经济体已成为全球性银行在世界范围内提供某些金融服务的重要组成部分。

在三大区域中，全球性银行对拉美地区的 FDI 明显高于中东欧地区，尤其是 2002 年后快速增长，全球性银行在拉美地区已经奠定了坚实的业务基础（见图 3－5）。新兴亚洲在最近几年也出现了这种趋势。在许多情况下，这类银行的业务重点都集中于特定产品（如信用卡业务或消费信贷）或特定客户，而且通过向新兴市场地区的扩张，全球性银行可以进一步发挥其在产品开发、交易处理、后台与控制功能以及风险管理等方面的规模经济优势。

第二类金融部门 FDI 投资者是那些将某个地区作为业务重点的商业银行。20 世纪 90 年代以来，欧洲银行在这方面的表现特别明显，这种现象可能是出于规模经济的考虑以及母国市场拓展机会的缺乏。在拉美，以该地区作为战略重点的银行占到了 FSFDI 的 60％以上，尤其是西班牙银行，占到了该地区 FSFDI 总量的近 50％。在中东欧，以该地区为战略重点的银行主要来自西欧，大约占 FSFDI 的 70％（Domanski，2005）。在亚洲，大约有 25％的 FSFDI 来自于那些将亚洲作为战略重点的地区内银行，特别是那些来自新加坡和中国香港等金融中心的银行，这些机构在过去几年中始终在实施地区内扩张战略。

第三类 FSFDI 投资者比较多样化，主要包括金融公司和投资基金等非银行投资者。这类投资者在不断增长的 FSFDI 流动中变得日益明显，尤其是在亚洲地区。美国的金融公司在中东欧

（单位：10亿美元）　　　　（单位：10亿美元）　　　　（单位：10亿美元）

中东欧　　　　　　新兴亚洲　　　　　　拉美

1990 1992 1994 1996 1998 2000 2002 2004

—— 全球性　—— 地区内　—— 地区性　···· 其他

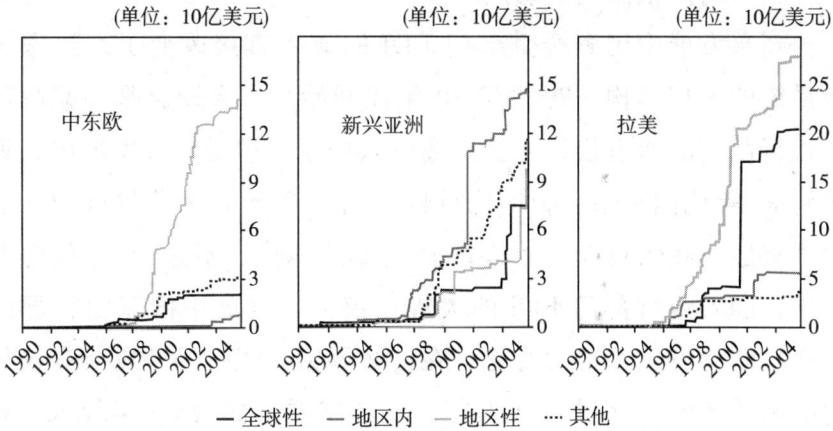

图 3-5　三大新兴经济体的金融业 FDI 投资者类型

注：图中数值为跨国并购交易值，单位：10亿美元。全球性银行为至少在三个新兴地区中两个
　　地区的两个国家有业务；地区内银行指收购银行位于该地区，收购银行的累积并购价值至
　　少有 80％都发生在三个地区中的某一个地区；其他收购方为非银行或私募基金。
资料来源：Domanski（2005），"Foreign Banks in Emerging Market Economies：Changing
　　Players，Changing Issues"，*BIS Quarterly Review*，No. 12，pp. 69—81.

地区的某些大型经济体中已经建立起了广泛的业务基础，重点是
为消费者融资。在亚洲，许多证券公司和投资基金在并购交易中
发挥了主要作用，如韩国，在 2004 年以前，投资基金是最大的外
资多数股所有者。这些投资者在金融危机后收购了一些亚洲银行，
重点是为了重组这些被收购公司，但是亚洲地区的这种投资主体
特点也表明，未来的资本收益可能是更为重要的并购交易目的。

第三节　金融业 FDI 对新兴发展中国家的影响

　　随着新兴发展中国家金融业 FDI 的快速增长，外资银行在
东道国金融系统的参与规模不断提高，从而对新兴发展中国家银
行部门的产权结构和市场结构都产生了较大的影响。

一、对产权结构的影响

新兴发展中国家金融部门 FDI 的流入直接改变了东道国金融系统的产权结构。20 世纪 70 年代开始，许多国家都缩减政府在银行部门的所有权，尤其是高收入国家。但是许多发展中国家直到 90 年代国有银行资产比重依然高于 50％，因此发展中国家的国有股权在银行业中始终占有重要的地位。不过 90 年代中期以来，随着银行部门 FDI 的大规模流入，发展中国家银行部门的产权结构发生了很大变化，在许多国家，银行的外资所有权日益提高并控制了多数资产份额。总体来看，如表 3－4 所示，90 年代之前，发展中国家的外资银行参与非常低，但是 1990 年以来，许多国家的外资银行资产比重有所上升，尤其是 90 年代中期之后，一些国家的外资银行控制了银行总资产的 50％以上，一些小的经济体，如爱沙尼亚等波罗的海国家，银行系统几乎完全为外资所有。

表 3－4 也表明，银行部门 FDI 对东道国产权结构的影响也存在明显的区域性差异。总体上拉美地区和中东欧地区银行业的外资资产份额大大高于亚洲，银行部门产权结构的变化更为明显，外资银行在一些国家，如秘鲁、爱沙尼亚、匈牙利等取得了绝对控制权。

具体来看，在拉美地区，1994 年年底，阿根廷的外资银行就已经占据了一定的市场份额，而通过 1996—1997 年的系列并购活动之后，2000 年外资银行控制的资产份额达到了 50％左右。相对而言，拥有较大市场规模的墨西哥，外资银行的参与程度一直比较低，直到 1999 年年底外资银行控制的资产份额仅为 9％，但是在 2000 年随着墨西哥两家最大银行（第三大银行和第二大银行）的相继出售，外资机构对银行部门资产的控制程度迅速达到了 27％以上。巴西由于国有银行控制了大量的银行资产，并且拥有三家大型的资本充足且管理良好的私人银行，所以外资银行在其银行体系中并不占主要位置，但是随着国有银行的私有化改革以及 1997—1998 年两家大型欧洲银行的进入，银行业结构与竞争格局也发生了改变，到 2000 年外资银行资产份额占到了 23％左右。

表 3 - 4　部分新兴发展中国家银行部门资产结构　（单位:％）

国家	外资银行				国有银行			
	1980	1990	1995	2000	1980	1990	1995	2000
拉美地区								
阿根廷		10	22	52		36	49	30
巴西		6	5	23	33	64	60	43
智利		19	31	25	23	19	19	12
墨西哥			2	27	0	100	53	23
秘鲁	2	4	51	86	65	55	27	3
中东欧地区								
捷克		10	14	68		78	63	28
爱沙尼亚			81	73			0	0
匈牙利		10	22	64		81	60	5
波兰	0	3	4	62		80	80	23
亚洲地区								
泰国		5	7	9		13	17	31
印度	4	5	1	8	91	91	77	80
中国	0	0	1	1	100	100	99	99
菲律宾	8	8	9	17	37	7	29	12

资料来源：Hawkins 和 Mihaljek（2001），"The Banking Industry in the Emerging Market Economies：Competition, Consolidation and Systemic Stability—An Overview", *BIS Paper*, No 4. Micco 和 Panizza 等（2004），"Bank Ownership and Performance", *Inter—American Development Bank Working Paper*, No. 518.

在中东欧地区，随着外资银行在 20 世纪 90 年代后半期的大幅度进入，1999 年许多国家的外资银行资产控制率已经达到了 50％以上。中东欧国家最初出售的大多数是中小银行，但 1999 年以后，大型的国有储蓄和对外贸易银行也在出售之列。在中东欧国家中，匈牙利的私有化进程走在最前列，到 1999 年年末，银行系统的外资控制率已达到 67％。波兰的私有化进程是渐进的，但 1999 年到 2000 年有所加快，在 1999 年中期 Pekao 银行出售之后，外资控制率也达到了 60％左右。捷克在 1998 年开始对国有银行实行私有化改造，随着 2000 年年初四家大型国有银行中的三家被出售，外资控制率已接近 70％，在 2001 年仅剩的一家国有银行私有化之后，外资控制率达到了 90％（刘煜辉和徐义国等，2007）。总体而言，尽管中东欧国家的金融部门 FDI 真正进入时间要晚于拉美地区，但是外资在金融系统中的控制却达到了最高程度。

在亚洲地区，东亚金融危机之前，大多数国家金融业 FDI 的流入非常少，相对于中东欧和拉美国家，外资银行的参与作用要小得多，主要因为大部分亚洲国家对外资银行存在较为严格的进入限制，尤其是限制其进入零售市场。但是这种情况随着 1997 年亚洲金融危机的爆发而有所改变。危机后为了引入资本和重组本地金融系统，许多国家放松了外资银行的进入限制，外资银行参与程度有所上升，2003 年后则出现了快速增长的趋势。但是亚洲地区的股权交易多为金额较小的少数股，因此，以多数股权持有资产衡量的外资银行的参与比例仍然相当小。中国在东亚危机中，所受冲击并不大，但是随着中国改革的深入，2001 年加入 WTO 后加快了金融部门对外开放的步伐，2006 年随着加入 WTO 过渡期的结束，完全放开了限制，因此金融业 FDI 的

流入明显增多，到 2008 年年底，外资银行资产总额已经达到 1.3 万亿美元，占全部银行资产的 4%①。

总体而言，随着 20 世纪 90 年代银行部门 FDI 的流入，新兴发展中国家金融部门的产权结构呈现出多元化格局，许多国家的银行部门呈现出外资所有权扩张和国有产权收缩的特征。产权结构的多元化有助于促进竞争、提高经营效率，从而有利于发展中东道国经济发展。

二、对市场结构的影响

金融部门 FDI 的流入也在一定程度上改变了发展中东道国的金融市场结构。长期以来，许多新兴国家的银行业都受到政府的严格保护，银行依靠利率管制下的高存贷利差维持运作，并且严格限制自由进入，绝大部分银行业务通常由一家主体银行垄断，其他辅助性专业银行拥有各自特有的、并且互不交叉的业务范围和领域，所以各个银行在自身的业务领域内形成了事实上的独家垄断状态。发展中国家国有银行控制下的垄断状态导致金融市场缺乏充分的竞争。如表 3-5 所示，相对于发达国家的银行市场结构，发展中国家的集中度普遍较高，许多发展中国家具有较强的寡头垄断特征，中东欧国家则更为明显。有些发展中国家的银行集中度并不是特别高，但是发展中国家存在市场分割特征，因此部分银行或银行集团依然处于垄断状态。总体来看，发展中国家的银行市场存在较大的垄断势力，市场结构不合理，这种不合理的市场结构导致许多发展中国家银行部门缺乏竞争力。

---

① 中国人民银行国际金融市场分析小组编：《2008 国际金融市场报告》，中国金融出版社 2009 年版。

随着发展中国家私有化改革的进程，许多国家放松了银行部门的进入限制，国内私有银行的建立以及外资银行的进入，推动发展中国家的银行业逐渐由高度集中走向分散。

表 3-5　发达国家与发展中国家银行部门集中度　　　（单位:%）

发达国家	1995	1999	2002	发展中国家	1995	1999	2002
法国	0.28	0.32	0.32	保加利亚	0.73	0.59	0.52
德国	0.15	0.18	0.21	匈牙利	0.52	0.44	0.49
美国	0.16	0.20	0.23	爱沙尼亚	1.00	0.98	0.97
英国	0.36	0.32	0.33	墨西哥	0.53	0.44	0.56
丹麦	0.59	0.59	0.70	智利	0.48	0.43	0.57
意大利	0.24	0.22	0.27	中国	0.69	0.60	0.60
奥地利	0.38	0.44	0.50	泰国	0.54	0.47	0.46
瑞士	0.61	0.68	0.78	马来西亚	0.45	0.45	0.42

注：银行部门集中度以三家最大商业银行的资产占全部商业银行总资产的份额衡量。
资料来源：Bankscope 数据库，作者整理计算。

在这个过程中，外资银行规模扩张的影响尤为明显，如图 3-6 所示，外资银行在发展中国家的参与程度不断提高，相应的发展中东道国银行部门的集中度也发生了渐进的变化。平均来看，1995 年到 2005 年期间，发展中国家外资银行的资产比重和数量比重分别由 1995 年的 13% 和 21% 持续上升到了 2005 年的 41% 和 43%，发展中东道国银行部门的集中度也相应的由 1995 年的 61% 下降到 2005 年的 48%。当然，这个过程并非完全是线性的，期间也存在集中度下降后又回升的阶段，这个特征在很大程度上是由于发展中国家银行部门合并和市场优胜劣汰的影响。尽管如此，发展中国家银行部门集中度的总体下降趋势还是非常明显的，因此外资银行对银行部门市场结构的影响非常有利于东道国银行业竞争力的改善。

(单位：%)

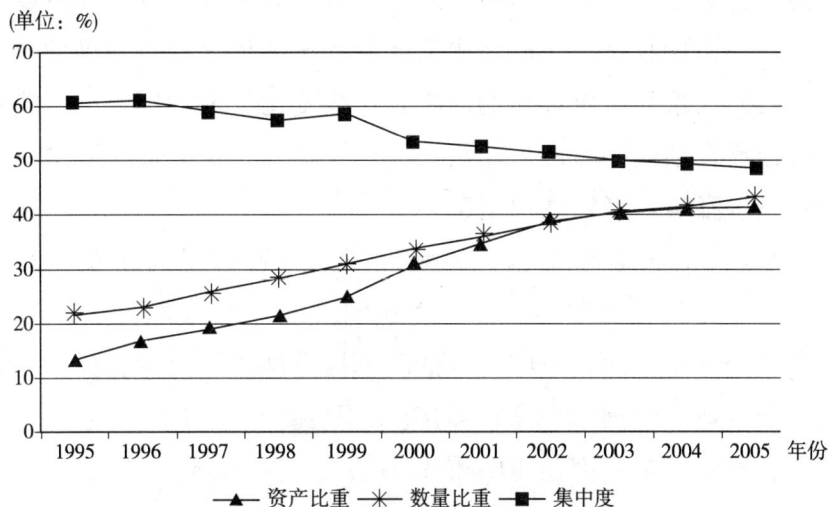

图 3－6　1995—2005 年外资银行比重与发展中国家银行部门集中度

注：图中指标值为 56 个发展中国家的平均值，56 个国家见本书附录。
资料来源：Bankscope 数据库，作者绘制。

本章总结

通过描述性分析，本章探讨了金融部门 FDI 在新兴发展中国家的发展变化趋势，以及金融部门 FDI 对发展中东道国的影响。

第一，20 世纪 90 年代以来，全球金融部门 FDI 的一个重要变化趋势是快速流向新兴发展中国家。这个趋势既表明了市场化金融制度在全球范围内的深入发展，也反映了发展中国家与世界经济和全球金融的进一步融合。新兴发展中国家金融部门 FDI 的发展趋势是内外部多种因素共同作用下的结果。全球经济与金融一体化以及电子通讯技术的进步为金融部门 FDI 流动创造了可能的外部必要条件，而新兴发展中国家对金融系统的改革以及借助外部力量救助处于困境中的金融系统的诉求则直接推动了金融管制的放松和金融环境的改善，这些变化为发达国家金融业对外直接投资创造了新的市场机会与投资动力，从而使得金融部门 FDI 快速流向新兴发展中国家。

第二，新兴发展中国家金融部门 FDI 在拉美、中东欧和亚洲地区存在区域性差异。拉美和亚洲地区的金融部门 FDI 倾向于危机诱导型，而中东欧地区的改革推进型特征更为明显。拉美和中东欧地区金融部门 FDI 的流入程度都要高于亚洲地区，许多亚洲国家对金融部门 FDI 依然存在一定的限制。在 FSFDI 的来源国分布上，除亚洲地区比较分散外，拉美和中东欧地区都存在明显的集中特点，拉美国家 FSFDI 主要集中来源于美国和西班牙，而中东欧地区 FSFDI 则主要集中来源于西欧国家。新兴地区 FSFDI 的投资主体主要为发达国家的金融机构，在这些投资者中，全球性银行的扩张战略主要以拉美地区为主要目标，中东欧国家 FSFDI 的地区性投资主体特点更为明显，在亚洲，尽管全球性银行的投资趋势有所提高，但是地区内投资者以及金融公司和投资基金等非银行类金融机构却更为明显。

第三，金融部门 FDI 的发展变化趋势对新兴发展中国家产生了深刻的影响。外资银行参与程度的提高改变了发展中东道国金融系统的产权结构和市场结构，发展中国家银行部门的产权结构呈现出多元化的格局，而市场结构则逐渐由高度集中走向分散。产权结构和市场结构的变化改善了发展中东道国银行部门的竞争力，从而为提高东道国金融系统的效率和稳定奠定了基础，也为促进东道国宏观经济发展创造了条件。

第四章　金融业 FDI 对东道国
经济影响的机制框架

在一个封闭的经济环境中，金融产业由于其特殊功能而在经济系统中处于战略性地位，而以 FDI 为重要方式的开放经济中，金融产业 FDI 的流入会对东道国宏观经济系统产生什么样的影响？这应该是思考金融部门 FDI 问题时最为重要的内容之一。在经济系统的两大部门中，实体部门 FDI 的影响更多的是在某个实体产业内部或某几个实体产业之间，但是金融部门 FDI 的效应则包含两个层面：它不仅会对东道国的金融产业产生直接的影响，更为重要的是能够将这种影响渗透或传导至其他实体产业乃至整个经济系统。20 世纪 90 年代在新兴发展中国家兴起的金融部门 FDI，无论是中东欧的"改革推进型"还是拉美或东亚的"危机冲击型"，其初衷固然是为了借助外部力量改善国内疲软的金融体系，但是最终的目的还是为了促进本国经济发展。因此，这里的关键问题是，金融业 FDI 如何影响东道国宏观经济，其影响的内在机制是什么？这是本章需要解决的主要问题。基于对这个问题的逻辑考察，我们尝试形成一个系统的金融业 FDI 对东道国经济影响机制的分析框架，并以此作为第五、六章实证检验的理论基础。本章主要包括四节内容，前两节探讨金融业 FDI 对东道国金融产业的影响，重点是金融体系的效率和稳定，并予以数据描述性分析；后两节着重探讨金融业 FDI 对东道国经济增长的直接机制与间接机制。

第一节　金融服务业 FDI 与东道国金融体系效率

金融服务业 FDI 的进入首先影响的是东道国的金融产业本身。金融部门 FDI 与实体部门 FDI 具有共同的决策逻辑 (Goldberg，2007)①。不过，由于金融产业本身的特殊功能，金融服务业 FDI 的产业效应也有其特殊性，而且这些特征恰好是 FSFDI 对东道国金融产业本身以及整个经济系统更为重要的意义之所在。本书认为，竞争和溢出是金融部门 FDI 影响金融产业的主要渠道，从积极意义角度而言，金融业 FDI 通过这两条渠道的直接作用结果是东道国金融体系效率与稳定的改善，间接结果则是在效率与稳定基础上的宏观经济增长效应。

一、金融业 FDI 对东道国金融体系效率的作用机理

对于新兴市场国家而言，改善本土金融机构以及整个金融体系的效率是放松金融部门 FDI 进入限制的主要诉求，而事实上许多国家都获得了这种效率收益。外资金融机构本身的高效率运作及其对内资金融机构的竞争与技术溢出是改善东道国金融体系效率的主要传导路径。

---

①　比如，外国生产者的决策过程都是双重的，制造业首先决定是否为某个特定市场提供商品，然后决定商品是通过出口还是本地生产来提供。金融服务类似于这样的决策过程，首先决定是否为某个市场提供借贷或其他服务，然后考虑是通过跨境贸易还是建立分支机构的方式提供服务。

1. 外资金融机构具有较高的经营效率

长期以来，许多新兴发展中国家的金融机构由于受到严格的保护，因此在处于垄断地位的同时却伴随着低下的经营效率以及盈利能力。外资金融机构多来自于母国金融系统非常成熟的发达国家，因此它们通常拥有更为合理的成本结构和更为市场化的利率形成机制，其运营效率普遍较高。许多以银行部门为对象的研究通过比较后发现，外资银行和国内银行的绩效存在较大差异，如巴哈拉斯和施泰纳（Barajas 和 Steiner 等，2000）对哥伦比亚1985—1998 年间外资银行和国内银行的绩效比较，发现外资银行的不良贷款率和存款准备金比率均低于当地银行，而经营效率和利润率则高于当地银行。克拉克等人（Clarke 和 Cull 等，2000）对阿根廷的研究得出了类似的结论。克莱森斯和昆特等人（Claessens 和 Demirg Kunt 等，2001）对包括所有 OECD 国家和许多发展中国家在内的 80 个国家近 7900 家银行的大样本分析发现，尽管国家间或地区间存在细分的不同，但是总体而言，发展中国家外资银行的净利息收入率、利润率等绩效指标均高于国内银行，而进入发达国家的外资银行绩效低于国内银行①。

外资金融机构相对于发展中国家的高效率主要源自于特定的比较竞争优势。第一，外资银行的规模优势。新兴发展中国家的外资银行一般都隶属于规模庞大、资金实力雄厚并且资产质量优良的大型跨国金融集团，如汇丰、花旗和三菱东京联合银行三大金融巨头的资产总额在 2006 年均已超过 1.5 万亿美元，全球排

---

① 发达国家和发展中国家内外资银行的绩效差别在一定程度上反映了外资银行进入东道国的不同动机，外资银行对发展中国家的扩张主要是为了谋求利润机会，而进入发达国家的主要目的可能是为了追随客户或谋求业务分散化。

名前 20 名的商业银行平均资本充足率达 12%，资产总额平均增长超过 9%，利润平均增长超过 20%，其股票的每股收益增长 15%①。雄厚的资金实力和盈利能力为外资银行造就了规模优势，从而有利于产生规模经济和范围经济。第二，外资银行的技术优势。外资银行拥有先进的电子和网络技术，普遍采用电脑设备和自助终端，如 ATM 机、存款机、电话银行及网上银行等，自助式服务占了银行服务的很大比例，自助银行使得客户在不同时间和地点都可以得到银行服务，从而为银行节省了大量的人力费用，延伸了银行的服务职能。而且外资银行的母行通常拥有全球化的技术平台和多个国家的运营经验，作为大型金融集团的附属机构，外资银行能够以相对较低的成本进入这个平台，吸取母行的多国运营经验，从而有效提高自身的运行和管理水平。第三，外资银行的服务优势。外资银行通过计算机网络建立共享的客户档案库，凭借先进的管理信息系统鉴别客户价值，确定重点服务的客户群体，从而为客户提供差异化和个性化服务，如花旗银行对中高收入阶层提供支票账户、周转卡、优先服务花旗金卡等；汇丰银行对开立"卓越理财"账户的客户，在贵宾室为其提供银行的特殊服务。另外，外资银行长期以来形成的"以客户为中心"的服务理念更强调以服务质量吸引客户，通过提供标准统一的服务，使客户无论何时何地都能享受到银行的优质服务，如汇丰银行和花旗银行的许多分行都实行敞开式办公，客户到汇丰银行和花旗银行办理业务，都能享受到"一站式"的银行服务。总之，基于上述特定竞争优势，外资银行通过自身相对高效的经

---

① 资料来源：中国金融网，http：//citybank. zgjrw. com/News/2009715/ccb/241481938200. shtml.

营，对东道国金融产业效率产生了积极影响。

2. 外资金融机构进入促进了当地金融市场的发育

外资金融机构拥有较强的市场开发能力与管理经验，它们的进入直接促进了当地金融市场产品的多元化。外资金融机构拥有发展某些市场（如基金、衍生品和证券市场等）的专业知识，为了有助于本地业务的管理，外资金融机构会积极促进东道国金融市场发展，特别是本地基金市场的发展（银行间市场或银行债券市场）；为了创建新的市场或获得市场份额（包括场外衍生品交易或结构性信贷产品），外资金融机构会积极进行产品创新、特别是为其公司客户提供多种金融服务；外国金融机构也经常提供有助于提高国民收入和养老金改革的资产管理服务，这些服务会增加东道国对诸如可交易有价证券等金融产品的需求。另外，外资金融机构可能会经常为创建新市场或进一步发展已有市场提供有益的建议，并且为东道国法律框架和基础设施（会计标准和审计规则）的改善作出贡献。

3. 金融部门 FDI 的竞争和技术溢出效应

东道国金融产业的效率改善，不仅源自于高效率外资金融机构的直接融入，更源自外资机构进入后通过竞争和溢出效应所带来的内资机构本身的效率改善，这是金融部门 FDI 影响东道国金融产业效率的最重要的途径。

首先是金融部门 FDI 的竞争效应。在新兴市场国家，无论是通过并购方式还是绿地投资，外资金融机构的进入直接加剧了东道国金融市场的竞争程度，绿地投资本身就增加了市场上的竞争者，而对东道国已有机构的并购也会由于并购者实行新的市场政策而提高竞争（CGFS，2004）。对于东道国内资机构而言，外资金融机构在金融产品和金融服务等方面具有明显的比较优势，因此势必会对本地机构带来巨大的竞争压力，竞争程度的增强促使本地机构主动改善经营管理，积极进行产品创新，努力提高服务质量，并通过降低成本、或者通过采纳外资金融机构的商业实践等微妙的方式而调整其服务价格。因此，金融部门 FDI 规模的扩大会导致新兴东道国竞争性金融市场的日渐形成，并导致东道国内资金融机构的利差和利润水平有所降低。东道国金融部门出于应对外部竞争而进行的调整直接改善了东道国金融体系的效率。

其次是金融部门 FDI 的技术转移与溢出效应。新增长理论强调内生技术进步对经济增长的关键性作用，而发展中国家与发达国家之间存在 Romer（1993）所谓的"思想差距"（Idea Gap），因此，由发达国家流向发展中国家的 FDI 有助于弥补这种不足，进而为东道国提供增长机会。在这个过程中，技术转移与溢出是重要的渠道，因为发达国家的企业通常拥有发展中东道国企业所缺乏的生产性知识，而这些知识常常是无形的，如技术诀窍、营销和管理技巧、出口合同、与供应商和客户的长期合作关系以及声誉等（Markusen，1995），这些无形的知识会伴随着 FDI 的流入而使东道国企业直接或间接受益，大量针对实体部门 FDI 的经验研究为此提供了证据上的支持。

同样的逻辑也适用于金融服务业 FDI。外资金融机构的扩张在为新兴市场国家融入短缺资本的同时，也带来许多先进的金融技术、金融产品以及金融管理方式和理念，在与外资机构的竞争与合作过程中，国内金融机构很可能会获得外资金融机构的正外部性溢出，从而提高了自身的竞争能力和金融服务效率，最终有助于整个金融产业效率水平的提高。但是，与实体部门 FDI 相比，金融部门 FDI 的溢出具有不同的特点：

第一，实体部门的技术多是与有形资本或设备相结合的工业工艺或设计等硬技术，因此其技术创新多表现为使用新的或改进的机器设备，通常使用的衡量指标是研发费用（丁志杰，2002）。现代金融服务业是明显的技术密集型产业，但金融产业的技术更多的表现为与人力资本相结合的软技术，如信贷评估、资产组合、风险定价等专业知识，这些技术大部分通过培训或经验积累的方式而获得，通常的衡量指标是表现技能的报酬水平。因此实体部门 FDI 的技术溢出强调的是 FDI 对产品制造过程中的生产率改善，而金融部门 FDI 则强调的是东道国金融服务效率的收益[1]。

第二，相对而言，金融部门 FDI 的技术溢出比实体部门更容易发生。实体部门 FDI 的许多研究表明，FDI 的产业内水平溢出效应并不明显，因为产业内的竞争关系很可能会促使跨国公司阻止技术对东道国竞争者的泄露（Javorcik，2004），而实体部门的硬技术特点则使得这种技术封锁很容易实现（比如申请专利）。但是金融部门的技术主要是诸如信贷评估和风险管理等软技术，而且这些软技术通常与人力资本结合，所以外资金融机构很难进行技术封锁，当外资金融机构为了在东道国经营而需要对当地员工进行培训时，以雇员技能为主要载体的金融技术可能会随着雇员的流动而向当地金融机构溢出。因此金融部门的软技术特点使得 FSFDI 的技术溢出会随着金融经营业务而随时展开。

第三，金融部门 FDI 技术溢出的效应机制主要在于：（1）

---

[1] 在银行部门，效率的衡量指标通常使用成本比率（银行总经营与总资产的比率）和净利息收入率（银行利息收入和利息支出之差与银行总资产的比率），这两个比率越低意味着银行部门效率越高。

示范与学习效应。外国金融机构的进入为东道国带来新的技术、产品和管理经验，促进竞争的同时会对本土机构产生积极的示范与学习效应，特别是外资机构通过合资或合并等方式直接参与东道国经营活动时，这种效应能够促使国内机构迅速适应和参与金融创新活动。（2）人力资本效应。外资金融机构的进入可以通过多种方式提高东道国金融体系的人力资本质量，如通过调拨母行高级管理人员和培训当地雇员。金融产业作为重要的服务业，人力资本质量的高低是决定服务效率的关键因素，对于新兴发展中国家而言，这方面是相对比较欠缺的，尤其是缺乏高级管理人员，因此，外资机构通常会向发展中国家的分支机构派出高级管理人员，并对当地的雇员进行职业和技术培训，这些活动直接提高了东道国金融体系的人力资源水平，同时通过人员流动，也会间接提高东道国本土机构的人力资本质量。（3）风险管理与监管溢出。外资金融机构的进入通过向东道国银行机构传输风险管理能力而提高了东道国银行部门的整体风险管理水平，同时也促使东道国金融监管部门更加审慎有效，进而有助于增强东道国金融体系的信用程度和运行效率。

需要注意的是，尽管许多经验研究发现金融业 FDI 有助于提升东道国金融体系效率，但是经验研究中并没有明确区分这种效率的改善到底是源于何种机制渠道（Goldberg，2007），是由于外资机构进入加强了东道国金融体系的竞争程度，还是由于技术转移或溢出而提高了金融部门的效率？实际上，这种区分对于评估金融业 FDI 是否有助于缩小国家之间的知识差距是非常重要的，而且这种区别也有助于澄清两类相互对立的观点：一种观点认为，金融业 FDI 通过降低东道国银行的垄断程度而改变了产业竞争结构，并最终导致效率收益。另一种观点则认为，技术的变化以及外资银行的进入导致了大量的银行合并，尽管银行合并有助于改善效率，但是东道国金融市场的竞争程度并没有改变，因此 Gelos 和 Roldos（2004）认为，外资银行之所以可以提高东道国效率，更多的是通过技术转移渠道，而不仅仅是改变竞争。这个问题具有非常重要的政策性含义，如果东道国金融体系效率的提高主要通过技术转移渠道，那么只要母国不断提供技术创新，对东道国的技术转移就会持续存在，因此，即使东道国的市场结构保持稳定不变，金融业 FDI 依然会影响银行业效率的继续提升。

另外，东道国获得的效率收益在很大程度上取决于金融业 FDI 是否能够带来更多的竞争（张礼卿，2007），如果外资银行进入在打破旧垄断的同时而又创造了新的垄断，那么东道国银行部门的效率收益就可能会大打折扣，甚至消失。如 Yeyati 和 Micco（2007）对 8 个拉美国家的研究表明，外资银行的进入削弱了东道国银行业竞争，从而降低了国内银行部门的效率。导致这种结果的主要原因在于，外资银行凭借国内银行无法替代的特定产品优势在东道国银行部门获得了垄断地位，并享受垄断利润。因此，如何维持金融业 FDI 或外资银行进入后的必要竞争态势，应该是东道国金融监管部门考虑的重要问题。

金融业 FDI 通过竞争效应固然有利于改善东道国金融体系效率，但是与竞争相伴随的诸多消极影响也不容忽视。比如在银行部门，外资银行的进入有可能会增加东道国中小企业贷款的难度，一方面是因为外资银行的风险管理意识很强，其信贷业务中使用的评估技术，往往只针对于成熟市场经济国家中的工业企业，对中小企业，尤其是高科技企业的信用评估技术仍不成熟，因此，新兴市场国家中的中小企业，尤其是中小高科技企业得到外资银行支持的可能性比较低；另一方面，东道国本土机构为了在外部竞争压力不断提高的环境中提高竞争力，也会对中小企业实行更为严格的审核，从而进一步加大了中小企业获取贷款的难度。另外，外资银行的进入也可能会造成本地银行的人才流失，而且外资银行在挖走本地银行优秀管理人才和业务骨干的同时，也有可能会带走已有的部分客户。

二、数据描述性说明

基于上述理论分析，接下来我们使用银行部门的相关财务数据①对金融部门 FDI 与金融体系效率的关系进行描述性说明。

一般而言，金融体系效率主要体现在两个层面：运行效率与资源配置效率。运行效率是指金融体系如何组织并运用可支配的资源，用既定的生产要素提供最大量的金融服务产品（施丹，2007）。因此，根据厂商理论，运行效率表现为产出最大化的技术效率和成本最小化的成本效率两个方面，技术效率强调一定的投入要素所能够产生出的最大产出，成本效率则强调一定的产出所使用的最小生产成本。资源配置效率是金融体系功能层面的表现，根据帕累托最优理论，资源配置效率是既定资源通过金融体系所提供的金融产品及其组合在不同用途上的配置达到了最优状态（施丹，2007）。在这种状态下，社会福利达到了最大化，每单位资源都获得了最佳有效配置，并且任何金融资源的再配置都不可能再增加社会福利，因此金融体系资源配置效率意味着金融

---

① 银行是金融服务业中最为重要的部门，也是 FSFDI 流入最多的部门，而且银行部门的数据相对比较容易获得，因此许多关于 FSFDI 的经验研究都是使用银行部门的数据进行。

服务产品种类和数量的生产都达到了最佳的组合状态。

对于银行部门而言，衡量效率的指标通常包括五个：净利息收入率、非利息收入率、税前利润率、管理费用率以及贷款损失准备金率。净利息收入率（NMARGIN）等于净利息收入对总资产的比率，非利息收入率（NININTC）等于非利息收入对总资产的比率，税前利润率（PROF）等于税前利润对总资产的比率，管理费用率（OVERHEAD）等于管理费用对总资产的比率，贷款损失准备金率（LLPROV）等于贷款损失准备金对总资产的比率。这五个指标分别从收入、利润和成本三个方面测度了银行部门的效率，其中净利息收入率和非利息收入率反映了银行的收入状况，利息收入是银行的传统收入来源，而在现代银行业中，非利息收入也成为了重要的收入来源，非利息收入率反映了银行从事投资银行或股票包销等各种非贷款业务的收入情况；税前利润反映了银行的盈利状况；而管理费用率和贷款损失准备金率则反映了银行的成本状况。

外资银行的进入对新兴东道国银行体系效率的影响可以从两个层面来分析，一是外资银行是否比国内银行更有效率？二是外资银行的进入是否会导致东道国银行体系的效率改善？表 4-1 给出了工业化国家和发展中国家及其细分地区银行部门的部分绩效指标。总体来看，工业化国家不同所有权的银行绩效指标都要低于发展中国家，这在一定程度上印证了发达国家银行由于市场饱和而向发展中地区扩张的利润动机。在工业化国家，国内私有银行、国有银行和外资银行分别控制了银行资产的 70%、10% 和 20%，而发展中国家国内私有银行控制了 48% 的银行资产，国有银行和外资银行则分别拥有 26% 的份额。

从绩效指标来看，工业化国家的国内私有银行拥有最高的资产回报率和净利息收入率，而在发展中国家，这两个指标最高的则是外资银行。另外，无论是工业化国家还是发展中国家，国有银行的管理费用率在三类所有权类型中都是最低的，而且外资银行的管理费用率都低于国内私有银行。总体上发展中国家的外资银行效率要比国内银行高，但是在发展中国家内部，不同区域存在重要差异。拉美地区拥有的银行数量最多，其次是东欧和东亚，但是拉美地区国有银行的盈利能力最低，并且营业成本最高，而东欧和东亚地区的外资银行的盈利能力最高。

表 4-1　银行所有权与效率指标（1995—2002 年）　　（单位：%）

	所有权	资产份额	资产回报率	净利息收入率	管理费用率
工业化国家	国内私有银行	70	0.75	1.79	1.79
	国有银行	10	0.42	1.47	1.16
	外资银行	20	0.55	1.62	1.69
发展中国家	国内私有银行	48	1.39	4.13	4.19
	国有银行	26	0.94	3.68	3.21
	外资银行	26	1.71	4.17	4.15
拉美地区	国内私有银行	52	1.38	5.11	5.06
	国有银行	49	0.72	4.84	5.77
	外资银行	30	1.19	4.90	5.03
东亚和太平洋地区	国内私有银行	55	0.95	2.63	1.90
	国有银行	25	0.54	2.14	1.36
	外资银行	20	1.62	2.98	2.03
东欧与中亚地区	国内私有银行	44	1.31	4.65	5.47
	国有银行	33	1.10	3.94	4.02
	外资银行	23	1.57	3.83	4.35

资料来源：Micco 和 Panizza 等（2007），"Bank Ownership and Performance：Does Politics Matter?"，*Journal of Banking & Finance*，Vol. 31，No. 1，pp. 219—241.

　　我们接下来使用一个较新的数据集①对中东欧、拉美和亚洲等部分主要新兴经济的 FSFDI 对东道国银行体系效率的第二个层面进行分析，我们将 1995—2005 年分成四个阶段进行考察。表 4-2 给出了中东欧地区平均的相关指标数据。我们发现，中东欧地区以外资银行数量和资产比重衡量的 FSFDI 规模在四个时期呈现出明显的上升态势，分别由 1995—1997 年的 23.9％和 21.4％上升到 2004—2005 年的 59.3％和 67.5％，这表明外资银行在中东欧地区的渗透日益深化，尤其是资产规模。与此相应的是，各个效率指标基本上都有明显改善，收入和成本指标（净利息收入率和非利息收入率，管理费用率和贷款损失准备率）均为逐阶段下降，这表明中东欧地区金融体系的私有化以及对外资的开放进程带来了明显的竞争或溢出效应，私有化之前的垄断市场结构被打破，从而使得银行部门收入水平和运行成本有所下降。

表 4-2　中东欧地区银行部门 FDI 与银行体系效率指标　（单位:％）

指标 ＼ 年份	1995—1997	1998—2000	2001—2003	2004—2005
外资银行数量比重	23.9	38.1	52.0	59.3
外资银行资产比重	21.4	41.9	59.9	67.5
净利息收入率	8.6	6.4	5.0	4.1
非利息收入率	5.0	3.6	3.2	2.6

---

　　①　在银行层面的经验研究中，银行所有权和财务数据多来自于 Bankscope（全球银行与金融机构分析库），Bankscope 是欧洲金融信息服务商 Bureau van Dijk（BvD）与银行业权威评级机构 Fitch Ratings（惠誉）合作开发的银行业信息库，它详细提供了全球 28900 多家主要银行（1673 北美银行、9700 其他各国银行）及世界重要金融机构与组织的经营与信用分析数据，是当今全球银行业最具权威性的分析库，也是国际金融研究领域的学术论文中参考、引用频率最高的银行专业分析库。

续表

指标＼年份	1995—1997	1998—2000	2001—2003	2004—2005
税前利润率	2.6	2.1	1.8	2.2
经营成本率	9.2	7.3	5.5	4.0
贷款损失准备金率	13.8	9.7	6.1	3.7

注：表中数值均为中东欧地区 16 个国家各阶段的平均值，这 16 个国家分别为阿尔巴尼亚、亚美尼亚、白俄罗斯、保加利亚、克罗地亚、捷克、爱沙尼亚、匈牙利、拉脱维亚、立陶宛、马其顿、摩尔多瓦、波兰、罗马尼亚、斯洛伐克和乌克兰。

资料来源：外资银行数量和资产比重数据直接取自 Claessens 和 Van Horen 等（2008），其他变量根据 Bankscope 数据库自行计算。

表 4-3 给出了拉美地区平均的相关数据指标。与中东欧地区相比，拉美地区银行部门的绩效具有较大的波动和不确定性，这在一定程度上是拉美地区比较频繁的危机冲击的结果①。总体来看，拉美地区的 FSFDI 规模也是在不断提高，由 1995—1997 年的 36.8％和 20.2％分别上升到了 2001—2003 年的 48.1％和 44.8％，但是两个指标在 2004—2005 年阶段略有下降，这主要是由于部分国家对外资银行进入与危机关系的顾虑而导致的对银行开放态度变得更为谨慎的结果。从绩效指标来看，尽管各个指标没有表现出明显的线性趋势，但是总体上还是可以发现外资银行进入所带来的竞争性市场结构变化，这一点可以从银行净利息收入率指标看出，该指标存在下降的时间趋势。银行的经营成本

① 张林（2005）在对国际著名拉美经济专家爱德华·劳拉的访谈中，劳拉指出，尽管世界各地均发生过银行危机，但是发展中国家特别是拉美国家的银行危机尤为频繁和严重。根据泛美银行（又称美洲开发银行）公布的一份报告显示，20 世纪 70 年代至 2002 年期间，与其他地区相比，拉美地区每个国家的平均危机次数排名第一。此外，发生过两次或两次以上银行危机的国家占国家总数的比例，拉美地区也是名列榜首，该地区有 35％的国家经历过多次银行危机，此比例比其他地区高出两倍多。

在 1998—2000 和 2001—2003 年两个阶段比较高，这与两个阶段的危机冲击有一定的关系，但是 2003 年后两个与成本相关的指标均有所改善。

表 4 - 3　拉美地区银行部门 FDI 与银行体系效率指标　（单位：%）

指标＼年份	1995—1997	1998—2000	2001—2003	2004—2005
外资银行数量比重	36.8	44.2	48.1	47.7
外资银行资产比重	20.2	36.0	44.8	42.8
净利息收入率	7.2	6.9	6.2	5.6
非利息收入率	3.0	3.8	4.8	4.1
税前利润率	1.6	0.6	0.4	1.7
经营成本率	7.3	8.7	9.2	6.9
贷款损失准备金率	4.6	8.0	10.0	6.5

注：所有变量值均为拉美地区 11 个国家分阶段的平均值，这 11 个国家分别为阿根廷、玻利维亚、巴西、智利、哥伦比亚、厄瓜多尔、墨西哥、巴拉圭、秘鲁、乌拉圭和委内瑞拉。

资料来源：外资银行数量和资产比重数据直接取自 Claessens 和 Van Horen 等（2008），其他变量根据 Bankscope 数据库自行计算。

表 4 - 4 给出了亚洲新兴地区的相关数据指标。相对于拉美和中东欧，亚洲地区 FSFDI 的规模比较低，但是处于不断提高的过程中。在银行绩效指标上，亚洲地区与拉美地区存在比较相似的特征，由于 1997 年亚洲危机的冲击，许多绩效指标在 1998—2000 年阶段明显恶化，利润率甚至为负，而贷款损失准备金比率高达 11.7%。但是危机后，随着外资银行的不断进入，各个指标有了明显改善，银行盈利能力有所提高，而运行成本有所下降，这表明银行部门效率的改善。

表 4 - 4　亚洲地区银行部门 FDI 与效率指标　　（单位:%）

指标＼年份	1995—1997	1998—2000	2001—2003	2004—2005
外资银行数量比重	17.3	18.9	21.8	22.6
外资银行资产比重	6.7	8.9	10.6	10.9
净利息收入率	3.7	1.4	3.1	3.7
非利息收入率	1.36	1.32	1.61	1.74
税前利润率	1.27	—4.36	0.74	1.54
经营成本率	3.21	7.09	2.62	2.43
贷款损失准备金率	2.5	11.7	8.2	5.7

注：表中数值均为 5 个国家的分阶段平均值，这 5 个国家为印度、印度尼西亚、马来西亚、菲律宾和泰国。

资料来源：外资银行数量和资产比重数据直接取自 Claessens 和 Van Horen 等（2008），其他变量根据 Bankscope 数据库自行计算。

第二节　金融服务业 FDI 与东道国金融体系稳定

作为重要的资本流动方式之一，金融业 FDI 为东道国金融体系注入了资本，这对于受到危机冲击的拉美、东亚或有改革诉求的中东欧等新兴经济体特别重要。这种资本的输入以及外资金融机构进入后所伴随的风险管理与金融系统承受冲击能力的改善与强化，有助于东道国金融系统的快速恢复以及东道国金融体系的中长期稳定。

一、金融业 FDI 对东道国金融体系稳定的作用机理

1. 直接的稳定效果

外资金融机构自身的强健程度、成熟的风险管理实践以及较低的信贷周期敏感度为东道国金融体系直接注入了稳定的因素。

外资金融机构的强健性表现在：充足的资本水平和流动性、较高的信用风险防范与管理水平以及良好的公司治理结构等方面。另外，当外资金融机构经营出现困境时，来自于其母行的救援或者凭借母行的声誉在国际金融市场上筹措资金的渠道较为顺畅和便利。

外资金融机构的风险管理实践也有助于增强东道国金融体系的稳健性。外资金融机构拥有国际标准化的风险管理方法和内部控制实践，拥有优良的资产品质评估技术，这些方法与技术的运用有助于限制金融体系中不良资产的积累。而且为了减轻自身的风险，外资金融机构也拥有促进更健康、更安全的金融体系的内在激励，如通过金融创新提供新的金融产品或服务，为了规避风险或对冲风险，外资金融机构会通过提供相应的技术支持和构建法律、会计和规制等基础设施的框架建议等方式协助东道国金融当局发展相关金融市场。外资金融机构的这些活动不仅会提高金融体系的效率，也会促进金融体系的稳定。

外资金融机构对东道国信贷周期较低的敏感度有助于东道国金融体系的稳定。外资金融机构对东道国信贷周期并不特别敏感，这主要是因为外资机构通常具有国际化的资金来源，以及与这种坚实的资本基础相伴随的信贷风险管理能力，所以东道国经济波动对外资机构的影响较小，当东道国经济衰退时，外资机构能够提供更多的信贷支持。戈德伯格（Goldberg，2001）的研究表明，在东道国发生危机时，美国银行并不会明显的减少对东道国的贷款数额，因为外资银行通常对母国的宏观经济条件保持敏感性，而对新兴东道国的宏观经济条件并不敏感，因此，在东道国与母国经济周期不同步的情况下，相对于跨境借贷或本土银行借贷，外资机构对东道国居民的借贷可能更为稳定，这种"经济逆周期"的贷款行为在一定程度上有助于东道国金融体系稳定。而且一些研究也表明，外资银行的进入不仅不会引发东道国金融波动，反而会有助于平抑波动，使东道国信贷周期变得更为平滑，如 Clarke 和 Cull 等（2003）、Baudino 和 Caviglia 等（2004）研究发现，随着外资银行参与的提高，东道国私人部门信贷的波动变化降低了，De Haas 和 Van Lelyveld（2003）则进一步发现，在外资银行的进入方式中，绿地投资更有助于信贷供给的稳定。

2. 间接的稳定作用

外资金融机构的进入直接提高了东道国金融市场的竞争，对本土机构带来了竞争压力，因此会迫使本土金融机构改善自身的经营效率与服务质量，降低自身的脆弱性以提高其竞争力，从而间接强化了东道国金融体系的稳定性。昆特和莱文等人（Demirgüç-Kunt 和 Levine 等，1998）使用银行数据研究表明，外资银行的进入没有提高东道国发生银行危机的可能性，相反会降低银行危机的可能性。而且外资银行的数量份额指标对降低国内银行脆弱性的作用要比资产份额指标显著，这表明，外资银行主要通过潜在的竞争压力而不是改变市场竞争结构而增强了银行体系的稳定性，外资银行进入数量的增加带来了潜在的竞争压力，这种竞争压力会迫使东道国本土银行提高效率、增加透明度、强化监管等功能，从而增强了银行体系的稳定性。不过，银行体系通过竞争而强化稳定的效应需要一定的条件，这种效应的有效性有赖于东道国良好的法律法规框架以及政府监管的质量，包括信息透明程度、政府腐败程度以及法律法规环境等，因为政府的适度监管是避免过度竞争和维持稳定的重要基础保障。

另外，外资金融机构的监管溢出也是金融业 FDI 影响东道

国金融体系稳定的重要渠道。良好的监管体系是金融稳定的重要保证，而金融业 FDI 流入所带来的审慎性监管有助于提高东道国金融部门的稳健性。克里斯多和达克斯等人（Crystal 和 Dages 等，2001）指出，阿根廷、智利和哥伦比亚等拉美国家的外资银行通过贯彻更为积极的风险管理技术为这些国家的金融稳定做出了重要的贡献。卡罗米里斯和鲍威尔（Calomiris 和 Powell，2001）认为，阿根廷的银行监管系统在 20 世纪 90 年代末期是新兴市场经济中最为成功的国家之一。外资银行拥有健全高效的母国监管体系，而根据巴塞尔协议，跨国银行海外分行或附属机构要接受其母国监管当局的并表监管，因此在这种监管模式中，一方面会促使外资银行审慎经营，另一方面母国的监管知识也会溢出到东道国监管当局，进而成为东道国规制变化的催化剂。而且对外资金融机构的监管责任也会激励东道国监管当局不断更新监管知识，以适应外资金融机构经常从事的金融创新活动。

3. 在东道国危机期间的"稳定锚"的作用

由于外资机构雄厚的资本基础以及必要时母行资金支持的可得性，一定程度上降低了外资机构破产的可能性，因此东道国危机期间外资机构的持续经营有助于提高金融系统整体功能发挥的可能性，从而对东道国金融系统起到了"稳定锚"的作用。另外，如果东道国金融市场缺乏可信度较高的金融机构，那么危机期间大规模的资本外逃（Capital Flight）将难以避免。但是如果存在外资机构的话，资本外逃的情况可能会有所缓和，凭借自身优势树立的相对安全可靠的形象使得外资金融机构成为危机中外逃资本的"避风港"。外资机构通过吸收国内金融市场的外逃资金而减轻了金融系统的脆弱性，放缓了资本流出以及国内融资的压力。在这种情况下，尽管资本流动依然会发生，但是并没有增加因汇率或利率压力而带来的国际收支问题。

尽管金融业 FDI 对东道国金融体系的稳定存在上述积极的作用机制，但是，相对于较为明确的东道国金融效率收益，金融业 FDI 对东道国金融稳定的双刃剑效应更为明显。金融业 FDI 的进入可能会在以下几个方面使东道国金融稳定面临挑战：

首先，东道国危机期间，虽然外资机构可能会发挥"稳定锚"的作用，但是这种作用可能会受到东道国政府行为的约束。比如阿根廷危机期间，最初外资银行接受了国内大量存款，但是当存款者担心外资机构会遭到政府排斥时，又出现了大量提款现象。而且外资机构如果日益担心政治风险的话，他们会减少国内资产与负债，这给国内市场或资本账户带来了压力，从而不利于东道国金融稳定。实际上有很多迹象表明，外资银行在东道国危机期间倾向于大规模收缩贷款甚至撤离资本，从而加剧了东道国危机的深度和破坏性，如东亚金融危机期间，遭受危机冲击的国家或地区不仅获得的跨境债权大幅度减少，而且国内的外资银行也大幅消减了对东道国企业的贷款，降幅高达 40％，日本的银行降幅最大，达到 47％（张礼卿，2007），巴西和俄罗斯金融动荡期间也出现了类似的贷款收缩问题。

其次，金融业 FDI 的稳定收益依赖于外资金融机构的稳健性，但是如果外资机构母国出现金融危机时，外资机构很有可能会成为危机的传染媒介，这种传染效应在金融业 FDI 来源国过于集中时尤为明显。外资银行总部陷入困境或母国宏观经济波动都会影响外资银行在东道国的借贷行为，进而影响东道国的经济运行。如 20 世纪 90 年代初期，日本泡沫经济的破灭和银行危机导致在美国的日本银行缩减信贷规模，从而冲击了美国的建筑业和房地产市场，玻利维亚在 1999—2002 年的经济萧条过程中也曾遭受过来自西班牙的外部冲击。

最后，金融业 FDI 对东道国的竞争效应也可能会成为金融不稳定的诱因。外资银行进入加剧东道国竞争的同时也会降低银行特许权价值①，从而导致银行利润下降，这种效应短期内可能会使得国内银行变得更为脆弱。因为许多发展中国家银行在严格金融管制背景下获得了较高的特许权价值，从而依靠巨额的垄断利润维持着较高比率的不良贷款。外资银行的进入，降低了银行特许权价值，从而降低了垄断利润，因此银行抵御风险的能力大大降低，无法利用高额垄断利润继续维持高比率的不良贷款，从而导致银行体系的不稳定性上升。另外，如果外资银行实施"摘樱桃"行为，那么国内银行的优质客户很可能会流失，毕竟外资银行在服务质量和营销手段上拥有较多优势。优质客户流失使得国内银行面对更多的劣质客户或高风险项目，因此国内银行的总体信贷质量可能会有所下降，不良贷款率相应会有所上升，从而增加了国内银行体系的不稳定性。

金融业 FDI 的上述不利影响需要东道国加强金融监管，或者说，东道国能否从金融业 FDI 中获得金融稳定的收益，在很大程度上取决于东道国是否具备完善的金融监管框架，完善有效的金融监管可以降低金融业 FDI 不利影响发生的可能性。但是，外资金融机构进入后往往会增加东道国的监管难度，如外资银行的决策权转移以及组织结构与东道国法律和监管制度的不一致，使得监管当局面临更多的挑战。另外，金融业 FDI 导致的信息

---

① 特许权价值（Franchise Value of Banking License）指根据银行未来的预期利润进行贴现所获得的现值。

缺失或信息不对称也可能会增加东道国金融监管的难度（Cárdenas 和 Graf 等，2003）。当外资银行控股的附属银行从东道国股票市场退市时，会造成市场信息缺失，如 2000—2005 年间，墨西哥五家占有 77% 银行资产份额的银行被并购后宣布退市，从而导致这些银行信息披露严重弱化。因为股票市场所具有的价格信号功能消失了，子公司由于不再发布财务和营业状况等信息，市场透明度也相应下降了。在这种情况下，市场分析师无法评估该银行的经营状况，从而加重了信息不对称，削弱了市场有效性，东道国审慎有效的金融监管将变得很困难。

二、数据描述性说明

基于上述理论性分析，接下来我们使用银行部门的相关财务数据对金融业 FDI 与金融体系稳定的关系进行数据描述性说明。

目前比较通用的用于分析银行部门稳定性的工具是 CAMEL 框架（窦菲菲，2009），这个框架构建了一个刻画银行机构稳定性的指标体系，主要包括五个方面：资本充足率（Capital Adequacy）、资产质量（Asset Quality）、管理稳健性（Management）、收益情况（Earning）以及流动性状况（Liquidity）。资本充足率是商业银行重要的安全性指标，资本充足率越低，意味着银行面临严重问题的可能性越高，因此资本充足率通常作为一个滞后性指标来反映银行的处境状况，即用当期的资本充足率反映银行未来的稳定性状况。资本充足率一般采用巴塞尔协议中的"风险资产"方法计算，即资本与风险加权资产的比率，风险加权资产方法在评估银行自有资本的应有规模时，并非简单的计算资本与总资产的绝对比率，而是考虑了银行资产的结构和不同资产的风险程度，因此更能体现银行资本抵御经营风险、保护存款人利益的要求。如果说资本充足率是侧重于量的方面反映银行机构的稳定性，那么资产质量则是表征银行机构稳定性的质的特征。相对于资本充足率，资产质量更能反映银行的风险暴露情况，银行资产质量的高低直接反映了银行经营管理状况的好坏，资产质量越高，表明其安全性就越高。资产质量可以用多个指标予以反映，其中最为重要的是不良贷款率。管理的稳健性也是反映银行部门稳定性的重要方面，稳健有效的管理将会使银行陷入危机的可能性大大降低。收益性情况主要反映银行机构的盈利状况，银行利润是未来资本积累的重要基础，也为银行处理一些短期的危机和问题提供了资金保障。通常用来反映收益状况的指标是资产回报率和资本回报率，即 ROA 和 ROE 指标。流动性状况反映了银行获取资金以及满足合理资金流出需要的能力，保证货币资金的流动性是银行持续经营的关键所在。用来反映流动性的指标通常包括流动性比率、存贷款比率、存款构成比率以及中长期贷款比率等。

根据数据的可得性，我们这里使用股权对总资产的比率（EOA）、不良贷款对贷款总额的比率（NPLs）、资产回报率（ROA）以及贷款对存款比率（LOD）四个衡量银行体系稳健性的指标分别对中东欧、拉美和亚洲等新兴地区的金融业 FDI 与金融稳定进行比较分析。

图 4-1 给出了 1995—2005 年中东欧地区部分国家银行部门外资参与程度与相关稳定性指标。可以看出，无论是外资银行的数量比重还是资产比重都存在明显递增的趋势，两个指标分别由 1995 年的 20.8％和 12.5％上升为 2005 年的 59.9％和 67.4％。这表明，外资银行在中东欧地区金融部门的参与程度与规模都在不断提高，2005 年部分国家外资银行资产甚至已经达到了 90％

以上，外资机构完全控制了银行部门，如阿尔巴尼亚（93％）、爱沙尼亚（100％）、匈牙利（94％）等。与外资参与程度不断提高的趋势相对应的是，银行部门的各个稳健性指标基本都存在显著性改善，尤其是不良贷款率，除了1998—1999年间有所提高外，其他时期持续下降，1995年到2005年下降了16个百分点，表明银行部门的资产质量有了很大改善；资本充足率平均保持在10％以上，不过相对于1999—2002年的12.5％的水平，2003—2004年间略有下降，平均为11.2％，资本金比较充足；资产回报率较为平稳，除了1998年出现负值外，其他年份基本保持在1.5％左右；贷存比率保持在80％以下，整体资金流动性比较充裕，2001年后有所上升，2005年平均为67.5％。

就拉美地区而言，数据所表现出来的情况不如中东欧地区那么明显。外资银行数量和资产规模基本也呈增长趋势（见图4-2），但是自2002年后，外资银行资产规模有所下降，可能主要是由于拉美危机的冲击导致外资银行资产收缩所致。各个稳健性指标的特征变化比较大，但是总体而言在2002年恶化到极点后开始逐渐恢复。不良贷款率在1997年后节节攀升，2002年达到了13.7％的最高点，之后开始明显降低；资产回报率也是在2002年-1.3％的最低点后开始回升；资本充足率在2002年降到8％以下，之后逐渐提高；贷存比率也表现出类似的趋势。另外，拉美地区国家之间的差异性比较明显；在危机冲击中，阿根廷银行业的亏损和不良贷款问题十分严重，乌拉圭和厄瓜多尔银行部门的不良贷款也很高，银行部门的股东权益甚至出现负值（2002年分别为-2.05％和-8.46％），委内瑞拉的银行资产质量恶化严重，高通货膨胀率和动荡的证据对银行盈利能力产生进一步的压力（王佳佳，2007）。但是也有一些国家的银行部门相

(单位：%)　　　　　　　　　　　　　　　　　　　(单位：%)

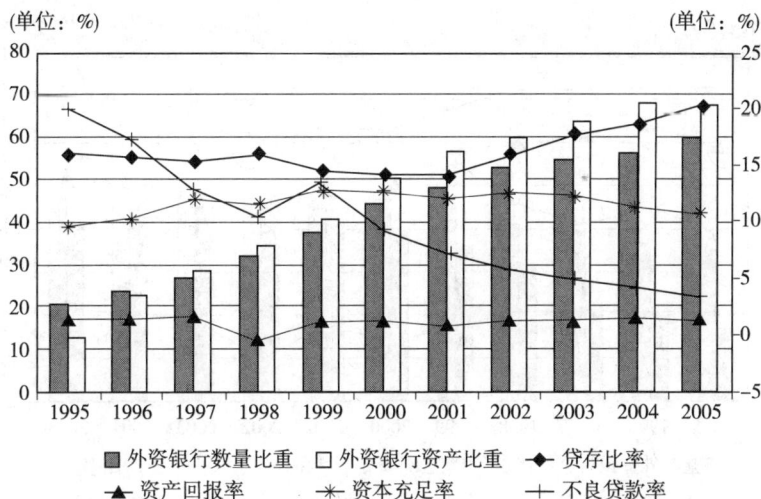

图 4-1　1995—2005 年中东欧地区银行部门 FDI 与金融稳定性指标

注：外资银行数量比重、资产比重和贷存比率的刻度在左轴，其余变量的刻度在右轴，单位均
　　为百分比。几个指标均为中东欧地区 16 个国家每年的平均值，这 16 个国家为：阿尔巴尼
　　亚、亚美尼亚、白俄罗斯、保加利亚、克罗地亚、捷克、爱沙尼亚、匈牙利、拉脱维亚、
　　立陶宛、马其顿、摩尔多瓦、波兰、罗马尼亚、斯洛伐克和乌克兰。

资料来源：作者绘制。其中，外资银行数量和资产比重数据直接取自 Claessens 和 Van Horen 等
　　　　　（2008），其他变量数据作者根据 Bankscope 数据库自行计算。

当有活力，资本金比较充足，盈利能力恢复较快，如巴西、墨西
哥和智利等国家。

　　在新兴亚洲地区，外资银行的参与程度总体上比较低，虽然
1997 年东南亚金融危机后开始有所提高，但是依然落后于拉美
和中东欧地区。相对而言，外资银行在亚洲地区的平均数量比重
要明显高于资产比重（见图 4-3）。从各个稳健性指标来看，与
拉美地区相似，由于危机的冲击，1997—1998 年间出现了明显
的分界点，1997 年各个稳健性指标均有所恶化。但是在危机后，
随着银行业的重组以及各国对外资银行进入限制的放松，亚洲地
区银行部门稳健性指标有所改善，多数国家的银行盈利能力有所

(单位：%)　　　　　　　　　　　　　　　　　　　　　　　　(单位：%)

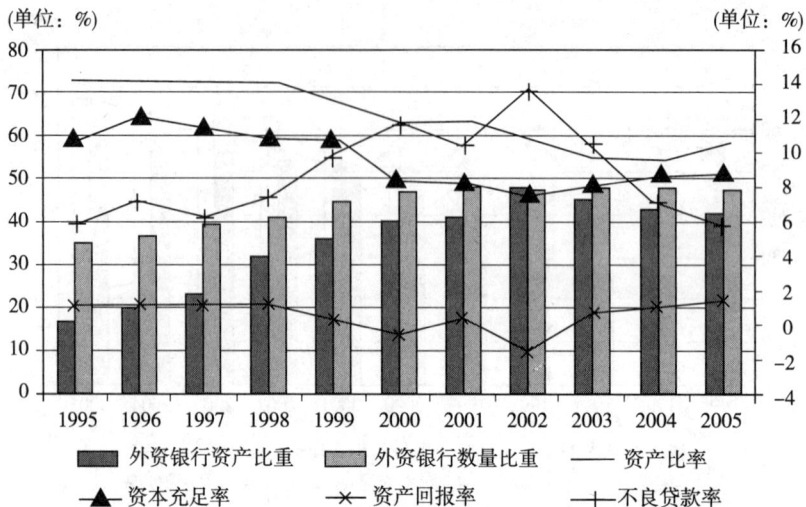

图 4 - 2　1995—2005 年拉美地区银行部门 FDI 与金融稳定性指标

注：外资银行数量比重、资产比重和贷存比率的刻度在左轴，其余变量的刻度在右轴，单位均
　　为百分比。几个指标均为拉美地区 11 个国家每年的平均值，这 11 个国家分别为：阿根廷、
　　玻利维亚、巴西、智利、哥伦比亚、厄瓜多尔、墨西哥、巴拉圭、秘鲁、乌拉圭和委内
　　瑞拉。

资料来源：作者绘制。其中，外资银行数量和资产比重数据直接取自 Claessens 和 Van Horen 等
　　（2008），其他变量数据作者根据 Bankscope 数据库自行计算。

提高，资产回报率由 1998—1999 年的负值提高到了之后的 1%
左右。不良贷款率在 1999 年后开始不断下降，虽然在 2003 年之
前仍然高于 10%，但 2004 年后已经降到 10% 以下，2005 年为
8.59%。资本充足率在 1998 年后基本保持在 8% 以上。在亚洲
地区内部，不同国家的差异也比较明显。马来西亚银行的盈利能
力和资产质量都显著提高，泰国和印度尼西亚略有改善，而菲律
宾的一些指标却有日益恶化的趋势，如不良贷款率，在东亚金融
危机后一直居高不下，2003 年甚至高达近 20%。

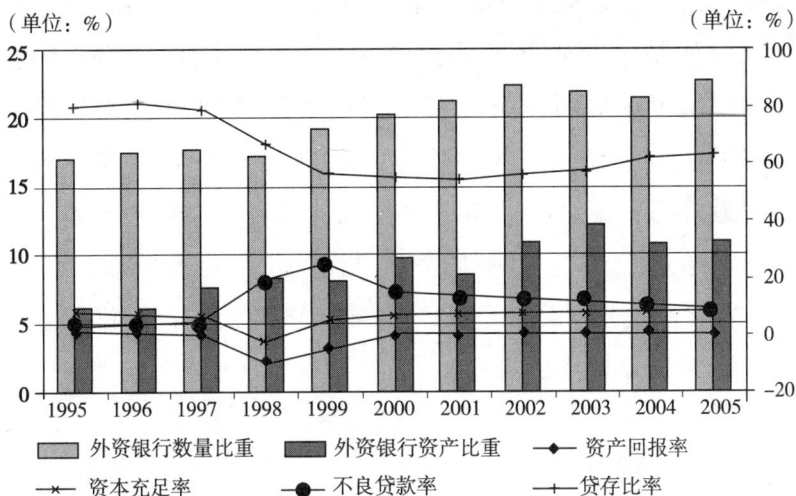

图 4 - 3 1995—2005 年亚洲地区银行部门 FDI 与金融稳定性指标

注：外资银行数量比重、资产比重的刻度在左轴，其余变量的刻度在右轴，单位均为百分比。
几个指标均为亚洲地区 5 个国家每年的平均值。这 5 个国家分别为：印度、印度尼西亚、
马来西亚、菲律宾和泰国。

资料来源：作者绘制。其中，外资银行数量和资产比重数据直接取自 Claessens 和 Van Horen 等
（2008），其他变量数据作者根据 Bankscope 数据库自行计算。

第三节 金融服务业 FDI 影响东道国
经济增长的直接机制

金融服务业 FDI 通过竞争和溢出机制直接影响东道国金融产业，在一定条件下可以改善东道国金融体系效率，促进东道国金融稳定。金融体系效率和稳定的改善将会因为金融产业在整个经济系统中的特殊功能而渗透到其他产业乃至总体经济发展。从宏观经济增长角度而言，这种作用是如何发挥的，其内在机制是什么？本节和下一节将对这个问题予以回答。本书将金融业 FDI 对经济增长的影响机制归为两大类：直接机制与间接机制，这里

的直接机制是指金融业 FDI 直接作用于东道国经济增长[1]，间接机制则指的是金融业 FDI 通过作用于其他影响经济增长的因素而间接作用于东道国经济增长，但是无论直接机制还是间接机制，基于金融系统的服务性功能，金融业 FDI 对实体经济的增长效应最终都要通过两条渠道而实现：或者通过提高物质资本积累，或者通过改善生产中的资本与劳动的配置效率，即生产率[2]。本节首先分析金融业 FDI 影响经济增长的直接机制，即资本作用机制和效率作用机制。

一、资本作用机制

新古典经济学家多马（Domar，1946）的"资本原教旨主义"（Capital Fundamentalist）观点强调了资本投资对经济增长的重要意义。钱纳里和斯特劳特的（Chenery 和 Strout，1966）的"双缺口理论"（Two Gap Theory）则进一步凸显了发展中国家资本短缺对经济发展的约束瓶颈，因此吸引外资成为许多发展中国家发展战略的重要组成部分。作为重要的外部资本来源，实体部门 FDI 直接为发展中国家注入资本并促进经济增长，而金融业 FDI 虽然也直接为东道国注入资本，但是这种资本输入只

---

[1]　实际上严格来说，这也是一种间接作用，因为 FSFDI 的作用都要通过金融服务的经济功能而得以实现。

[2]　根据现代经济增长核算理论，要素投入和生产率是增长的两大主要源泉。对此可以使用一个标准的 Cobb−Douglas 生产函数形式予以刻画（Easterly 和 Levine，2000）：$y = AK^{\alpha} (n^{1-\alpha})$，其中 y 代表人均国内产出，K 代表人均物质资本存量，n 是人均劳动投入单位数量（反映工作方式或人力资本等），α 是完全竞争条件下国内产出中的资本收入份额，A 代表技术进步，对该函数进行变换后可以得到产出增长的组成部分为：$\Delta Y/Y = \Delta A/A + \alpha (\Delta K/K) + (1-\alpha)(\Delta n/n)$。

是在金融部门，对于经济增长而言，金融业 FDI 促进投资的资本积累机制与实体部门 FDI 存在明显的不同。金融业 FDI 或者外资金融机构进入促进东道国资本积累的机制在于，通过促进金融市场的竞争而改变东道国的垄断市场结构，从而提高了金融服务的效率并降低了金融服务价格，这个过程使得经济中的储蓄和投资机制更为顺畅，储蓄有效的转化为投资，从而有利于资本的形成，并通过资本渠道促进经济增长。

　　弗朗索瓦和艾申巴赫（Francois 和 Eschenbach，2002）构建了一个金融服务贸易通过竞争效应而促进经济增长的理论模型，这个模型的立足点是基于金融产业在储蓄—投资中的链接机制，而金融服务贸易的关键作用在于通过竞争的强化而降低金融服务价格，而金融服务价格的降低则促进了储蓄向投资的转化，从而提高了实物资本的形成并最终促进经济增长。根据 WTO 的界定，商业存在是服务贸易中的重要形式之一[①]，所以他的模型分析也适用于金融业 FDI，因此我们基于他的模型框架并通过适当的扩展来分析金融业 FDI 对东道国经济影响的资本作用机制。

　　模型的前提假定是一个长期的拉姆齐型（Ramsey—type）封闭经济，在这个封闭经济中，金融厂商在储蓄（创造金融资本）和实际投资（创造物质资本）之间提供必要的桥梁。该经济的生产函数为柯布—道格拉斯生产函数：

$$Q = AK^{\alpha}L^{1-\alpha} \tag{4.1}$$

　　其中，Q 是以复合物形式表示的 GDP，同时也充当计价品，

---

　　① 服务贸易总协定（GATS）提出了服务贸易的四种形式：跨境贸易、商业存在、境外消费、自然人移动。

K是生产资本，L是劳动，α为资本的产出份额并且$0<\alpha<1$。在这个封闭经济中，假定消费者对复合物Q的消费偏好为不变的相对风险厌恶，而且消费者从事跨期最优消费，即消费者在当期消费和未来消费之间寻求平衡，这种选择的原则是未来消费的边际回报率等于现在消费的边际回报率，因此在这些前提下修正的稳态条件为：

$$r = \rho + \delta + \varphi \tag{4.2}$$

其中，r是资本回报率，ρ为时间贴现率，δ为资本存量折旧率，φ为体现金融机构成本的金融服务价格，$r-\delta$为延期消费的净边际回报率，而$\rho+\varphi$为现期消费的边际回报率。

为了简化分析，我们假定资本和劳动之间的总生产技术是凹性的，复合物Q及其各种用途之间存在线性的转换技术，而复合物Q可以用作：消费品C，投资品K，金融服务F。基于这种线性转换技术，我们假定一单位Q可以产生一单位C或K，金融机构的活动也采用同样的度量方法，即一单位价格为φ的金融服务需要一单位的物质资本。在这个封闭经济中，产品Q及其要素的市场结构都是竞争的，资本与劳动都获得以计价物Q度量的边际产品值。因此根据一阶条件，可以得到：

$$r = \alpha Q / K \tag{4.3}$$

将（4.3）式与（4.2）式中的稳态条件结合，我们可以得到给定金融服务价格下的各变量的稳态值：

$$Q^* = A\psi^{\alpha/(1-\alpha)}L$$
$$K^* = \psi^{\alpha/(1-\alpha)}L$$
$$S^* = \delta\psi^{\alpha/(1-\alpha)}L \tag{4.4}$$

其中，星号 * 表示稳态值，$\psi = \alpha A(\rho+\delta+\varphi)$，$S$代表金融储蓄水平。

上述过程中的金融服务价格 φ 都是外生给定的，现在考虑金融服务价格 φ 的内生决定问题，即 φ 如何由方程（4.4）中的其他变量所决定？为此需要设定金融市场的竞争结构，假定金融服务部门存在一个不变边际成本为 b 的库尔诺－纳什均衡，金融服务厂商的数目为 n（这里暂且假定由金融监管当局外生设定，我们在后面给出金融服务厂商数量的决定条件）。金融服务厂商战略性的设定其金融服务数量，在这个意义上而言，金融服务厂商之间进行博弈，他们通过有限制的提供金融服务数量而发挥其市场力。这里采用经典的库尔诺假设，即每个厂商都相信，当自己做出产量决定时，其他厂商不会因此而进行调整。在这样的寡头垄断条件下，根据方程（4.4），我们可以得出稳态时的金融服务需求弹性为：

$$\varepsilon^* = -\left[\frac{\varphi}{1-\alpha}\right](\rho+\delta+\varphi)^{-1} < 0 \qquad (4.5)$$

（4.5）式与标准的库尔诺－纳什均衡条件结合，我们可以得出金融服务的边际成本为：

$$b = \varphi\left[1 - \left(\frac{(1-\alpha)(\rho+\delta+\varphi)}{n\varphi}\right)\right] \qquad (4.6)$$

由（4.6）式可以得到稳态时的金融服务价格 φ 为：

$$\varphi^* = -\frac{-bn-(1-\alpha)\rho-(1-\alpha)\delta}{n-(1-\alpha)} \qquad (4.7)$$

将稳态时的金融服务价格方程带入（4.4）式可以得出稳态条件下的人均资本存量为：

$$k^* = \left[\frac{n(\rho+\delta+b)}{\alpha A(n-(1-\alpha))}\right]^{-\frac{1}{1-\alpha}} \qquad (4.8)$$

由（4.7）和（4.8）式可以看出，在封闭条件下，金融服务厂商的数量 n 对于稳态条件下金融服务价格 φ 和人均资本存量 k

都是重要的制约因素①。但是在上面的过程中，我们始终假定金融服务厂商数量是由监管当局外生设定的，为了完整地闭合这个系统，我们增加足以决定金融服务厂商数量的限制性条件。假设金融服务厂商遵从利润原则调整市场的进入或退出策略，当单位利润超过或低于某个临界水平 π 时②，金融厂商会相应的选择进入或退出，于是我们有下面的约束条件：$0 \leqslant \varphi - b \leqslant \pi$，根据厂商间的简单定价原则，我们可以得到稳态金融服务价格在引入固定成本 c 后的另一种表达方式：

$$\varphi^* = \pi + \frac{cn}{Lk^*} + b \qquad (4.9)$$

这样，方程（4.7）、方程（4.8）、方程（4.9）三式一起就可以充分地确定封闭条件下稳态时的金融服务价格、人均资本水平以及金融服务厂商数量。

现在考虑金融开放条件下的稳态均衡。当允许外资金融机构以 FDI 的方式进入东道国金融市场时，东道国的金融服务价格以及人均资本存量都将会发生变化。对（4.7）式和（4.8）式分别求导可得：

$$\frac{\partial \varphi^*}{\partial n} = \frac{b}{n - (1 - \alpha)} + \frac{-bn - (1 - \alpha)\rho - (1 - \alpha)\delta}{n - (1 - \alpha)} < 0 \qquad (4.10)$$

$$\frac{\partial k^*}{\partial n} = \left[\frac{n(\rho + \delta + c)}{(n - (1 - \alpha))\alpha A} \right]^{-\frac{1}{(1 - \alpha)}} > 0 \qquad (4.11)$$

---

① 在经济中，一般来说，时间贴现率 ρ、资本存量折旧率 δ 是相对稳定的变量，而产出—资本弹性 α 和金融服务的边际成本 b 在模型中被假设为常数。

② 这个临界水平可以看做是监管当局为保证金融体系长期健康运行而设定的管制目标，也可以是零。

（4.10）式和（4.11）式表明，金融机构数量与稳态金融服务价格之间存在反向关系，而与稳态时的人均资本存量之间存在正向关系，这意味着外资金融机构的进入可以提高人均资本存量，从而构成经济增长的来源。这种机制的内在原因在于，外资银行的进入通过促进东道国金融市场竞争而降低了金融服务价格，从而有利于资本的形成。对于金融业 FDI，无论是通过并购方式还是绿地投资，外资金融机构的进入都有助于提高东道国金融市场的竞争程度，绿地投资本身就增加了市场上的竞争者，而对东道国已有机构的并购也会由于并购者实行新的市场政策而提高竞争。

考虑这样一种情况，如果监管当局对外资金融机构的供给设定数量限制，而将剩余市场留给国内厂商，那么情况会怎样呢？实际上这种情况从需求弹性的角度也可以得到类似的结论。我们假定 $\bar{K}$ 为允许外资银行提供的信贷数量，那么稳态条件下国内机构提供的信贷数量为 $K^* - \bar{K}$，因此开放条件下对国内机构的需求价格弹性将与外资银行的管制规模 $\bar{K}$ 直接相关：

$$\tilde{\varepsilon}^* = \varepsilon^* \frac{K^*}{K^* - \bar{K}} \qquad\qquad (4.12)$$

在（4.12）式中，$\partial \tilde{\varepsilon}^* / \partial \bar{K} \geq 0$。如果限制外资金融机构进入，即外资机构的供给 $\bar{K} = 0$，那么对国内金融服务的需求价格弹性为最小，根据垄断厂商定价的原则，此时金融服务的市场价格最高，根据（4.9）式可知，此时的国内人均资本也是最低的；如果政府开始放宽外资金融机构的进入，增加外资银行贷款的数量限额，即 $\bar{K} > 0$，那么对国内金融服务的需求价格弹性将随之提高，这意味着国内金融服务厂商的市场垄断力随之下降，因此金融服务的价格也就下降，从而导致稳态条件下的人均资本增加。因此，外资机构对国内市场的介入程度越高，通过市场竞争结构的改变越有利于储蓄向投资的转化，有利于资本的形成，从而促进经济增长。

二、效率作用机制

在许多发展中国家，多马（Domar，1946）的"资本原教旨主义"观点曾一度成为政府通过多种方式促进投资、进而谋求发展的理论基础，这些方式包括鼓励国内储蓄、寻求国际贷款和融资援助以及开放国际资本流动等。但是多马模型并非是长期增长模型[①]，他对资本的强调主要在于投资的短期增长效应。对于长期经济增长而言，内生增长理论更强调生产要素的投入配置效率，即生产率的作用，而资本对经济增长的作用相对并不重要，正是基于这种考虑，克鲁格曼（Krugman，1993）认为旨在融通资本的国际金融一体化并非是经济发展的主要引擎[②]，即使外部资金提高了国内资本存量，其对于长期增长的作用也是非常有限的。

许多经验研究为 Krugman 的观点提供了证据上的支持，物

---

① 伊斯特里（Easterly，1999）指出，多马从来没有打算把他的模型作为长期增长模型，而且多马 40 多年前就明确声称他的模型不应该用作长期增长模型，因此在经济史中把多马模型作为最广泛使用的增长模型非常具有讽刺意味。

② 克鲁格曼（Krugman，1993）同时也认为，从富国到穷国的大规模资本流动实际上从来没有发生过，因此发展中国家放松对国际金融的限制未必会促进国内资本形成。

质资本、储蓄以及人力资本没有对长期增长施加明显的因果影响[1]。对于跨国增长差异问题，物质资本的解释力度非常有限，与此不同，生产率差异却能够解释增长差异的大部分。伊斯特里和莱文（Easterly 和 Levine，2000）使用方差分解考察了全要素生产率（TFP）和要素积累在国家增长率差异中的相对重要性，结果发现，TFP 增长说明了产出增长的 60% 以上，而要素积累仅仅解释了不到 25%，当方差分解中包括人力资本时，要素积累对增长率跨国变化的解释依然有限，因此 TFP 增长是国际增长率差异的主要原因。基于此，不同于克鲁格曼对国际金融一体化的悲观论调，莱文（Levine，2001）提出了更为积极乐观的观点，在不否认物质资本积累对增长作用有限的前提下，Levine 强调了国际金融一体化通过生产率渠道而影响经济长期增长的作用，认为金融一体化通过改善资本配置效率而产生非常有意义的增长效应。那么作为推进国际金融一体化进程的具体形式，金融业 FDI 是如何通过生产率渠道而促进实体部门增长的呢？实体部门 FDI 通过竞争、技术转移或溢出而改变东道国实体产业技术状况，进而影响生产率与产业增长。与此不同的是，金融部门 FDI 对实体部门的生产率效应则主要体现为两个层面上的功能性配置效率改善：一是外资金融机构直接改善资本配置效率；二是通过竞争和溢出而导致的东道国本土机构的资本配置效率改善。总之，FSFDI 通过对东道国金融体系的功能效率改善可以促进实体产业的增长。

---

[1]　如 Blomstrom 和 Lipsey 等（1996）的研究发现，更多地投资并没有引起更快的经济增长，相反，产出增长是投资的格兰杰原因；Bils 和 Klenow（2000）则研究了经济增长和人力资本之间的因果关系，发现经济增长对人力资本积累存在因果性影响，而人力资本对增长则没有因果性影响。

1. 金融对实体经济的功能

在完全竞争的市场结构中，金融部门对实体经济的服务功能是非常有限的，它只是通过简单的资金融通实现资金从储蓄者向投资者的转化而发挥对实体经济的作用，并且金融体系总是能够做到在给企业提供创造最大社会财富机会（最优投资计划）的同时，也给消费者提供在企业所创造的社会财富中找到使自己效用最大化的生活方式（最优消费计划）的可能（施丹，2007）。但是在现实的经济活动中，由于各种交易成本的存在以及信息不对称下的市场扭曲，这种建立在完全市场假设基础上的情形是不存在的，因此，金融部门对实体经济的功能就不仅仅是融通资金那样的简单。莱文（Levine，1996）将金融系统的经济功能概括为五个方面：（1）促进交易；（2）促进风险管理；（3）动员储蓄；（4）获取信息、评估企业及配置资本；（5）促进公司治理。通过这些功能，金融系统可以促进实体经济的资本形成，更为重要的是，可以改变资本和劳动等投入要素的配置效率，这两种方式（尤其是后者）都能够对实体经济增长产生影响。

实际上，金融中介机构的产生本身就是出于减轻由于信息成本、履行合约成本以及交易成本而导致的各种市场摩擦的需要，而在消除这些市场摩擦的过程中，金融机构可以有效地促进资源配置（Levine，2001），从而有利于生产率的提高以及最终的经济增长。首先，金融机构有助于降低获取或处理有关企业及其管理者的信息成本。如果没有金融中介的话，每个投资者都会面临对投资企业及其管理者单独进行评估的较高成本，而每个投资者都对相同企业的评估也会导致重复性的工作付出，另外也可能会出现小投资者的免费搭车现象，这种免费搭车问题通过较少的成本支出而获取信息，因此不利于有效的资源配置。但是如果存在

金融中介的话，这种缺乏效率的情况就会有所改变，金融中介机构可以为许多投资者对某个企业及其管理者做出评估，通过减少重复性付出和免费搭车问题，金融机构为投资者有效地提供了企业相关信息。另外，外部投资者对企业进行投资后，金融中介机构可以有效地发挥对企业管理者的监测作用。因此通过改善信息获取，金融机构可以强化资本配置效率，从而影响长期经济增长。其次，金融中介可以通过降低交易成本而减轻风险分担。当存在与交易相关的固定成本时，金融中介可以降低持有分散化投资组合的成本。如果高回报项目比低回报项目风险高的话，那么加强的分散化可以鼓励资本再配置到高回报项目中去。金融机构也可以促进风险的跨期平滑，那些在特定时点（如宏观经济冲击）不能分散的风险可以跨期分散化。通过长远投资，以及提供繁荣期的低回报和萧条期的高回报，长期存在的金融机构可以促进代际风险分担。金融机构还可以消除流动性风险，许多富有利润前景的投资项目需要长期资本承诺，但是投资者又不愿放弃对储蓄的长期控制，这时金融机构可以通过聚集储蓄和流动性转换而使得长期投资更富有吸引力。通过聚集资源，他们可以投资短期证券以满足流动性需要，同时又可以满足长期资本承诺。通过促进长期、富有利润的投资，金融机构改善了资本配置，从而促进了生产率增长。最后，金融中介机构有助于动员储蓄，金融机构通过节约交易成本以及克服与储蓄相关的信息不对称可以将社会上闲散资金聚集起来。通过有效的动员储蓄，金融机构不仅可以有效地鼓励资本形成，而且还可以通过发展规模经济而改善资源配置。

总之，基于消除市场摩擦需要而产生的金融机构以及健全的金融体系得以形成后，其为实体经济所提供的功能性服务对经济发展至关重要，在这些功能中，最重要的功能就是金融系统可以促进资源在实体经济中的有效配置，通过资源配置效率而影响经济增长，因此要素生产率渠道是金融系统对实体经济增长产生影响的主要方式。

2. 金融业 FDI 改善东道国资源配置效率

尽管金融系统通过功能性服务而成为经济发展的重要推动因素，但是对于许多发展中国家而言，长期出于政治及经济稳定考虑的国有化垄断使得金融部门缺乏充分的市场化机制，从而金融部门的功能效率并没有得到有效发挥，第一节的分析也表明，许多发展中国家金融部门的资源配置效率较低。因此外资金融机构的进入可以通过改善东道国的经济服务功能而促进资源配置，并最终促进生产率提高及其经济增长。

昆特和莱文等人（Demirgüç—Kunt 和 Levine 等，1998）将外资银行对东道国资源配置效率的影响分为两类：一是直接的资源配置效率。外资银行为东道国注入了额外的资本，并积极寻求对这些资金的有效使用，从而直接地促进了有助于东道国经济增长的资源配置效率。相对于长期受到抑制的发展中国家金融机构而言，外资银行一般拥有先进的技术、风险管理意识等技术优势，因此会直接为东道国国内市场提供高质量的金融服务并积极寻求将资金配置到最富有利润的项目上去，从而可以直接地促进市场化的资源配置，有助于实体产业生产率的改善并促进经济增长。二是间接的资源配置效率。外资银行进入也可以通过强化银行市场竞争与激励国内银行系统的变化而间接地促进东道国资源配置效率。外资银行进入的竞争效应会激励东道国国内银行改善服务质量，降低服务成本，外资银行进入也会鼓励东道国诸如会计、审计与评级等附属机构的升级，外资银行的进入更会促进东道国政府改善法律、规制及监管系统，这些变化有助于加强东道国金融发展，提高对实体经济的服务效率，从而间接促进东道国经济发展。在经验研究中，昆特和莱文等人（Demirgüç−Kunt 和 Levine 等，1998）使用简单的截面数据考察了外资银行进入与东道国经济增长的关系，发现了由于银行部门竞争而诱致效率收益的间接增长效应，但是没有发现外资银行直接促进东道国经济增长的证据。其他一些研究也发现了 FSFDI 的间接增长效应，莱文（Levine，1996）考察了国际金融自由化与经济增长的关系，结果表明，放松国际证券流动有助于强化股票市场流动性，从而通过生产率而促进经济增长；允许外资银行进入有助于强化国内银行体系的效率，发达的银行系统也会通过生产率促进经济增长，因此国际金融一体化通过改善国内金融系统效率可以间接促进经济发展。

3. 一个简单的模型说明

Abiad 和 Oomes 等（2008）构建了一个金融自由化改善资本配置效率的微观理论模型，我们使用他的模型框架简单说明金融部门 FDI 或外资金融机构进入对东道国资本配置效率的影响。基于马歇尔的企业最优化经营规模（依赖于所属产业）理论，企业在时间 t 的利润函数为：

$$\pi(K_t, L_t) = f(K_t, L_t) - wL_t - \varphi(I_t) - RK_t \qquad (4.13)$$

其中，K 代表资本投入，并且 $K_t = (1-\delta)K_{t-1} + I_t$，$\delta$ 为折旧率，I 为投资。L 代表劳动投入，w 与 R 分别为劳动和资本投入的价格。f 是规模报酬不变（CRS）的生产函数，并且其偏导数满足：$f_1 > 0$，$f_2 > 0$，$f_{11} < 0$，$f_{22} < 0$，$f_{12} > 0$（表明要素投入的边际产量为正且递减，而且要素之间为相互替代关系）。$\varphi(I_t)$ 表示投资 I 的调整成本函数，并且满足 $\varphi' > 0$，$\varphi'' > 0$（表示投资的成本随着投资的增加而增加）。根据利润最大化原则可以得到唯一的稳态最优策略（K^*，L^*，I^*）并且满足下列条件：

$$f_1(K^*，L^*) - \varphi'(I^*) = R \tag{4.14}$$

$$f_2(K^*，L^*) = w \tag{4.15}$$

$$\delta K^* = I^* \tag{4.16}$$

因为生产函数为规模报酬不变，所以由劳动市场均衡条件（4.15）可以确定给定实际工资 w 的资本劳动比率，将（4.15）式所确定的均衡劳动函数（包含 K^* 的隐函数）和（4.16）式带入（4.14）式，就可以确定资本市场均衡①时的最优 K^*。如果金融部门是完全自由市场化的，那么每个企业都面临着相同的市场利率 R，并且可以按照其最优化的意愿进行投资，这意味着由（4.14）式所决定的资本边际回报率对所有企业而言都是相同的，资本在企业间的配置也是最有效率的。但是如果政府对金融部门进行干预或者金融体系存在垄断势力，那么在这种并非完全市场化的情况下，资本的边际回报率在不同企业间就会出现变化。比如政府对金融部门实行价格控制或金融部门垄断定价，在这种情况下，不同的企业获取资本的信贷利率就会出现差异，尽管每个企业的稳态资本均衡条件依然是资本边际回报率等于资本价格，但是由于不同企业面临的利率存在差异，所以企业间的边际资本回报率会发生变化，面临高利率的企业拥有较高的资本边际回报率（其稳态资本水平 K^* 较低），相反，面临较低利率的企业则拥有较低的边际资本回报率。因此不同企业由于资本价格的差异而导致了资本边际回报率的离差增大，所以资本配置效率降低。

---

① 因为生产函数是凹函数而调整成本函数是凸函数，所以可以唯一的确定均衡时的 K^*，同样也可以唯一的确定劳动和资本（K，L）向稳态的过渡路径。

如果金融部门的非竞争、非市场化特征表现为政府或垄断势力的数量控制，也可以得到类似的结果。比如在利率相等的条件下，政府决定企业的投资量 I（这种干预可以通过直接控制企业的投资计划实现，也可以间接地通过信贷配给实现），我们设定这个数量为 $\hat{I}$，在这种情况下，企业最大化利润函数（4.13）并且服从另外的约束条件 $I=\hat{I}$，稳态时的资本市场均衡条件（4.14）变为：

$$f_1(K^{**}, L^{**}) - \varphi'(\hat{I}) = R + \lambda \qquad (4.17)$$

其中 λ 代表与约束条件 $I=I$ 相关的拉格朗日乘子，表示每提高一单位投资配给时所增加的利润。如果受限制企业的投资数量小于完全竞争时的投资量（投资不足），即 $\hat{I} < I^*$，那么 $\lambda > 0$，这意味着此时的资本边际回报率高于完全市场化条件下的资本边际回报率 R；相反，如果 $\hat{I} > I^*$，即存在过度投资，那么 $\lambda < 0$，这意味着资本边际回报率低于市场化的水平 R。因此，与存在价格控制时的情况类似，当存在数量控制时，资本边际回报率的离差也会变大，因此，资本配置效率降低。

上述分析表明，如果政府部门对金融部门进行控制，企业间的边际回报就会出现变化（面临同样的生产函数）。但是如果取消控制的话，信贷就会从低回报项目向高回报项目再配置，因此，如果允许金融自由化，金融部门的非竞争、非市场化特征就会被改变，从而会改变资本的边际回报分布并提高资本配置效率。作为推动全球金融自由化的重要形式，金融部门 FDI 通过增加金融机构的竞争和金融市场的竞争具有同样的效应。

总之，根据前述分析，金融部门 FDI 通过竞争和溢出有助于东道国金融体系效率改善，而金融体系效率一方面表现为自身的运行效率；另一方面则表现为资本配置的功能效率，而这恰好是金融体系与实体经济产生关联并促进经济增长的最为重要的方面。因此金融体系不仅通过促进资本积累而影响经济增长，而且更为重要的是通过改善资本配置效率、提高投入要素的生产率而促进集约式的经济增长。

三、公司治理与制度建设机制

金融部门 FDI 可以通过公司治理和制度建设渠道改善东道国金融体系效率和稳定，并有助于东道国经济发展。

1. 公司治理 (Corporate Governance)

公司治理是金融系统影响实体经济的重要微观机制。公司治理的核心是在所有权和经营权分离的情况下，由于所有者和经营者的利益不一致而产生的委托—代理关系，因此公司治理的目标是如何降低代理成本，使所有者不干预公司的日常经营，同时又能够保证公司管理者能以股东的利益和公司的利润最大化为目标（Coase，1937；Myers 和 Majluf，1984）。由于股权分散，股东很有可能会失去控制权，企业被内部人（即管理者）所控制，这时控制了企业的内部人有可能会做出违背股东利益的决策，从而侵犯了股东的利益，在这种情况下会引起投资者不愿投资或股东"用脚表决"的后果，从而有损于企业的长期发展，因此，如何有效地监督企业经营成为资本所有者投资后的重要考虑内容。

企业资本提供者对其投资资本有效使用的监督程度不同，会对储蓄和配置决策产生不同的影响（Levine，2004）。如果股东或债权人有效地监督企业并使得管理者最大化企业价值，那么企业配置资源的效率会提高并使得储蓄者更有意愿为企业生产和创新进行融资，相反，如果这些强化公司治理的安排缺乏的话，储蓄的聚集以及资本向富有利润的投资项目的流动都会受到阻碍。因此公司治理机制的状况将会直接影响到企业的绩效。当然对于股权分散的所有者，可以通过对重大问题（如兼并、破产清算等）进行投票表决的方式行使有效的公司治理，也可以间接通过选举代表所有者利益的董事会监督各种管理决策，但是由于信息的不对称，股权分散的小投资者经常会面临对企业评估和管理者监督的高昂成本。与此不同的是，健全高效的金融中介将许多分散的资金聚集起来并借贷给企业，由于金融机构为所有投资者监督资金的使用，因此节约了总的监督成本，也可以消除免费搭车问题，而且由于金融机构和企业所建立的长期关系，可以进一步降低企业信息获取的成本。

基于金融系统的这种经济功能，外资金融机构进入凭借技术优势，一方面可以直接发挥这种改善企业公司治理的功能，尤其是通过并购方式进入的外资银行，因为外资银行通常会对并购对象重新进行战略再定位以及为了技术、知识和经营实践升级的资本注入。另外也可以通过改善东道国金融系统的效率而间接发挥公司治理的功能，并最终促进东道国资本积累和生产率改善。实际上，许多发展中国家的决策者开放国内银行的目的就是出于外资银行进入可以改善国内银行系统质量与经济功能的考虑。

2. 制度建设机制。

金融部门 FDI 也会通过东道国制度建设方面的改善而为东道国经济发展作出贡献。

金融部门 FDI 通过竞争效应和溢出效应不仅有助于东道国金融系统效率和稳定的改善，而且有助于包括诸如法律、规制与监管等基础设施的发展。一般而言，进入新兴市场的外资金融机构在新产品或服务的引入创新方面要比国内机构迅速，因此必然会对东道国提出了适应这些新产品或服务的监管要求。如果对新服务的管制缺乏或不能充分地快速适应，那么损害金融部门和整体经济的滥用将会发生。另外，为了避免管制的约束，外资银行存在很强的引进新产品的意愿，尤其是在金融系统比较脆弱的国家，为了保证金融部门稳定，这更需要东道国监管当局快速升级适应发展的监管知识。寻求减轻自身风险的外资银行充当了东道国管制变化和履行国际标准的催化剂，就此而言，外资银行有助于改善东道国制度质量。

第四节 金融服务业 FDI 影响东道国经济增长的间接机制

第三节分析了金融部门 FDI 对东道国经济增长的资本作用机制、包括资源配置以及公司治理和制度建设在内的效率作用机制，我们将这些机制归结为直接机制。这些影响都是在外资金融部门融入东道国金融系统后，通过金融服务的经济功能直接作用于资本积累增长与生产率的变化。另外，在开放条件下，金融部门 FDI 也可以通过间接的途径，也就是说通过影响一些外部因素促进东道国的经济增长。这些外部因素主要包括非金融部门 FDI、国际贸易以及国际证券投资等。在有关实体部门 FDI 的技术溢出研究中，针对发展中国家的许多经验研究发现了并非特别明确的技术溢出效应，出现这种结果的重要原因是发展中东道国受到自身对 FDI 技术吸收能力的制约，而东道国金融体系是制约吸收能力的重要因素。因此金融部门 FDI 通过产业内的竞争与溢出在改善东道国金融市场的同时，也相应的提高了东道国对

FDI 技术的吸收能力，从而强化了实体部门 FDI 的溢出效应。我们将这些机制归结为间接机制，这些间接机制最终也会通过经济增长的资本形成和生产率渠道而实现增长效应。本节主要分析两种间接机制：信号作用机制和强化溢出机制。金融服务业 FDI 及其为东道国金融体系所带来的效率改善为其他经济活动发出了积极的信号，从而可以通过促进这些国际经济活动而间接地促进东道国经济增长；金融部门 FDI 通过产业内的竞争和溢出而导致的东道国金融体系效率的改善，会通过强化东道国实体部门 FDI 的技术溢出而产生增长效应。

一、信号作用机制

市场信号理论是不对称信息经济学领域中的重要内容[①]。斯彭斯（Spence，1973）通过分析作为"信号传递"手段的教育水平在劳动力市场上的作用而构建了信号传递理论的经典模型。在他的模型框架中，主要目的在于决定就业市场中个人特征的信号力量，因为雇佣员工是一种不确定条件下的投资，所以雇主会尽量通过利用可观察但不可改变的个体属性以及可观察且个体易于控制的信号来降低雇佣风险。斯彭斯（Spence，2002）则进一步将信号界定为：市场中具有信息优势的个体如何通过"信号传递"将信息可信地传递给处于信息劣势的个体以实现有效率的市

---

① 信号理论主要包括信号传递和信号甄别，信号传递（Signaling Model）指通过可观察的行为传递商品价值或质量的确切信息，信号甄别（Screening Model）指通过不同的合同甄别真实信息。两个方面的主要差别在于，信号传递是信息优势方先行动，而信号甄别则是信息劣势方先行动，实际上，信号传递和信号甄别是不利选择模型的特例，或者更确切地说，信号传递和信号甄别是解决不利选择问题的两种相似方法。

场均衡。按照这样的逻辑，我们可以对信号理论进行拓展，金融部门 FDI 可以成为促进非金融 FDI、国际贸易以及外国证券投资发展的信号传递手段。金融部门 FDI 的流入不仅可以为东道国带来物质资本和有效率的银行技术，而且也会促进其他一些附加利益，比如"声誉资本"（Reputational Capital）的引入而导致的东道国经济环境的改善。另外，由于外资金融机构（银行）拥有东道国市场较多的信息，所以母国的投资者在与这些机构的信息交流中可能会获益。因此金融部门 FDI 与富有声誉的外资银行机构对商品贸易和非金融部门 FDI 发出了积极的信号，从而扩大了这些经济活动并最终间接地促进了经济增长。接下来我们分别具体的分析金融部门 FDI 对非金融部门 FDI、国际贸易和国际证券投资的信号效应。

1. 金融部门 FDI 对非金融部门 FDI 的信号效应

在两个部门 FDI 的内在关系研究中，关注较多的是非金融部门 FDI 对金融部门 FDI 的影响作用，这种研究主要体现在金融机构海外扩张的动因分析中。"追随客户"假说认为，母国对东道国实体部门的直接投资是影响金融机构海外区位选择的重要因素，这种观点得到了许多经验证据的支持，如戈德伯格和约翰逊（Goldberg 和 Johnson，1990）、米勒等人（Miller 和 Parkhe，1998）对美国银行海外扩张的研究均发现了非银行部门 FDI 与银行部门 FDI 之间的正相关关系，由此得出了金融部门 FDI 追随制造业客户的结论；布兰德利（Brealey，1996）将经验研究范围由美国扩展到 7 个母国在 82 个东道国的近 2000 家海外机构，类似发现，在外资银行参与比较多的国家，非银行部门的 FDI 流入也较多。这些研究均没有关注相反的作用方向，即金融部门 FDI 对非金融部门 FDI 的影响。实际上，正如克拉克等人

（Clarke 和 Cull 等，2003）所指出的，金融部门 FDI 与非金融部门 FDI 之间的因果关系可能并不明确，非金融部门 FDI 是影响金融部门 FDI 的因素，但是相反的关系也可能存在。沿着这个思路，我们强调这种相反作用方向的可能性，因为非金融部门 FDI 对金融部门 FDI 的正向作用并不必然意味着外资银行只是为其母国客户的分支机构融资，外资银行的参与还可以改善发展中东道国银行系统的效率，东道国银行系统效率的改善会为外国投资者发出积极的投资信号，因此金融部门 FDI 通过这种间接的方式可以促进非金融部门 FDI 的流入。

由于 FDI 对东道国增长和出口的显著性效应，许多发展中国家通过各种优惠措施积极吸引 FDI 流入。但是随着发展中国家廉价劳动力成本优势的丧失以及世界范围内可获得 FDI 资金的减少，对 FDI 资本的竞争也变得日益激烈。尽管各国政府可以使用各种措施（如税收优惠、建立出口加工区等）吸引 FDI，但是这些措施的效力是非常有限的。在新的环境下，跨国公司将东道国经营活动纳入全球竞争战略的能力成为激励外国投资者的更重要因素（Sohinger，2005），因此，东道国除了通过提高竞争力而改善区位优势外，整体制度环境的发展则成为吸引 FDI 流入的更重要方面。如果东道国存在友好的投资环境（法律市场制度等），无论其他的激励措施如何，FDI 都可能会向这样的经济流动。在这个意义上，由于外资银行的参与在一定程度上可以提高发展中东道国制度的透明和质量，有助于改善东道国投资环境，从而为其他投资者发出了积极的信号，进而吸引非金融部门 FDI 并最终促进经济增长。

2. 金融部门 FDI 对国际贸易的信号效应

FDI 与国际贸易的关系始终是理论研究的重点。许多研究发现实体部门 FDI 有助于促进国际贸易，如 Walkenhorst（2004）在考察波兰制造业 FDI 的决定因素时发现，制造业 FDI 对中东欧和西欧国家之间的贸易存在积极影响，他同时也强调了贸易和 FDI 在波兰转型过程中的互补关系。许多发展中东道国由于外商直接投资的贸易收益更加紧密的融入了世界经济。对于出口贸易，UNCTAD（1999）认为，发达国家跨国公司在促进发展中国家劳动密集型产品出口中发挥了关键性作用。由于 FDI 带来的企业竞争、重组、人力资本形成以及技术转移等效应提高了东道国的出口竞争力（OECD，2002）。对于商品进口贸易，OECD（2002）指出，FDI 存在两种形式的影响，一种是由于 FDI 投资所带来的直接进口效应，另一种则是对东道国 FDI 目标企业的进口模式的影响。许多经验证据表明，FDI 直接提高了东道国的商品进口，同时也提高了东道国企业生产那些可以同进口产品相竞争产品的能力。总之，FDI 与贸易的联系在一定程度上表明，许多发展中国家将 FDI 作为促进东道国对外贸易的重要工具。

至于金融部门 FDI 与贸易的关系，则存在两个可能的方向：外资金融机构进入东道国可以引致贸易的提高，而贸易反过来也会激励金融机构的扩张。在许多经验研究中，人们更多的考察了后一种关系，通过对"追随客户"假说的检验，发现了贸易促进银行扩张的效应，如戈德伯格和桑德斯（Goldberg 和 Saunders，1980）、Buch（2000）、福雷卡利和波佐洛（Focarelli 和 Pozzolo，2005）等。一些研究也提出了外资银行影响贸易的观点，如莱文（Levine，1996）指出，金融系统通过支付系统功能可以促进贸易与商业发展。布雷利等人（Brealey 和 Kaplanis，1996）提出了银行部门 FDI 的区位选择与贸易的关系，但是他强调了这种关系的不确定性。阿尔法罗和钱安达等人（Alfaro 和 Chanda 等，2004）在伊斯特里和莱文（Easterly 和 Levine，2000）等研究的基础上则进一步表明，东道国金融市场的欠缺约束了出口行业潜在企业家的发展。在这些观点的基础上，我们强调金融部门 FDI 影响贸易这个方向。金融系统的重要功能之一是促进贸易，而对于那些金融系统相对比较落后的发展中国家，金融业 FDI 通过竞争或溢出效应促进了东道国金融系统的发展，加强了东道国融入世界金融一体化的程度，因此 FSFDI 或外资银行在东道国金融系统的参与活动很可能会为进口商或出口商发出有利于商品贸易往来的积极信号，从而有助于扩大东道国商品贸易的规模。

3. 金融部门 FDI 对外国证券投资的信号效应

外国证券投资（Foreign Portfolio Investment，FPI）也是国际资本流动的重要形式，但是 FPI 与 FDI 两种资本流动方式存在许多不同。外国证券投资和外商直接投资的关键区别在于投资者对企业的控制水平，FDI 投资者在直接投资企业中拥有所有权和控制权地位，是企业的实际管理者。但是 FPI 投资者只拥有所有权而没有控制权，因此其对企业的参与需要委托管理者实现，投资者将决策权委派给管理者并在一定程度上限制管理者的自由决策能力，因为管理者的代理行为并不一定总是符合所有者的意愿。而且，作为项目的直接管理者，直接投资者比证券投资者拥有投资项目现状和前景的更多信息，因此，直接投资者可以更为有效的管理投资项目。尽管直接投资相对于 FPI 拥有这些管理上的效率优势，但是直接投资本身也要付出一定的成本，这些成本不仅包括投资者为了获得项目的直接管理而必须接受的初始投入成本，也包括由于信息不对称而导致的企业再出售价值降低的风险成本①。证券投资的目的是为了获得资本收益而不是 FDI 的企业所得（Sohinger，2005）。投资者是选择证券投资还是直接投资不仅要权衡效率与流动性问题，也依赖于投资企业和东道国的各种不同因素，如管理契约、公司治理法规等（Soussa，2004）。戈尔斯坦和拉辛（Goldstein 和 Razin，2006）构建了一个基于信息的证券投资与直接投资的权衡模型，结果发现，发达国家比发展中国家吸收了更多的外国证券投资，因为发达国家较高的生产成本使得需要固定投入的直接投资项目利润较低，而且发达国家较高的市场透明性使得 FPI 投资更为有效，所以成熟的市场经济比发展中和新兴经济存在更多的证券投资。另外，流动性需求预期较高的投资者更愿意选择证券投资，而流动性需求预期较低的投资者则更倾向于直接投资。

外国直接投资与证券投资除了存在上述区别之外，二者也存在内在的关联。森蒂斯等人（De Santis 和 Ehling，2007）通过构建模型分析了 FDI 与 FPI 的共同决定因素以及两种资本流动形式的内在信息关联。模型结果表明，母国或东道国股票市场发展是 FDI 与 FPI 的最重要决定因素，母国的股票市场解释了对外直接投资存量的变化，股票市场通过托宾的 q 理论为企业对外

---

① 戈尔斯坦和拉辛（Goldstein 和 Razin，2006）考虑了这样一种情况，投资者由于受到流动性冲击而需要在所投资企业成熟之前卖掉企业，如果他们拥有更多的关于投资项目的基本信息，他们可能只会得到一个较低的价格，因为买家知道卖家拥有项目的较多信息，所以买家会怀疑对方卖掉企业的动机可能是因为企业的前景不好，因此买家会给出一个较低的价格。因此，如果是直接投资的话，当他们被迫在需要企业成熟之前卖掉时要承受较低价格的风险成本，因此投资者需要在效率和流动性之间进行权衡。

投资发出了信号①，而东道国股票市场价值的相对增长率和母国股票市场的回报率解释了 FPI 存量的变化。模型还发现，通过直接投资方式而不是证券投资方式可以披露东道国经济的基本面信息，这也就意味着 FDI 有助于解释 FPI 存量的增长率变化。实际上直接投资者和证券投资者为了进行投资活动都需要收集外国相关信息，而信息仅仅依靠过去的经济发展并不完全合适，因此存在三种可能的信息传输渠道：一是企业追随拥有更多信息的证券投资者，这意味证券投资者向直接投资者发送了信号；二是证券投资者追随企业，因为企业拥有更多公众不可得的基本面信息；三是相互追随。但是通过使用发达国家的双边资本流动数据研究结果表明只有第二条渠道是显著的。这表明，信息可以通过直接投资予以披露，FDI 增长率有助于解释当前的 FPI。这个发现可以与 FDI 的信号效应联系起来，由于企业相对于证券投资者的信息优势，证券投资者追随企业的投资决策，因此直接投资者进入东道国市场后给潜在的证券投资者发出了信号。

如果 FDI 可以为证券投资者提供积极的投资信号，那么金融部门 FDI 无疑也必然具有这样的效应。实际上更为重要的是，外资金融机构的进入不仅可以直接为母国的证券投资者提供东道国的基本信息，而且也可以通过改善东道国的股票市场而进一步强化这种信号效应。全球金融系统委员会（CGFS，2004）指出，FSFDI 可以激励更多的金融交易，可能会替代跨境交易，从而在其他条件不变的前提下减少净资本流入，也可能会诱致其他资本流入，因为 FSFDI 为其他投资者发出了东道国投资利润

---

①　如果某个企业的预期利润提高，那么市场价值与账面价值大于 1，则企业应该提高其资本存量，因为投资是有利润的。

的积极信号。欧洲复兴开发银行（EBRD，2006）则明确地阐述了银行对证券市场的影响，在那些股票市值达到可以与发达经济相比较的转型国家中，银行和股票市场存在重要关联。当然，金融部门 FDI 是否会通过对证券投资的信号效应而促进东道国经济增长依赖于 FPI 和经济增长的关系，但是这方面的经验研究结果并不明确。达勒姆（Durham，2004）认为，FPI 没有一个统计上显著的增长效应，实际上一些结果甚至表明 FPI 对生产企业具有不依赖于东道国吸收能力的负面效应。

二、强化溢出机制

许多发展中国家积极吸引 FDI 的重要原因在于这样一种信念：FDI 能够产生重要的外部技术收益。但是许多经验研究却表明，这些潜在收益的实现需要东道国具备足够的吸收能力，而金融市场恰恰是制约东道国吸收能力的重要因素。因此金融服务业 FDI 通过产业内的竞争和溢出效应导致东道国金融体系效率的改善，有助于强化东道国实体部门 FDI 的技术溢出效应。

1. 东道国金融市场对 FDI 技术溢出效应的融资约束

对于 FDI 的技术溢出效应，众多的经验研究成果得出的结论存在较大的分歧。尽管发达国家之间 FDI 流动的正向溢出效应比较明显，但是流向发展中国家的 FDI 技术技术溢出效应却并不明确（Alfaro 和 Chanda 等，2003），一些研究发现了正向溢出效应（Kokko，1996；Sjoholm，1999），但是也有一些研究发现 FDI 溢出效应缺乏证据上的支持，如艾特肯和哈里森（Aitken 和 Harrison，1999）使用委内瑞拉的公司数据研究发现 FDI 对生产率的净效应是相当小的，FDI 提高了接受 FDI 投资的公司的生产率，但是却降低了委内瑞拉国内公司的生产率；博朗

斯兹坦和格雷格里奥（Borensztein 和 De Gregorio 等，1998）、Carkovic 和 Levine（2005）等人的跨国增长回归则表明，FDI 对经济增长的外部正效应并不明显。为什么会出现这样一种理论预期与现实检验不一致的结果？针对这个问题，许多学者提出了东道国对 FDI 技术溢出吸收能力的观点，即东道国需要具备一定的条件才能促使 FDI 技术溢出效应由潜在变为现实，这些条件包括东道国的政策环境、可供使用的生产性资产、人力资本水平、基础设施、制度因素等（Alfaro 和 Chanda 等，2003）。近几年来，东道国的金融市场因素得到了一些研究者的关注，认为东道国金融市场的健全程度是导致 FDI 溢出效应能否实现的重要因素①。那么东道国金融市场是如何影响 FDI 技术溢出的呢？

为了说明这个问题，阿尔法罗和钱达安（Alfaro 和 Chanda 等，2003）构建了一个开放条件下的小国经济模型。模型假定存在两个生产部门：外资部门与内资部门，劳动力由具有不同能力水平、总量为 1 的行为人构成，行为人有两种选择，可以到外资企业工作，也可以建立自己的企业，但建立自己的企业需要固定资本投资并满足最低企业家能力水平要求，只有行为人的能力超过最低水平要求时，行为人才会考虑建立新企业，否则就继续在外资企业工作。模型推导出的企业家能力的最低"门槛"表达式为②：

---

① 关于东道国金融市场发展对 FDI 溢出及增长效应影响的研究，刘兴凯（2009）做了较为详细的文献综述。

② 该表达式中各个符号的具体含义以及该式的详细推导过程请参阅原文，本书只介绍其关键性结论。

$$\varepsilon_t^* = \left[\frac{(1+r+\delta)(S-b_{t-1}) + \beta A^{1/\beta} \left(\frac{1-\beta}{r}\right)^{(1-\beta)/\beta} + (1+r)b_{t-1}}{B \left(\frac{A(1-\beta)}{r}\right)^{\theta/\beta} S^\gamma} \right]^{1/(1+\theta)} \tag{4.18}$$

其中，$0<\theta<1,0<\gamma<1$ 是企业家能力水平的相关参数，δ 是反映金融市场无效性的参数，代表的是金融部门的借贷差额，这个差额越大，金融市场效率越低，企业融资成本就越高，ε_t^*，r，S，β，b_{t-1}，A，B 则分别代表的是企业家最低能力值、贷款利率水平、新建企业所需的固定资本投入、劳动收入份额（柯布－道格拉斯函数中的参数）、行为人的初始财富、内、外资企业生产函数中的生产率参数。该式表明行为人建立新企业所需的能力"门槛"水平与融资成本成正比，即 $\partial \varepsilon_t^* / \partial \delta > 0$，这也就意味着金融市场的无效性会提高建立新企业所需的"门槛"水平，从而限制了新企业成立的数量，这种结果会影响 FDI 对内资企业的溢出并最终影响 FDI 的社会边际产出。

在模型中，内资企业的生产活动受到固定资本投资的影响，也受到行为人的能力影响，另外还要受到 FDI 溢出的影响[1]。FDI 资本的增加将会通过两种方式影响社会边际产出：一是外资部门投资所直接导致的外资部门的边际产出增加；二是由于 FDI 溢出所导致的内资部门边际产出的增加，这两种方式体现在下面的表达式中：

$$\frac{\partial Y_t}{\partial K_t^{FDI}} = \frac{\partial Y_t^{FDI}}{\partial K_t^{FDI}} + \frac{\partial \left[(1-\varepsilon_t^*) B (K_t^{FDI})^\theta S^\gamma\right]}{\partial K_t^{FDI}}$$

$$= r + (1-\varepsilon_t^*) B\theta (K_t^{FDI})^{\theta-1} S^\gamma > 0 \tag{4.19}$$

---

[1] 当劳动力由外资企业积累一定知识或经验而转向自己建立企业时，这些潜在的企业家可以利用外资企业的管理实践、知识技术、市场网络或其他形式的溢出，从而提高新建企业的生产能力。

其中，Y_t，Y_t^{FDI}，K_t^{FDI} 分别代表社会总产出、外资部门产出和 FDI 资本，r 为利率水平，等于外资部门资本边际产出，$(1-\varepsilon_t^*)B\theta(K_t^{FDI})^{\theta-1}S^\gamma$ 为社会边际产出与外资部门边际产出的差额，即内资部门由于 FDI 溢出而增加的边际产出。如果将金融市场效率对新建企业的影响考虑在内的话，FDI 边际社会产出的总效应则为：

$$\frac{\partial^2 Y_t}{\partial K_t^{FDI}\partial\delta}=-B\theta(K_t^{FDI})^{\theta-1}S^\gamma\frac{\partial\varepsilon_t^*}{\partial\delta}\left[1+\frac{(1-\varepsilon_t^*)(1-\theta)}{\varepsilon_t^*}\right]$$

$$(4.20)$$

因为 $\partial\varepsilon_t^*/\partial\delta>0$，所以 $\partial^2 Y_t/(\partial K_t^{FDI}\partial\delta)<0$，这意味着，金融市场的低效率导致的融资高成本会降低 FDI 的边际社会产出水平，因为融资成本的提高减少了行为人建立新企业的数量，所以内资部门的边际产出下降从而带动整个边际社会产出下降；相反，金融市场效率的提高则会降低行为人建立新企业的门槛，从而增加了行为人由外资企业转向国内企业或建立新企业的机会，相应的 FDI 的技术或知识溢出效应也得以实现，最终放大了 FDI 对经济增长的贡献。

阿尔法罗和钱达安（Alfaro 和 Chanda 等，2003）模型侧重于 FDI 技术溢出的人力资本渠道，金融市场通过影响潜在企业家的创业行为而影响对 FDI 溢出的吸收，即外资企业的人员通过自身的学习和培训等方式积累一定的技术和知识后，转向国内企业或成为企业家建立自己的企业（Javorcik，2004）。而建立新企业的活动需要依赖于国内金融市场的融资，因此金融市场的效率高低直接决定着企业的融资成本以及 FDI 溢出效应的大小，金融市场效率越高，企业融资成本越低，劳动力从外资企业转向国内企业时选择建立新企业的可能性就越大，因此通过人力资本发生 FDI 溢出的效果也就越显著（王永齐，2006）。实际上，东道国金融市场的这种联接作用也会发生在 FDI 溢出的其他渠道中，比如，在 FDI 溢出的模仿或示范渠道中，国内企业为了利用新技术，可能需要通过培训改善劳动力构成，也需要通过重新组织企业结构、购置新的机器设备、雇佣地新的经理和技能工人等方式改变日常经营活动，而这些都需要资金的支持，尽管企业可以通过内部融资来获得资金，但是如果企业的现有技术与新技术差距较大，那么对于外部融资的需求就会提高（Alfaro 和 Chanda 等，2004），而在大部分情况下，国内企业的外部融资受限于国内资源，因此，国内金融市场健全与否对企业外部融资需求非常重要；再比如，在 FDI 技术溢出的后向关联渠道中，金融市场同样发挥着为国内企业吸收 FDI 技术并融通资金的制约作用，如果金融市场不完善，FDI 创造后向关联的潜力将会受到严重削弱（Alfaro 和 Chanda 等，2004），为了形成规模经济，即使 FDI 已经和提供投入的国内企业建立了后向关联，也依然会不断鼓励新企业的建立，因此，无论是已经建立联系的投入企业对新技术的利用还是新企业本身的建立，这些都需要东道国金融体系一定程度上外部融资的支持。

2. 东道国金融系统与 FDI 技术溢出的互补效应

就其实质而言，阿尔法罗和钱达安（Alfaro 和 Chanda 等，2003）模型强调的是金融市场体系对东道国国内企业吸收 FDI 技术溢出中所提供的投融资作用，高效率的东道国金融市场有助于降低融资成本，较低的融资成本有助于激励国内企业积极从事吸收 FDI 技术溢出的各种经济活动，从而使得 FDI 的溢出效应由潜在转化为现实，所以融资成本是 Alfaro 模型中金融体系得以发挥作用的关键。与此不同，赫尔墨斯和伦辛克（Hermes 和

Lensink，2003）在巴罗和马丁（Barro 和 Sala - I - Martin，1995）模型基础上通过一个纳入金融市场的内生增长模型，分析了东道国金融系统通过影响生产技术水平并与 FDI 技术扩散形成互补的机制。模型假定，一国经济包括三种代理人：最终产品生产者、创新者和消费者，技术进步通过可用资本品的种类予以体现，最终产品生产者租用 N 种创新者生产的资本品，生产者对产品生产和资本品销售都具有垄断权。在此基础上，与跨期效用最大化条件下消费增长率的欧拉条件相结合推导出的经济的稳态增长率为：

$$g = (1/\theta)\left[\frac{L}{f(F)}h\ (H)^{1/(1-\alpha)}(\frac{1-\alpha}{\alpha})\alpha^{2/(1-\alpha)} - \rho\right] \qquad (4.21)$$

其中，g，θ，L，α，ρ，F，h 分别代表稳态增长率、边际效用弹性、劳动投入、收入的资本份额、贴现率、FDI、金融部门发展水平。$f(F)$ 是以函数形式表达的开发新资本品的成本，即 $\eta = f(F)$，且 $\partial\eta/\partial F < 0$，表示开发新资本品的成本与 FDI 之间的反向关系，研发成本依赖于 FDI，FDI 越多，创新成本越低[①]；$h(H)$ 是以函数形式表达的技术水平，即 $A = h(H)$，且 $\partial A/\partial H > 0$，表示技术水平和金融部门发展之间的正向关系，发达的金融部门有助于加强生产的平均技术水平。因此，在 Hermes 模型中，金融部门对经济的作用通过影响技术水平 A 而得以实现。在稳态增长率表达式中，FDI 的增加会提高产出增长率，并且 FDI 效应依赖于东道国金融部门的发展，FDI 的增加降低了适应新技术的建设成本并提高了资产回报率，这会提高储

---

① 这种关系反映了博朗斯兹坦和格雷格里奥（Borensztein 和 De Gregorio 等，1998）的基本观点，模仿成本要低于自主创新的成本，FDI 越多模仿的可能性就越高。

蓄水平,进而提高产出增长率。依赖于金融系统的技术水平越高,这种效应就越大,因此,东道国金融市场对于加强 FDI 的技术扩散存在互补作用。

根据赫尔墨斯和伦辛克(Hermes 和 Lensink,2003),模型中的关键假设在于金融部门通过影响技术水平 A 而发挥作用:第一,金融系统可以通过两个渠道影响投资项目的资金配置效率,一是通过动员储蓄增加可用的投资资源;二是通过监管投资项目,降低信息获取成本,从而提高投资效率。国内金融体系越发达,越能更好地动员储蓄,有效地监管投资项目,从而促进增长。第二,更新或采纳新技术的投资项目比其他项目更富有风险,而金融机构可以降低这种风险,从而促使企业家更新已有技术或采纳新技术,而且金融机构可以积极地促进技术创新速度,进而提高经济增长率。第三,FDI 通过竞争效应、示范效应、培训效应和关联效应促使国内企业更新已有技术或接受新技术时需要投资,当需要从银行或股票市场进行外部融资时,国内金融系统的发展至少部分的决定了国内企业在多大程度上可以实现他们的投资计划。第四,发达的国内金融系统有利于外国企业为拓展在东道国的创新活动而举债,而这种创新活动会进一步提高对东道国的技术溢出范围。而且,有些 FDI 资金是直接在东道国金融市场通过债务或证券投资的形式筹措的,因此,国内金融市场的效用与质量势必会影响 FDI 及其在东道国的技术扩散,如果东道国的金融市场比较发达,那么这种扩散会更富有效率。

3. 金融业 FDI 对实体部门 FDI 技术溢出的强化

上述分析表明,FDI 的技术溢出效应并不必然会发生,对于许多发展中国家尤为如此。FDI 潜在收益的实现需要发展中东道国具备一定的条件,而东道国金融市场或金融体系的发展水平则是重要条件之一。健全高效的金融体系对于东道国吸收 FDI 技术溢出提供了前定条件性支持，因此，发展中东道国金融体系发展水平的差异成为导致 FDI 技术溢出效应不明确的重要原因之一。

基于东道国金融系统发展水平对 FDI 溢出效应的约束机制，如果金融业 FDI 有助于东道国金融产业发展，那么自然可以扩大实体部门 FDI 的溢出收益。根据第一节和第二节的分析，尽管金融业 FDI 对东道国产生了一系列的挑战，但是在东道国政府采取适当政策措施的前提下，通过产业内的竞争以及对金融产业本身的溢出①，外资金融机构进入在一定程度上也可以改善东道国金融体系的效率和稳定，从而促进东道国金融发展。因此，我们可以假设：金融业 FDI 通过改善东道国金融市场效率、促进金融体系发展，进而间接地提高东道国吸收实体部门 FDI 技术溢出效应的能力。

本章总结

本章从理论层面探讨了金融服务业 FDI 对东道国宏观经济的影响机制。首先分析了金融部门 FDI 对东道国金融体系效率和稳定的影响（第一节和第二节），强调了 FSFDI 通过竞争和溢出效应而改善东道国金融产业的作用机理。然后在此基础上研究了金融部门 FDI 对东道国宏观经济增长的直接机制和间接机制

---

　　①　金融部门 FDI 与实体部门 FDI 不同之处在于，作为 FDI 的组成部分，金融部门 FDI 本身可以直接提高东道国生产率，同时又可以通过影响金融体系而反过来强化这种生产率效应。

（第三节和第四节），主要包括资本作用机制、资源配置效率机制、治理与制度建设机制、信号机制以及强化溢出机制等，对于经济增长而言，这些机制最终通过资本形成和生产率改善而促进东道国经济增长。

金融服务业 FDI 对东道国经济的影响机制可以通过一个框架图予以概括（见图 4-4）。在这个分析框架中，金融部门 FDI、金融系统发展以及经济增长之间形成了一个因果关系链条，这个链条的内在逻辑在于将金融部门 FDI 与实体经济增长的关系问题分解为一个问题（金融部门 FDI 是否可以充分释放东道国实体经济增长的潜力）的两个层面：金融部门 FDI 有助于东道国金融体系效率和稳定的改善，而高效率的金融体系通过稳定的增加信贷供给能力、改善公司治理和制度建设并持续地吸引其他实体产业的资本流动或贸易，从而有利于东道国实体经济的资本形成和生产率提高并最终促进经济增长。因此金融部门 FDI 相对于实体部门 FDI 而言，其对东道国经济影响的最大的区别在于，实体部门 FDI 的经济影响，比如其溢出效应，更多的体现在某个实体产业内部（产业内溢出）或实体产业之间（产业间溢出），而金融部门 FDI 的不同之处在于，它不仅通过溢出而直接影响金融产业本身，更为重要的是它可以通过金融产业与其他实体产业部门的紧密联系而渗透或传导至整个经济。

金融服务业　FDI

竞争

溢出

东道国金融体系（效率与稳定）

效率作用机制

信号作用机制

资本作用机制

配置效率

制度建设

公司治理

国际贸易

非金融FDI

证券投资

强化溢出机制

直接机制

资本形成与生产率

间接机制

东道国经济增长

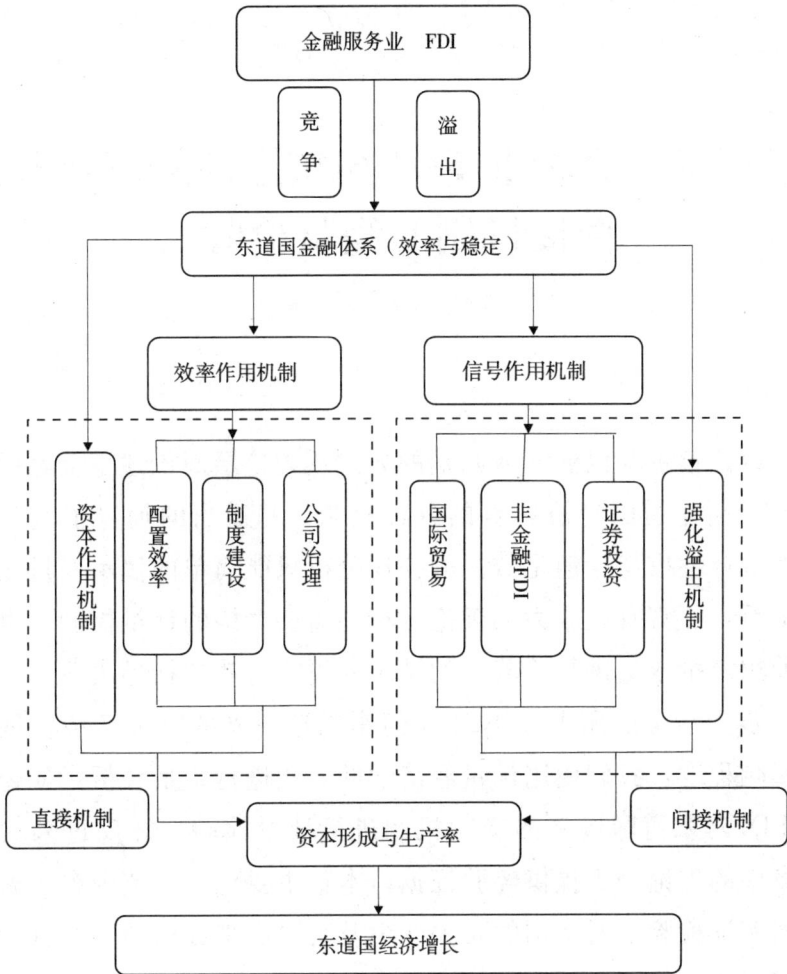

图 4-4　金融服务业 FDI 对东道国经济影响机制的分析框架

第五章　金融业 FDI 与东道国经济增长：
直接机制的经验检验

第四章主要以演绎或归纳的方式从理论层面论述了金融服务业 FDI 对东道国经济影响的各种机制，并适当的辅以了实际数据的统计性描述，但是数据的描述分析只能简单的揭示变量之间的关系，更富有说服力的理论分析还需要严格的计量检验，也只有使用定量方法进行检验后的结果才更能有效的指导决策。为了进一步弄清金融服务业 FDI 如何影响东道国的宏观经济发展及其影响程度，我们使用计量经济学的方法进行定量分析，就金融业 FDI 对东道国经济的影响机制进行计量检验，并反过来为第四章中的理论分析提供经验证据。本章主要包括三节内容，第一节对实证检验中所使用的相关变量及其数据来源以及计量方法等进行介绍；第二节对金融服务业 FDI 增长效应的资本作用机制进行检验；第三节对金融服务业 FDI 增长效应的效率作用机制进行检验。

第一节　变量描述、数据来源与计量方法

根据本研究的主题以及本章的安排，我们需要对第四章中的

各种机制进行检验，因此需要涉及到多个变量指标，为此我们通过多个来源收集了一个面板数据集，该数据集的样本范围为拉美、中东欧以及亚洲等三大区域的 56 个典型新兴市场经济国家，时间跨度为 1995—2005 年。

一、变量描述与数据来源

1. 金融业 FDI

在有关实体部门 FDI 的研究中，FDI 指标通常使用外商直接投资存量或流量数据，这些数据通过一些重要的国际组织，如 IMF（国际货币基金组织）或 UNCTAD（联合国贸发会议）比较容易获得。但是对于细分的金融部门而言，获取较为全面的 FDI 存量或流量数据比较困难，尤其是发展中国家。而且金融部门 FDI 流量或存量数据也存在一些问题，正如全球金融系统委员会（CGFS，2004）所指出的，金融部门 FDI 为一国或地区的投资者在其他国家或地区的金融机构中建立长期关系、享有持久利益并拥有控制权的投资活动，尽管金融部门 FDI 的投资者对投资金融机构的显著性影响也是通过一定的股权门槛来体现，但是这种方式并非那么容易地适用于金融部门的资本流动，因为经常会存在这样一种情况，直接投资者往往会通过不断的购买股权从而达到一个较高的份额。另外，尽管有些国家的国际收支统计中提供了分部门的 FDI 数据，但是这些数据一方面缺乏时间上的完整性；另一方面各国在统计方法上也存在很大差异，因此全面而又一致的金融部门 FDI 数据难以获得。

由于金融业 FDI 数据的限制，目前研究中通常使用其他的相关指标替代，这些替代指标主要包括跨国金融并购、外资银行机构的数量或资产等。跨国金融并购数据①主要基于公布的交易值，至于如何融资并不予以考虑（CGFS，2004），因此跨国金融并购数据不同于国际收支中的 FDI 数据。跨国金融并购可能会低估金融业 FDI，因为跨国金融并购数据中并不包括绿地投资，尽管绿地投资在一些国家的金融业 FDI 中仅占一小部分。不过，跨国金融并购数据与基于国际收支目的的金融业 FDI 数据虽然无法直接比较，但是在新兴发展中国家，它们却存在非常相似的发展趋势（CGFS，2004）。

另外一个在研究中广泛使用的替代指标是外资银行在东道国金融中介机构中的资产或数量比重。因为银行是金融系统中的主要部门，而且许多新兴市场国家所吸收的金融业 FDI 也主要集中于银行部门，因此，外资银行资产或数量可以在一定程度上反映金融业 FDI 的程度。但是需要注意的问题是，这个指标同样面临一个门槛比例的选择问题，即外资银行所有权的确定问题，许多研究中把 50％的股权控制作为外资银行的门槛比例，但是这个比例门槛很可能会忽略那些所有权在 50％以下、但依然拥有有效控制权的情况，因此这个指标也可能会低估金融部门 FDI。尽管外资银行份额指标也存在不足，但是相对于其他指标而言，由于数据的可得性，这个指标的使用还是比较广泛，因此在本书的实证检验中，我们使用外资银行的两个比重指标替代金融业 FDI。这两个指标分别是：外资银行资产份额，即外资银行资产占东道国银行部门资产总额的比例；外资银行机构数量份额，即外资银行数量占东道国银行总数量的比例。这两个指标可以反映外资银行在东道国银行市场的控制力。这两个指标的数据

---

① 金融并购数据一般多取自 Thompson Financial（汤姆逊金融公司）。

直接取自 Claessens 和 Van Horen 等（2008），间接来自于银行业数据库 Bankscope[①]。Bankscope 是欧洲金融信息服务商 Bureau van Dijk（BvD）与银行业权威评级机构 Fitch Ratings（惠誉）合作开发的银行业信息库，它详细提供了全球 28900 多家主要银行（1673 北美银行、9700 其他各国银行）及世界重要金融机构与组织的经营与信用分析数据，是当今全球银行业最具权威性的分析库，也是国际金融研究领域的学术论文中参考、引用频率最高的银行专业分析库。克莱森斯等人（Claessens 和 Van Horen 等，2008）所做数据工作的最大贡献在于将银行所有权数据拓展到了 2005 年，尽管许多已有研究中的所有权数据也取自 Bankscope，如米科和潘尼扎（Micco 和 Panizza 等，2007），但是这些数据多集中于 20 世纪 90 年代，而克莱森斯等人（Claessens 和 Van Horen 等，2008）的工作则包括了最近几年的较新数据。

2. 金融部门相关变量指标

金融产业对实体经济的作用主要体现在动员储蓄、促进交易以及资源配置等功能方面，而金融业 FDI 对东道国实体经济的影响主要是通过改善金融系统的这些经济功能而实现，因此实证检验中需要考察金融业 FDI 对东道国金融产业的影响，这涉及到东道国金融系统的相关变量指标。主要包括：

（1）金融系统的竞争程度。我们使用银行部门的集中度

---

① 从 Bankscope 中提取银行所有权及其相关财务数据是一项非常耗费时间的细致性工作，因为 Bankscope 数据库中，对各国银行报表的数据处理需要考虑合并报表与未合并报表以及重复性问题，而对于银行所有权，则更是需要逐个银行考察，因为 Bankscope 虽然提供了银行所有权变量，但是仅有 20% 的银行有所有权信息，而且 Bankscope 没有提供银行所有权的历史信息。

（CONCEN）指标替代。集中度用最大三家商业银行的资产之和占所有商业银行总资产的比重衡量①。尽管银行部门集中有利于获取规模经济效益（尤其对于小国），但是一般而言，银行部门资产集中程度越高意味着其市场竞争程度越低，反之则银行部门竞争程度越高。

（2）金融系统的经营绩效。我们使用银行部门的净利差（NIM）和经营成本率（OVERDHEAD）两个指标衡量银行体系的经营效率。净利差等于银行净利息收益（利息收益减去利息支出）对总资产的比重；经营成本率等于银行的全部经营成本占总资产的比重。这两个财务指标值越高意味着银行部门效率越差，保持其他因素不变时，高利差反映了激烈竞争的缺乏，高成本可能反映了低效的管理和组织系统。总之，这两个指标的变化可以反映银行部门效率和金融服务价格的变化。

上述变量数据均来自于 BvD 的 Bankscope 数据库。

3. 经济增长及其投入变量

经济增长使用人均实际 GDP 增长率衡量。物质资本和劳动投入是两种基本的生产要素，物质资本以总的固定资本形成衡量，等于总的国内固定投资，包括工厂、机器设备购买，土地改善、基础设施建设等；劳动投入用就业人数衡量，这些变量的数据均来自世界银行的世界发展指标数据库（WDI，2007）。

4. 其他变量

对信号作用机制的检验中，被解释变量为实体部门 FDI、国

---

① 这个指标只是对银行部门竞争程度的一种初略刻画，实际上，正如弗朗索瓦和艾申巴赫（Francois 和 Eschenbach，2002）所指出的，试图寻找一个精确的、一般性的刻画竞争程度的指标并不容易。

际贸易和国际证券投资。另外，一个国家的经济增长是在各种因素共同作用下的结果，许多因素都会对其产生影响，因此为了保证回归估计的无偏性和有效性，需要在回归中加入一些控制变量，以此提高统计推断的精确程度。金融业 FDI 增长效应不同机制的检验需要加入不同的控制变量，因此检验中涉及到的控制变量比较多，我们将这些控制变量主要归结为三类：经济变量、金融变量、制度变量。经济变量主要包括那些反映资本流动、贸易开放以及宏观经济稳定等内容的相关变量。金融变量主要是反映金融部门发展和金融结构的相关变量。制度变量主要是反映东道国法律法规、腐败状况的相关变量。这些变量在每种机制的检验中分别予以说明，同时这些变量指标及其数据来源也总结在了本章附表 5-9 中。

二、计量模型与方法

我们所收集的数据集兼有横截面与时间的二维信息，同时样本所包含的国家与时间范围比较有限（尤其是时间跨度，仅有 11 年），因此在计量检验时适用面板数据模型（Panel Data Model）。时间序列数据是变量根据时间而获得的数据，截面数据是变量在固定时点的一组数据，而面板数据则是截面上不同个体在不同时点的重复观测数据，因此相对于单纯截面数据或时间序列数据的一维信息，面板数据的最大优势在于同时兼有时间和截面上的二维数据信息，可以同时反映研究对象在时间和截面单元两个方向的特性及其变化规律，也可以反映在时间或截面数据模型中不能反映的个体因素或随时间变化的不可测量因素。因此面板数据中截面和时间的结合使得观测值增多，从而可以提高回归中的自由度并增加了估计量的抽样精度。另外面板数据模型可以控制遗漏变量并减少解释变量之间的多重共线性问题，因此有助于改善计量估计的效率（Hsiao，2003）。基于这些优势，面板数据模型在经验研究中得到了越来越广泛的应用。结合我们数据集中的截面国家数量有限和时期较短的特点，因此我们选择了面板数据模型。

在面板数据模型中，根据截距项和解释变量系数的不同限制要求，可以将模型划分为三种类型①：无个体影响的不变系数模型、变截距模型和变系数模型，在无个体影响的不变系数模型中，个体成员既无个体影响也没有结构性变化，即对于每个个体成员而言，截距项和解释变量系数都相同；在变截距模型中，个体成员存在个体影响但无结构性变化，个体影响通过截距项的差别来说明，即该模型中每个个体成员的截距项不同而解释变量系数相同；在变系数模型中，个体成员既存在个体影响同时又存在结构性变化，即在允许个体影响由变化的截距项来说明的同时还允许解释变量系数不同，以此说明个体成员间的结构性变化。本书的主旨在于考察典型新兴市场经济国家的 FSFDI 与经济增长之间所表现出的一般性趋势，许多新兴发展中国家的 FSFDI 也存在非常类似的发展过程，而且新兴市场国家影响经济增长的因素多种多样，所以各个国家之间的个体效应应该非常明显，基于此，我们认为斜率系数固定的变截距面板数据模型比较合适②。

---

① 具体内容请参阅 Aliber R. Z. ，"International Banking：A Survey"，*Journal of Money，Credit and Banking*，Vol. 16，No. 4，1984，pp.661－678。在计量分析中，根据解释变量中是否包含被解释变量的滞后项，通常将模型分为静态模型和动态模型两类，我们这里使用的面板数据模型是指静态模型。

② 无个体影响的不变系数模型和变截距模型都是系数不变的模型，这两类模型的确定可以使用 F 统计量进行检验，在后面的回归检验中我们也给出了这个检验统计量。

　　变截距面板数据模型根据其可变截距项是否与解释变量相关又分为固定效应模型（Fixed Effects Model）和随机效应模型（Random Effects Model）。这两类模型的主要区别在于：固定效应模型假定各组截面数据之间的差别以及时间序列数据随时间的漂移影响了模型的参数，并用模型参数随组别和时间的变化来体现这种差异，但每组数据和每个时刻相对应的参数均为确定值（窦菲菲，2009），而随机效应模型则假定面板数据中反映个体差异的特定常数项是跨个体成员的随机分布（高铁梅，2009），因此个体差异更多地体现为一种随机因素，相应的，随机效应模型中用来反映个体差异的截距项通常包括常数项和随机变量项两部分，通过在模型中引入随机项的方式体现组别和时间演变所带来的变化，并通过随机变量项来表示模型中被忽略的、反映个体差异的变量的影响。就其实质而言，固定效应模型和随机效应模型的关键不同体现在个体影响的不同处理方式上，固定效应模型认为，组别因子和时间因子反映的是模型随组别不同和时间变化而呈现的固定差异，而随机效应模型则认为这种差异是在面板数据内随机分布的，因此固定效应模型中的组别因子和时间因子与回归系数有一定的相关性，而随机效应模型要求随机差异与回归系数没有相关性①。

　　由于变截距模型对个体影响的设定存在固定效应和随机效应两种情况，因此利用面板数据建模时的一个重要问题就是如何在

---

　　①　实际上，根据两种模型的实质内涵，"随机效应模型"和"固定效应模型"两个术语使用的并非十分恰当，比较容易使人产生误解，其实"固定效应模型"称为"相关效应模型"，而"随机效应模型"称为"非相关效应模型"更为合适，因为固定效应模型和随机效应模型中的截距项都是随机变量（张晓桐"计量经济学"讲义）。

两种效应模型中进行选择。豪斯曼（Hausman，1978）认为随机效应模型要优于固定效应模型，因为固定效应模型将个体影响设定为跨截面变化的常数使得分析过于简单，并且在实际估计固定效应模型时会损失较多的自由度。一些学者也指出了随机效应模型的不足（高铁梅，2009），在随机效应模型中假设随机变化的个体影响与模型中的解释变量不相关，但是这一假设很有可能会由于模型中省略了一些变量而难以满足，从而导致估计结果出现不一致性。因此为了确定到底是哪种效应模型，通常的程序是先建立随机效应模型，然后检验该模型是否满足个体影响与解释变量不相关的假设，如果满足就将模型确定为随机影响形式，反之则将模型确定为固定效应形式。对于个体影响与解释变量之间是否相关的检验，豪斯曼（Hausman，1978）提出了一种严格的检验方法，即 Hausman 检验。该检验的原假设是随机影响模型中个体影响与解释变量不相关，备择假设为相关，如果构造的 DWH 统计量小于临界值，那么不能否定原假设，应该选择随机效应模型，如果统计量值大于临界值，那么应该否定原假设，从而固定效应模型更为合适。

在下面的回归估计中，为了避免由于估计形式选择不当可能导致的偏误，我们遵循以下的基本程序：首先确定是使用混合效应模型还是变截距的固定效应模型，这可以通过 F 检验进行选择，F 检验的原假设为多余的固定效应模型，即混合效应模型，备择假设为固定效应模型，如果 F 检验不能拒绝原假设，那么就使用混合效应模型，如果拒绝原假设，那么接下来进行 Hausman 检验，在固定效应模型和随机效应模型之间进行选择，并根据 Hausman 检验的统计量值而最终确定模型的估计形式。

第二节　对资本作用机制的检验

在资本作用机制的理论模型中，金融业 FDI 对东道国经济增长的传导机制主要体现为如下的因果关系链条：FSFDI 的流入会加剧东道国金融部门的竞争，竞争的加剧导致东道国金融服务效率的改善或服务价格的降低，而金融服务价格的降低有助于扩大东道国的投资活动，从而提高长期资本积累并促进经济增长。为了检验这种因果链条关系，我们借鉴昆特和莱文（Demirgüç－Kunt 和 Levine 等，1998）、弗朗索瓦和舒克内希特（Francois 和 Schuknecht，1999）等学者的经验研究方法[①]，使用分步回归的方式对 FSFDI、金融部门竞争与经济增长的关系链条进行计量检验。

一、检验模型的设定

基于 FSFDI、金融部门竞争与经济增长的内在因果关系链条，我们将经验回归模型设定为下面三个基准方程：

$$COMPETITION_{it} = \alpha_0 + \alpha_1 FSFDI_{it} + AX_{1,\,it} + \varepsilon_{1,\,it} \quad (5.1)$$

$$PERFORMANCE_{it} = \beta_0 + \beta_1 COMPETITION_{it}$$
$$+ BX_{2,\,it} + \varepsilon_{2,\,it} \quad\quad\quad (5.2)$$

[①]　弗朗索瓦和舒克内希特（Francois 和 Schuknecht，1999）构建了一个包含拉姆齐资本积累与垄断金融服务部门的分析模型，通过该模型强调了金融服务贸易的动态促进竞争效应，并使用 93 个国家的截面数据通过跨国增长回归检验了金融服务贸易对经济增长的影响；昆特和莱文等人（Demirgüç－Kunt 和 Levine 等，1998）则使用 80 个国家的截面数据对东道国银行部门效率与经济增长进行了跨国增长回归。

$$GDPGR_{it} = \gamma_0 + \gamma_1 PERFORMANCE_{it} + CX_{3, it} + \varepsilon_{3, it}$$

$$(5.3)$$

其中，$i=1, 2, \ldots, N$，表示国家，$t=1, 2, \ldots, T$，表示以年为频率的时期。$FSFDI_{it}$ 表示 i 国家 t 年金融部门的直接投资，$COMPETITION_{it}$ 表示 i 国家 t 年金融部门的竞争程度，$PERFORMANCE_{it}$ 表示 i 国家 t 年金融部门的绩效，$GDPGR_{it}$ 表示 i 国家 t 年的经济增长。方程右边的 X 为影响被解释变量（金融部门竞争、绩效与经济增长）的 $k \times 1$ 维控制变量向量，相应的 A、B、C 则分别表示控制变量向量的 $k \times 1$ 维系数向量，ε 为随机误差项并且满足零均值和等方差的假设。上述三个方程中的变量设定及其数量指标选择如下：

金融服务业 FDI 使用两个替代指标，分别是外资银行的数量比重与资产比重（FORNUM、FORASSET），数据取自 Claessens 和 Van Horen 等（2008）。刻画金融部门竞争状况的指标为银行部门的集中度（CONCEN），理论预期金融部门 FDI 与金融部门竞争的替代指标之间存在负相关关系，即更多 FSFDI 的流入会降低金融部门的集中程度从而促进了竞争。金融服务价格通过金融部门的绩效指标体现，为此我们使用银行部门的净利差（NIM）和经营成本（OVERHEAD）两个指标替代，理论预期如果银行部门竞争程度加剧，那么意味着效率提高，因此收入和成本都会由于竞争的冲击而有所降低。CONCEN、NIM、OVERHEAD 三个变量数据来自 BvD 的 Bankscope。经济增长使用的指标为人均实际 GDP 增长率（PCGDPGR），同时为了强调资本作用的渠道，我们还使用了取对数的物质资本形成（LNCAP）作为被解释变量，这两个变量数据来自世界银行的世界发展指标（WDI，2007）。为了保证估计的有效性，回归中需要加入一些控制变量，关于控制变量的选择如下：

方程 5.1 中主要纳入两个控制变量，国家经济规模（ECOSIZE）与贸易开放（TRADEOPEN）。弗朗索瓦和舒克内希特（Francois 和 Schuknecht，1999）指出，当金融部门存在规模经济的时候，某国市场规模越大，相应的竞争范围也越大，因此有利于降低银行部门的集中程度。ECOSIZE 指标使用一国 GDP 占世界 GDP 的份额衡量，TRADEOPEN 使用一国进出口贸易总额对 GDP 的比重衡量，预期两个变量的估计系数为负，数据来自 WDI（2007）。

方程 5.2 中的控制变量主要包括银行部门和宏观经济两个层面的变量，银行层面主要纳入了影响银行收益与成本的变量，包括总收益资产比率（TEASSET）（总的收益性资产与总资产的比率）、存款与短期资金比率（DSTFUND）（存款与短期资金与总资产的比率），数据来自 Bankscope。宏观经济层面的变量主要包括反映经济发展水平的 GDP 增长率（GDPGR）、反映经济稳定的通货膨胀率变动（INFLATION）与反映货币政策的实际利率（RINT）。

方程 5.3 中的控制变量包括：（1）贸易开放度（TRADOPEN），用来反映一国对外开放的程度，这个变量使用进出口贸易总额与 GDP 的比值衡量，许多研究表明，较高的贸易开放程度有利于较多的与外界进行经济和技术方面的交流，进而有利于促进经济增长，因此回归中预期该变量的估计系数为正。（2）政府消费（GOVGDP），用来反映公共部门规模变化对经济增长的影响，该变量使用政府消费占 GDP 的比值衡量，巴罗和马丁（Barro 和 Sala—I—Martin，1995）指出，政府消费等非生产性支出不利于经济增长，因此我们预期该变量的估计系数为负。（3）通货膨胀（INFLATION），用来反映东道国宏观经济稳定状况，以消费价格指数的年度百分比变化衡量，预期高通胀会由于价格不稳定而降低增长。

上述变量指标的详细定义和数据来源见本章附表。我们的数据集为 1995—2005 年 56 个来自拉美地区、中东欧地区和亚洲地区的新兴发展中国家，为了消除单个年度的波动性所可能产生的干扰，我们以三年为一期（2004—2005 两年为一期）将 1995—2005 年划分为四期，因此我们的面板数据时间跨度为四期，而每期的变量数据均取其三年算数平均值，这种处理方式也有助于我们对 FSFDI 与经济增长的长期关系做出解释。由于存在个别数据缺失问题，因此我们的面板数据为非均衡面板。

二、回归结果及其解释

我们使用 F 检验和 Hausman 检验确定具体的估计形式（F 检验确定是否存在多余的固定效应，Hausman 检验确定是否采用随机效应）后对面板数据进行回归估计。我们对三个方程分别进行回归，在每个方程的回归中，首先对全部样本进行回归，然后分别对拉美、中东欧和亚洲三个区域的子样本进行回归，以此考察估计结果的区域性差异。回归结果分别总结在了表 5-1、5-2、5-3 中，总体来看，检验结果与资本作用机制中所揭示的内在因果关系链条的理论预期基本是一致的，但区域之间存在差别，具体分析如下：

表 5-1 为方程 5.1 的回归结果。表中列 5.1aa 和 5.1ab 为 FSFDI 两个替代指标的全部样本的回归结果，其余列为两个指标分别对三个区域的回归结果。在全部样本的回归结果中，外资

银行资产比重和数量比重分别在 10% 和 1% 的水平上显著，并且估计系数为负。这表明无论是外资银行的资产比重，还是数量比重都与银行部门的集中度指标负相关，与理论预期一致，银行部门 FDI 的流入存在显著的促进竞争效应并降低了东道国银行体系的集中程度。估计系数的经济含义在于，在其他因素保持不变的情况下，外资银行资产比重或数量比重提高 1 个百分点，会导致东道国最大三家银行的资产比率降低 0.07 或 0.18 个百分点。另外，我们还发现，外资银行数量比重的显著程度要高于外资银行资产比重，而且外资银行数量比重的估计系数绝对值也大于后者，这意味着外资银行数量上的促进竞争效应要比资产份额明显，这个结果与 Claessens 和 Demirg Kunt 等（2001）、Lensink 和 Hermes（2004）等人的研究发现类似，外资银行进入东道国市场的行为本身就对东道国银行业带来了竞争效应，即竞争效应在外资银行进入后就立即发生，而并非是以外资银行占有一定的市场份额为前提条件。对于两个控制变量的估计结果与理论预期一致，并且估计系数均在 1% 的水平上显著为负，这说明东道国经济与市场规模是影响金融部门竞争程度的重要因素（Francois 和 Schuknecht，1999），东道国较大的经济与市场规模有利于通过竞争范围的扩大而降低银行部门的市场垄断力并促进银行部门竞争。

表 5-1 金融业 FDI 与银行部门竞争的估计结果

解释变量	被解释变量：集中度（CONCEN）							
	全部样本		拉美地区		中东欧地区		亚洲地区	
	5.1aa	5.1ab	5.1ba	5.1bb	5.1ca	5.1cb	5.1da	5.1db
FORASSET	−0.0699 * (−1.8859)		−0.0150 (−0.3409)		−0.0682 ** (−2.2829)		−0.1389 (−0.6841)	
FORNUM		−0.1844 *** (−2.8251)		−0.0175 (−0.2142)		−0.1824 * (−1.8960)		−0.6146 * (−1.6684)
ECOSIZE	−11.7627 *** (−2.6103)	−12.0671 *** (−2.7145)	−3.2790 (−0.6818)	−3.4127 (−0.7119)	−14.9713 (−0.8955)	−12.3368 (−0.7445)	−13.0023 *** (−2.7875)	−13.6473 *** (−2.9926)
TRADEOPEN	−0.3147 *** (−4.7187)	−0.2799 *** (−4.1381)	0.0553 (0.7249)	0.0534 (0.7016)	−0.4974 *** (−3.9852)	−0.4389 *** (−3.4625)	−0.1805 * (−1.8610)	−0.1178 (−1.1484)
观测值	228	228	88	88	100	100	40	40
调整 R^2	0.8039	0.8088	0.1155	0.1128	0.7123	0.7207	0.2584	0.3037
F 统计量	15.5096	15.8752	21.7202	21.8147	7.0450	7.6502	7.2066	18.3723
Hausman	14.7581	12.7628	3.7814	3.7201	7.4488	6.7946	2.5904	2.2779
估计形式	固定效应	固定效应	随机效应	随机效应	固定效应	固定效应	随机效应	随机效应

注：（1）面板数据模型的估计形式包括混合效应、固定效应与随机效应，估计形式选择不当会直接影响估计结果的有效性，为此首先使用 F 检验确定是否存在多余的固定效应，如果 F 检验值在 10% 的水平内显著，则拒绝原假设，继续进行 Hausman 检验确定是否选择随机效应，如果 Hausman 检验值在 10% 的水平内显著，则拒绝随机效应原假设，从而确定估计形式为固定效应，反之则选择随机效应。（2）括号内数值为 t 统计量值，*** 表示在 1% 水平上显著，** 表示在 5% 水平上显著，* 表示在 10% 水平上显著。（3）所有检验使用 Eviews6.0 软件操作。

　　尽管全部样本的回归结果与理论预期比较一致，但是在对三大区域的回归结果中则出现较大的变化。虽然金融部门 FDI 的两个替代指标的估计系数与理论预期一致（符号为负），但是三大区域中只有中东欧地区的两个指标都具有显著性，而拉美地区的两个指标都不显著，亚洲地区则只有外资银行数量比重指标显著。尽管如此，我们依然发现与全部样本中回归结果一样的是，外资银行的数量比重的估计系数绝对值在三个区域中依然都大于外资银行资产数量的估计系数绝对值，这同样表明了外资银行进入的数量份额对东道国金融部门的竞争效应要比市场份额明显的观点。

对方程5.2的回归结果总结在表5-2中，我们同样对全部样本和分区域子样本分别进行回归。全部样本的回归结果表明，以净利差（NIM）和运营成本（OVERHEAD）衡量的金融服务效率或价格均显著与银行部门竞争指标 CONCEN 在5％水平内显著，并且符号和预期一致，这表明银行部门的竞争程度与经营绩效或价格显著相关，银行部门集中程度越高，其经营效率越差，而银行部门竞争的提高有助于降低银行部门利息收入和成本，提高经营效率，并导致金融部门价格形成的变化。在三个区域的子样本回归中，我们发现，中东欧地区的两个绩效指标均在5％显著性水平与集中度指标正相关，而拉美和亚洲地区的两个指标存在差异，以运营成本衡量的银行部门绩效甚至与集中程度显著负相关（5.2bb 和 5.2db），这表明，相对于拉美和亚洲地区，中东欧地区金融业 FDI 对金融部门绩效的竞争效应更为显著。

方程5.3的回归结果总结在表5-3和5-4中，我们依然是对全部样本和分区域三个子样本分别进行了回归。表5-3为反映银行部门绩效或价格的两个替代指标对全部样本的回归结果。在全部样本中，我们运行了两步程序以考察估计结果的稳健性，首先运行解释变量中没有包含资本投入变量的回归，但是我们有理由相信，即使我们关注的某些变量对经济增长存在显著性，但很有可能是因为回归中没有控制资本变量所致，因为资本投资对经济增长强烈的正相关关系是大量有关跨国增长回归研究中为数不多的一致结果之一（Alfaro 和 Kalemli—Ozcan 等，2009）。为此，我们在第一步的基础上纳入资本变量，然后进一步考察估计结果的稳健性。

表 5 - 2 金融部门竞争与金融部门绩效的估计结果

解释变量	被解释变量 (NIM 与 OVERHEAD)							
	全部样本		拉美地区		中东欧地区		亚洲地区	
	5.2aa	5.2ab	5.2ba	5.2bb	5.2ca	5.2cb	5.2da	5.2db
CONCEN	0.0378 ** (2.1642)	0.0233 *** (3.2955)	0.0616 ** (2.1755)	−0.0428 ** (−2.0347)	0.0659 ** (2.5650)	0.0151 ** (2.0709)	0.0224 (1.3381)	−0.0306 * (−1.8362)
DSTFUND	−0.1855 *** (−5.6423)	−0.0468 ** (−2.4926)	−0.0620 (−1.5295)	0.0419 (0.9812)	−0.2479 *** (−4.5819)	−0.1001 *** (−7.1558)	−0.1322 *** (−3.3955)	0.0929 ** (2.0831)
EARASSET	−0.1174 ** (−2.5776)	−0.0858 *** (−3.1702)	0.0215 (0.4264)	−0.1342 *** (−2.7293)	−0.1838 ** (−2.3947)	−0.2052 *** (−10.596)	−0.0334 (−0.3245)	0.2127 (1.5849)
INFLATION	0.0104 ** (2.2006)	0.0128 *** (11.7389)	−0.0047 (−0.2347)	0.0575 ** (2.5239)	0.0061 (1.1099)	0.0172 *** (17.779)	−0.1808 *** (−4.1741)	0.3880 *** (7.3471)
GDPGR	−0.2015 *** (−4.1756)	−0.2630 *** (−9.7409)	−0.1687 ** (−2.5724)	−0.2398 *** (−3.0462)	−0.3063 *** (−4.2090)	−0.1700 *** (−18.137)	0.1935 *** (2.9128)	−0.5125 *** (−8.2236)
观测值	206	206	85	85	85	85	36	36
调整 R²	0.7285	0.9273	0.7630	0.2266	0.7888	0.6660	0.8202	0.8351
F 统计量	4.4806	3.2559	7.8263	4.4706	4.7815	4.1833	7.9686	2.9015
Hausman	17.0725	12.1138	17.0113	7.3199	10.4685	5.2910	21.1742	12.4111
估计形式	固定效应	固定效应	固定效应	随机效应	固定效应	随机效应	固定效应	固定效应

注：(1) 每个样本集对应两列结果，被解释变量分别是 NIM 和 OVERHEAD。

(2) 面板数据模型的估计形式包括混合效应、固定效应与随机效应，估计形式选择不当会直接影响估计结果的有效性，为此首先使用 F 检验确定是否存在多余的固定效应，如果 F 检验值在 10% 的水平内显著，则拒绝原假设，继续进行 Hausman 检验确定是否选择随机效应，如果 Hausman 检验值在 10% 的水平内显著，则拒绝随机效应原假设，从而确定估计形式为固定效应，反之则选择随机效应。

(3) 括号内数值为 t 统计量值，*** 表示在 1% 水平上显著，** 表示在 5% 水平上显著，* 表示在 10% 水平上显著。

(4) 所有检验使用 Eviews6.0 软件操作。

表 5 - 3　FSFDI 与经济增长的估计结果（全部样本）

解释变量	被解释变量					
	人均 GDP 增长率（PCGDPGR）				物质资本形成（LNCAP）	
	5.3aa	5.3ab	5.3ac	5.3ad	5.3ba	5.3bb
OVERHEAD			−0.3114 *** (−3.7937)	−0.2113 *** (−2.9131)	−0.0540 *** (−5.5774)	
NIM	−0.1934 ** (−2.0603)	−0.1800 ** (−2.406)				0.0027 (0.2262)
CAPGR		0.1492 *** (8.3608)		0.1407 *** (7.8656)		
LABORGR	−0.0273 (−0.1281)	−0.1349 (−0.7409)	−0.0158 (−0.0769)	−0.1043 (−0.5843)	0.0429 * (1.7754)	0.0516 * (1.9368)
TRADEOPEN	0.0431 ** (2.1415)	0.0407 ** (2.3649)	0.0478 ** (2.5081)	0.0469 ** (2.8328)	0.0090 *** (3.9991)	0.0100 *** (3.9556)
INFLATION	−0.0332 *** (−5.7222)	−0.0264 *** (−5.2876)	−0.0286 *** (−4.9208)	−0.0243 *** (−4.8103)	−0.0011 (−1.5755)	−0.0024 *** (−3.2957)
GOVGDP	−0.4776 *** (−3.5365)	−0.3587 *** (−3.732)	−0.4197 *** (−3.1766)	−0.3385 *** (−2.9213)	−0.0052 (−0.3345)	−0.0230 (−1.3615)
观测值	216	203	216	203	216	216
调整 R^2	0.4692	0.6313	0.5008	0.6397	0.9703	0.9643
F 统计量	2.9468	2.0976	3.0507	2.1557	106.302	94.8260
Hausman	41.2467	35.4539	43.9148	37.6811	21.5580	16.9821
估计形式	固定效应	固定效应	固定效应	固定效应	固定效应	固定效应

注：（1）面板数据模型的估计形式包括混合效应、固定效应与随机效应，估计形式选择不当会直接影响估计结果的有效性，为此首先使用 F 检验确定是否存在多余的固定效应，如果 F 检验值在 10% 的水平内显著，则拒绝原假设，继续进行 Hausman 检验确定是否选择随机效应，如果 Hausman 检验值在 10% 的水平内显著，则拒绝随机效应原假设，从而确定估计形式为固定效应，反之则选择随机效应。（2）括号内数值为 t 统计量值，＊＊＊表示在 1% 水平上显著，＊＊表示在 5% 水平上显著，＊表示在 10% 水平上显著。（3）所有检验使用 Eviews6.0 软件操作。

表 5 - 3 中的 5.3aa—5.3ad 四列结果表明，银行部门经营成本比率和净利差两个指标均显著与人均 GDP 增长率指标负相关，其显著性水平为 1%—5%，与理论预期一致。即使控制住资本变量后依然稳健，这表明银行部门绩效或价格的降低可以导致东

道国经济增长的变化，两个变量指标估计系数的经济含义可以解释为，在控制住其他变量的影响时，银行部门净利差或经营成本比率降低 1 个百分点，会带来东道国人均 GDP 增长率提高约 0.2 或 0.3 个百分点。在控制变量中，各变量估计系数的符号均与理论预期一致，但是有些变量的估计系数不显著。国内投资显著与经济增长正相关，劳动增长率的估计系数不显著并且符号为负，负系数意味着劳动和资本之间存在替代效应。在没有纳入资本投资变量时，贸易开放和经济增长显著正相关（列 5.3aa 和 5.3ac），但是纳入投资变量后，贸易开放估计系数虽然符号依然为正，但不再显著。通货膨胀与政府消费变量的估计系数均显著为负，这说明经济波动程度越高、政府非生产性开支越多都不利于经济增长率的提高。

在资本作用机制中，我们主要考察了金融部门 FDI 的促进竞争效应，以及金融服务在促进储蓄向投资转化机制中的作用。在目前的经验结果中，我们尽管发现了 FSFDI 通过促进竞争、提高金融服务效率而有利于东道国经济增长，但是这种增长效应是否是通过物质资本形成渠道而发生并没有予以明确体现，为此，我们接下来以国内投资作为被解释变量，考察这种增长效应的最终渠道，估计结果总结在表 5 - 3 的最后两列（5.3ba—5.3bb）。结果表明，经营成本比率变量与国内资本形变量存在显著的负相关关系，表明金融服务效率或价格的变化有助于资本积累，但是净利差指标的估计系数为正且不显著，与理论预期相反，这表明，FSFDI 的促进竞争效应对经济增长的作用通过资本渠道并不稳定，因此，我们断定 FSFDI 对经济增长的正效应很有可能还有比资本渠道更重要的方式，这就是后面我们将要进行检验的效率作用机制。

　　我们也对三个区域分别进行了回归估计，结果报告在表 5-4 中。我们所关注的两个银行部门绩效指标表现出明显的差异。在三个区域中，只有中东欧地区的两个指标的估计系数均显著为负，并且显著性水平为 1%，这说明中东欧地区的 FSFDI 通过竞争效应改善东道国金融部门效率或价格的变化、进而促进经济增长的效应尤为明显。拉美地区两个指标的估计系数均不显著，而且只有净利差（NIM）的符号为负，亚洲地区则只有经营成本率（OVERHEAD）的估计系数显著为负，而 NIM 的估计系数却为正，符号与预期相反。这个结果说明，拉美和亚洲地区通过金融业 FDI 的竞争效应而获得的增长收益并不明确，甚至存在不利于东道国经济增长的可能。这意味着，金融业 FDI 的增长效应要受到东道国自身实际情况的约束，东道国对待外资金融机构的不同政策及其监管，东道国自身宏观经济发展水平和金融发展水平等都会导致金融业 FDI 促进经济增长的效应出现差异。

表 5-4　FSFDI 与经济增长的估计结果（分区域样本）

解释变量	被解释变量：人均 GDP 增长（PCGDPGR）					
	拉美地区		中东欧地区		亚洲地区	
	5.3ba	5.3bb	5.3ca	5.3cb	5.3da	5.3db
OVERHEAD	0.0482 (0.8548)		−0.2410 *** (−3.9526)		−0.4393 *** (−3.5873)	
NIM		−0.0850 (−1.2671)		−0.3837 *** (−4.5362)		0.1728 (0.9206)
CAPGR	0.2438 *** (7.1041)	0.2378 *** (7.2822)	0.1461 *** (7.4209)	0.1396 *** (6.7572)	0.1880 *** (3.8928)	0.2244 *** (4.2836)
LABORGR	−0.2953 (−1.2379)	−0.2648 (−1.1303)	0.0781 (0.5342)	−0.0094 (−0.0690)	0.1950 (0.3905)	0.2477 (0.5514)
TRADEOPEN	0.0060 (0.6262)	0.0031 (0.3416)	0.0364 ** (2.6193)	0.0314 ** (2.3580)	0.0438 *** (5.4709)	0.0415 *** (3.1450)

解释变量	被解释变量：人均 GDP 增长（PCGDPGR）					
	拉美地区		中东欧地区		亚洲地区	
	5.3ba	5.3bb	5.3ca	5.3cb	5.3da	5.3db
INFLATION	−0.0596 ***	−0.0524 ***	−0.0172 ***	−0.0170 ***	0.0587	−0.1038
	（−3.9025）	（−3.5646）	（−4.3126）	（−5.2310）	（0.8874）	（−1.6481）
GOVGDP	−0.0525	−0.0599	−0.3788 *	−0.3071 ***	−0.5985 *	−0.7157 *
	（−1.4247）	（−1.4751）	（−4.1061）	（−3.2981）	（−1.7942）	（−1.7354）
观测值	80	80	89	89	34	34
调整 R^2	0.6671	0.6712	0.8077	0.8202	0.8046	0.7391
F 统计量	1.7783	1.8879	1.8839	2.0392	3.8383	2.3992
Hausman	3.3882	4.5284	15.9755	17.7853	18.5122	18.8770
估计形式	随机效应	随机效应	固定效应	固定效应	固定效应	固定效应

注：(1) 面板数据模型的估计形式包括混合效应、固定效应与随机效应，估计形式选择不当会直接影响估计结果的有效性，为此首先使用 F 检验确定是否存在多余的固定效应，如果 F 检验值在 10% 的水平内显著，则拒绝原假设，继续进行 Hausman 检验确定是否选择随机效应，如果 Hausman 检验值在 10% 的水平内显著，则拒绝随机效应原假设，从而确定估计形式为固定效应，反之则选择随机效应。(2) 括号内数值为 t 统计量值，*** 表示在 1% 水平上显著，** 表示在 5% 水平上显著，* 表示在 10% 水平上显著。(3) 所有检验使用 Eviews6.0 软件操作。

三、小结

在上述检验过程中，我们考察了 FSFDI 与金融部门竞争、金融部门竞争与经济增长之间的内在因果关系链条。检验结果表明：

1. 在全部样本中，金融部门 FDI 对东道国存在显著的促进竞争效应，外资银行的进入通过促进东道国金融系统竞争而有助于提高金融服务效率，降低金融服务价格与成本，并最终导致东道国经济增长。同时我们也发现，外资银行数量的促进竞争效应要相对于外资银行的市场份额更为明显。

2. 但是在分区域的子样本检验中，我们得到的结果并非完全一致，总体而言，FSFDI 对中东欧地区的增长效应，无论是促进金融部门竞争还是最终的实体经济增长，都要比拉美和亚洲地区明显。

3. 另外，尽管我们发现了 FSFDI 通过促进竞争效应而为东道国带来的增长收益，但是当我们考察这种收益是否是通过资本形成渠道而发生时，我们发现，在两个衡量金融系统绩效或价格的指标中（NIM 和 OVERHEAD）只有 OVERHEAD 存在显著的促进资本形成效应，而 NIM 不仅不显著而且还存在相反的符号，因此 FSFDI 的增长效应通过资本形成的渠道可能并不明显，很有可能还存在其他更为重要的渠道。

第三节　对效率作用机制的检验

在资本作用机制的计量检验中，我们发现，金融业 FDI 通过强化东道国金融市场竞争、提高金融部门效率或降低金融服务价格而表现出明显的经济增长效应，确认了 FSFDI 与金融部门竞争、竞争与经济增长之间的因果关系链条。但是当我们考察这种效应是否通过资本渠道而发生作用时并没有得到特别明确的结果，因此我们断定 FSFDI 的增长效应可能还存在其他的作用渠道，我们认为这个渠道主要是增长分解中的生产率渠道。金融业 FDI 经由生产率渠道促进经济增长主要体现在我们第四章中提出的效率作用机制中，在这个机制中我们尤其强调了金融业 FDI 对实体经济的资源配置作用，通过将资源向利润预期较高投资项目的有效配置、提高要素投入的使用效率而促进东道国经济增长。

另外，在对资本作用机制的检验中，我们的计量模型并非建立在理论模型的推导基础之上，只是一种非正式的变量间相关关系的检验。在效率作用机制中，我们强调的是金融部门 FDI 经由生产率渠道的增长效应，因此我们借鉴埃勒和海斯等人（Eller 和 Haiss 等，2006）将 FSFDI 经由生产函数中的 A（全要素生产率）而进入模型的跨国增长核算方法①，在此基础上我们强调，一方面，金融部门 FDI 或外资银行在为东道国输入资本的同时并积极寻求这些资本的有效使用和公司控制，从而可以直接地促进东道国资源配置效率；另一方面，金融部门 FDI 流入通过竞争或溢出效应激励东道国本土银行改善其金融服务效率，从而可以间接地改善东道国资源配置效率进而促进经济增长。昆特和莱文等人（Demirgüç－Kunt 和 Levine 等，1998）在考察外资银行的增长效应时主要强调了外资银行进入通过竞争效应而产生的间接效率收益，而对于外资银行的直接增长效应通过简单的计量回归后并没有发现显著性的证据。我们采用不同的检验设定方式对两种基于效率的增长效应予以检验，并重点考察 FSFDI 对东道国直接的资源配置效率，即如果在控制了竞争效应的情况下 FSFDI 是否存在有效的直接资源配置效应？

一、模型设定与变量选择

基于上述考虑，在埃勒和海斯等人（Eller 和 Haiss 等，2006）的研究方法基础上，我们将效率作用机制的检验模型设定为下面的方程：

---

① 埃勒和海斯等人（Eller 和 Haiss 等，2006）指出，许多 FDI－增长经验文献都基于 MRW 模型（Mankiw, Romer and Weil）加入 FDI 解释变量，但是 MRW 框架将效率 A 作为未观察变量而被省略，而 FSFDI 可能更主要的是与生产函数中的 A 相关。

$$PCGDPGR_{it} = \beta_0 + \beta_1 CAPGR_{it} + \beta_2 LABORGR_{it} +$$
$$\beta_3 FSFDI_{it} + \beta_4 CAPGR_{it} * FSFDI_{it} + \beta_5 LABORGR_{it} *$$
$$FSFDI_{it} + \beta_6 CONCEN_{it} + \beta_7 CONCEN_{it} * CAPGR_{it} +$$
$$\beta_8 CONCEN_{it} * LABORGR_{it} + A X_{it} + \varepsilon_{it}$$

$$(5.4)$$

其中，被解释变量 $PCGDPGR_{it}$ 为人均 GDP 增长率。解释变量 $CAPGR_{it}$ 和 $LABORGR_{it}$ 表示两种基本的生产投入要素，分别以国内总资本形成增长率和劳动增长率表示。$FSFDI_{it}$ 以外资银行数量比重和资产比重两个指标替代。我们使用 $CAPGR_{it} * FSFDI_{it}$ 和 $LABORGR_{it} * FSFDI_{it}$ 两个交叉项表示 FSFDI 对东道国直接的资源配置效应，而交叉项 $LABORGR_{it} * CONCEN_{it}$ 和 $CAPGR_{it} * CONCEN_{it}$ 用来表示 FSFDI 通过竞争效应而对东道国产生的间接资源配置效应，为了避免交叉项替代 FSFDI 和 CONCEN 的影响，我们将两个变量也分别纳入回归方程。X_{it} 为 $k \times 1$ 维控制变量向量，A 表示控制变量向量的 $k \times 1$ 维系数向量。ε_{it} 为随机误差项并且满足零均值和等方差的假设。我们主要纳入了两个控制变量，一个是反映东道国经济稳定的通货膨胀变动率（INFLATION），以消费者价格指数的年度百分比变化衡量，另一个是反映东道国金融结构中银行规模的国内信贷（DOMCREDIT），以银行部门信贷占 GDP 的比重衡量。

二、回归结果及其解释

我们使用 F 检验和 Hausman 检验确定具体的估计形式（F 检验确定是否存在多余的固定效应，Hausman 检验确定是否采用随机效应），首先对全部样本进行估计，然后分别对分区域的子样本进行估计，估计结果总结在表 5－5 至 5－8 中。

表 5－5 为全部样本的估计结果。我们发现，两种要素中资本投入在全部设定中均表现出较高的显著性（显著水平为 1％），并且估计系数的符号为正，这表明了资本投入和经济增长之间的正相关关系，而劳动投入在所有设定中均不显著，并且有的设定中估计系数符号为负，这说明劳动投入对增长的作用有限，系数为负意味着资本和劳动之间可能存在替代关系。对于我们所关注的 FSFDI 变量，其中 5.4Aaa 和 5.4Aba 两列为不包含任何交叉项的结果，目的为了考察 FSFDI 对经济增长的直接效率作用，结果表明，FSFDI 两个替代指标的估计系数均在 5％的水平上显著，并且符号为正，说明 FSFDI 对东道国经济存在显著的增长效应。具体而言，在其他变量保持不变的情况下，FSFDI 两个替代指标估计系数的经济含义在于，外资银行的数量比重或资产比重增加 1 个百分点，会导致东道国人均 GDP 提高约 0.04 或 0.01 个百分点。

表 5－5 中的 5.4Aab 和 5.4Abb 两列为纳入银行部门竞争度与投入要素的交叉项的回归结果，目的是为了考察 FSFDI 通过促进东道国金融部门竞争而导致的间接资源配置效率收益。结果发现，集中度指标与资本投入的交叉项 CONCEN * CAPGR 在两列中均在 1％的水平上显著，并且估计系数的符号为负，与理论预期一致，这说明在银行部门竞争较强的国家中，资本对增长的作用存在其他的积极影响，这种影响我们认为是银行部门竞争所产生的资本有效配置效应，银行部门竞争所带来的效率以及公司控制等功能的改善促使资本向富有生产效率的投资项目进行合理配置。集中度指标与劳动投入的交叉项均不显著，这表明银行部门竞争对劳动要素的影响并不明显，估计系数的正符号可能意

味着在竞争程度比较高的金融环境中，资本和劳动的替代关系也比较高。

表 5-5 中的 5.4Aac 和 5.4Abc 两列为加入 FSFDI 与投入要素交叉项的回归结果，目的是为了考察 FSFDI 的直接资源配置效应，即控制住 FSFDI 通过竞争效应而改善东道国金融系统对实体经济的间接资源配置效率后，FSFDI 是否对东道国经济存在直接的资源配置效应？结果表明，FSFDI 的两个替代指标与资本要素投入交叉项的估计系数均在 1% 水平上显著，并且符号为正，与我们的预期一致，这说明，以 FDI 方式进入的外资银行不仅可以间接地发挥资本配置作用，而且还可以直接促进东道国资本的有效配置。在 FSFDI 或外资银行参与程度比较高的国家，外资银行可以直接促进资本向生产效率高的项目进行配置，从而使得资本产生更高的增长贡献。以 5.4Aac 为例，我们可以对其定量的经济含义这样予以解释，在没有 FSFDI 参与的时候，东道国资本增长率提高 1 个百分点，人均产出增长率会提高约 0.29 个百分点，当纳入 FSFDI、CONCEN 与资本的交叉项后，资本对增长的影响会由于有效的配置而额外增加约 0.006% 个百分点，显然这个数值是非常小的，因此我们对 FSFDI 的作用不能高估。如同间接配置效应，FSFDI 与劳动投入交叉项的估计系数均不显著，表明 FSFDI 对劳动的直接配置效应并不明显。另外我们还发现，即使在加入了这些交叉项后，FSFDI 本身依然显著与人均 GDP 正相关，这意味着 FSFDI 对经济增长的积极影响可能还存在其他机制。在控制变量中，通货膨胀变动率在各种设定中均显著为负，表明经济波动不利于经济增长，但是国内信贷的作用并不明确。

表 5-5　FSFDI 与东道国资源配置效率的估计结果（A 全部样本）

解释变量	被解释变量（人均 GDP 增长率）					
	FSFDI=FORNUM			FSFDI=FORASSET		
	5.4Aaa	5.4Aab	5.4Aac	5.4Aba	5.4Abb	5.4Abc
FSFDI	0.0470 *** (21.2021)	0.0457 *** (6.4473)	0.0211 *** (2.6828)	0.0096 ** (2.3807)	0.0086 ** (2.1642)	−0.0110 * (−1.7990)
CAPGR	0.1806 *** (8.4630)	0.3779 *** (11.0123)	0.2942 *** (7.8277)	0.1845 *** (18.8910)	0.3819 *** (11.6874)	0.2853 *** (7.7600)
LABORGR	0.0289 (−0.3111)	−0.0879 (−0.3975)	0.0766 (0.3032)	0.0239 (0.2178)	−0.1257 (−0.5214)	−0.0180 (−0.0734)
INFLATION	−0.0224 *** (−3.9363)	−0.0116 ** (−2.1904)	−0.0113 ** (−2.2017)	−0.0282 *** (−4.7499)	−0.0166 *** (−3.0044)	−0.0185 *** (−3.3326)
DOMCREDIT	0.0078 (0.6982)	0.0075 (0.6981)	−0.0023 (−0.2466)	−0.0008 (−0.0619)	−0.0007 (0.0600)	−0.0069 (0.6369)
CONCEN		−0.0092 (−0.6993)	−0.0131 (−1.1561)		−0.0222 (−1.5752)	−0.0292 ** (−2.1892)
CONCEN * CAPGR		−0.0032 *** (−5.0903)	−0.0027 *** (−4.3245)		−0.0034 *** (−5.5839)	−0.0023 *** (−3.7184)
CONCEN * LABORGR		0.0011 (0.2691)	−0.0033 (−0.8101)		0.0021 (0.4603)	−0.0057 (−1.3097)
FSFDI * CAPGR			0.0020 *** (5.8312)			0.0024 *** (5.6192)
FSFDI * LABORGR			−0.0004 (−0.1748)			0.0013 (0.5419)
观测值	204	204	204	204	204	204
调整 R^2	0.8749	0.8630	0.9063	0.8474	0.8561	0.8710
F 统计量	1.6602	2.3045	2.3102	1.4983	2.0800	2.2568
Hausman	24.8800	39.5352	36.6758	18.6087	31.7383	34.1004
估计形式	固定效应	固定效应	固定效应	固定效应	固定效应	固定效应

注：（1）面板数据模型的估计形式包括混合效应、固定效应与随机效应，估计形式选择不当会直接影响估计结果的有效性，为此首先使用 F 检验确定是否存在多余的固定效应，如果 F 检验值在 10% 的水平内显著，则拒绝原假设，继续进行 Hausman 检验确定是否选择随机效应，如果 Hausman 检验值在 10% 的水平内显著，则拒绝随机效应原假设，从而确定估计形式为固定效应，反之则选择随机效应。（2）括号内数值为 t 统计量值，＊＊＊表示在 1% 水平上显著，＊＊表示在 5% 水平上显著，＊表示在 10% 水平上显著。（3）所有检验使用 Eviews6.0 软件操作。

　　表 5-6 至 5—8 为分区域的子样本回归结果。我们发现，三大区域之间存在很大的差异。总体来看，中东欧地区在各种设定中，FSFDI 对资本投入的直接和间接配置效应均显著并且估计系数符号与预期一致，表明 FSFDI 的两种资本配置效应比较明显。拉美地区和亚洲地区 FSFDI 的直接资本配置效应显著并且估计系数符号与预期一致，尽管间接资本配置效应的估计系数依然为负，但是基本不再显著。另外我们发现，亚洲地区与总体样本、拉美以及中东欧地区明显不同的是，劳动增长率对经济增长的作用基本显著为正，表明劳动投入依然是亚洲地区许多国家经济增长的重要投入要素，而且在包含劳动与竞争交叉项的回归结果中，我们也发现了显著为负的结果，我们对此结果的初步解释在于，银行部门竞争通过服务改善而有效促进了劳动力的合理配置，或者说劳动和资本的替代效应在亚洲地区并不明显，银行部门的竞争可能使得信贷资金更多的投放到了劳动密集型企业，从而导致了更多的劳动投入。由于我们对银行部门的竞争只使用了一个粗略的竞争度指标，因此为了考察这种结果的稳健性，我们也使用了净利差和经营成本比率两个指标反映银行部门竞争程度，但是结果比较类似，因此我们没有再报告相关估计结果。

表 5-6　FSFDI 与东道国资源配置效率的估计结果（B 拉美地区）

解释变量	被解释变量（人均 GDP 增长率）					
	FSFDI=FORNUM			FSFDI=FORASSET		
	5.4Baa	5.4Bab	5.4Bac	5.4Bba	5.4Bbb	5.4Bbc
FSFDI	−0.0007 (−0.0546)	0.0004 (0.0292)	−0.0310 (−0.8606)	−0.0156 (−1.2143)	−0.0121 (−1.2533)	−0.0350 * (−1.7431)
CAPGR	0.2447 *** (12.2648)	0.2501 *** (3.0064)	0.2169 ** (2.5624)	0.2411 *** (11.1337)	0.2540 *** (3.1057)	0.1914 ** (2.2412)

续表

解释变量	被解释变量（人均 GDP 增长率）					
	FSFDI＝FORNUM			FSFDI＝FORASSET		
	5.4Baa	5.4Bab	5.4Bac	5.4Bba	5.4Bbb	5.4Bbc
LABORGR	−0.2410 （−1.1716）	−0.0099 （−0.0177）	−0.5521 （−0.6966）	−0.3646 （−1.4029）	0.0003 （0.0005）	−0.1333 （−0.2375）
INFLATION	−0.0565 *** （−2.9173）	−0.0570 *** （−2.9039）	−0.0472 ** （−2.2586）	−0.0737 *** （−3.2798）	−0.0630 *** （−3.2176）	−0.0540 *** （−2.7538）
DOMCREDIT	0.0050 （0.4117）	0.0038 （0.2855）	0.0027 （0.1909）	0.0374 （1.1325）	0.0025 （0.1895）	0.0020 （0.1517）
CONCEN		0.0198 （0.6334）	−0.0169 （−0.5246）		0.0198 （0.6487）	0.0237 （0.7861）
CONCEN * CAPGR		−0.0001 （−0.0571）	−0.0009 （−0.5209）		−0.0003 （−0.1564）	−0.0011 （−0.6267）
CONCEN * LABORGR		−0.0050 （−0.3877）	−0.0009 （−0.0711）		−0.0059 （−0.4813）	−0.0056 （−0.4667）
FSFDI * CAPGR			0.0018 ** （2.0280）			0.0031 *** （3.0732）
FSFDI * LABORGR			0.0113 （0.8124）			0.0067 （0.8209）
观测值	80	80	80	80	80	80
调整 R^2	0.6705	0.6664	0.6853	0.7099	0.6731	0.7108
F 统计量	2.0320	2.2956	2.2664	1.9633	2.3544	2.1508
Hausman	4.0507	8.6487	7.5800	3.1613	9.7920	7.4659
估计形式	随机效应	随机效应	随机效应	随机效应	随机效应	随机效应

表 5－7　FSFDI 与东道国资源配置效率的估计结果（C 中东欧地区）

解释变量	被解释变量（人均 GDP 增长率）					
	FSFDI＝FORNUM			FSFDI＝FORASSET		
	5.4Caa	5.4Cab	5.4Cac	5.4Cba	5.4Cbb	5.4Cbc
FSFDI	0.0270 （1.5637）	0.0300 * （1.7795）	0.0078 （0.2379）	0.0057 （0.4680）	0.0058 （0.4794）	−0.0177 （−1.1131）
CAPGR	0.1387 *** （5.2083）	0.3918 *** （3.9840）	0.2986 ** （2.3155）	0.1359 *** （4.9813）	0.3834 *** （3.8338）	0.2511 *** （2.8088）

续表

解释变量	被解释变量（人均 GDP 增长率）					
	FSFDI=FORNUM			FSFDI=FORASSET		
	5.4Caa	5.4Cab	5.4Cac	5.4Cba	5.4Cbb	5.4Cbc
LABORGR	−0.2216 (−1.1136)	−0.0352 (−0.0629)	0.1417 (0.2818)	−0.1989 (−0.9842)	−0.0771 (−0.1335)	0.2945 (0.5697)
INFLATION	−0.0213 *** (−3.5984)	−0.0174 *** (−2.9383)	−0.0175 *** (−3.4882)	−0.0230 *** (−3.6667)	−0.0195 *** (−3.1132)	−0.0214 *** (−4.1100)
DOMCREDIT	−0.0437 ** (−2.5204)	−0.0431 ** (−2.4499)	−0.0420 ** (−3.7426)	−0.0346 ** (−2.0519)	−0.0326 * (−1.8871)	−0.0288 ** (−2.5287)
CONCEN		0.0200 (0.9245)	0.0143 (−1.0510)		0.0193 (0.8789)	0.0156 (1.2237)
CONCEN * CAPGR		−0.0034 ** (−2.6260)	−0.0028 ** (−2.2249)		−0.0033 ** (−2.5276)	−0.0021 ** (−2.0618)
CONCEN * LABORGR		−0.0021 (−0.2457)	−0.0031 (−0.2876)		−0.0011 (−0.1201)	−0.0058 (−0.4772)
FSFDI * CAPGR			0.0023 ** (2.0679)			0.0029 *** (4.4881)
FSFDI * LABORGR			−0.0027 (−0.2631)			0.0011 (0.2332)
观测值	89	89	89	89	89	89
调整 R^2	0.4044	0.4436	0.4479	0.3884	0.4233	0.4417
F 统计量	1.2042	1.4516	1.3380	1.1524	1.4331	1.3977
Hausman	11.3700	17.2759	16.7623	10.6756	19.6078	19.5674
估计形式	混合效应	混合效应	混合效应	混合效应	混合效应	混合效应

表 5−8　FSFDI 与东道国资源配置效率的估计结果（D 亚洲地区）

解释变量	被解释变量（人均 GDP 增长率）					
	FSFDI=FORNUM			FSFDI=FORASSET		
	5.4Daa	5.4Dab	5.4Dac	5.4Dba	5.4Dbb	5.4Dbc
FSFDI	0.1692 *** (5.2061)	0.0732 (1.4342)	−0.0470 (−0.5878)	0.0840 *** (3.4800)	0.0101 (0.3220)	−0.0776 (−0.5105)
CAPGR	0.2422 *** (10.5730)	0.2577 *** (4.1288)	0.0615 ** (2.0883)	0.2367 *** (10.5178)	0.2992 *** (4.5308)	0.1674 *** (2.7288)

续表

解释变量	被解释变量（人均 GDP 增长率）					
	FSFDI=FORNUM			FSFDI=FORASSET		
	5.4Daa	5.4Dab	5.4Dac	5.4Dba	5.4Dbb	5.4Dbc
LABORGR	1.1229 *** (2.7039)	2.3151 *** (2.8272)	1.9043 ** (2.1236)	0.7861 ** (2.2923)	2.7637 *** (3.2724)	2.3294 *** (2.9323)
CONCEN		0.0424 (0.6223)	0.0143 (0.2141)		0.0840 (1.2072)	0.0454 (0.7026)
CONCEN * CAPGR		−0.0007 (−0.4638)	−0.0011 * (−1.8515)		−0.0020 (−1.1581)	−0.0004 (−0.2762)
CONCEN * LABORGR		−0.0508 ** (−2.1896)	−0.0305 (−1.2876)		−0.0658 *** (−2.7271)	−0.0489 ** (−2.2814)
FSFDI * LABORGR			−0.0019 (−0.0638)			0.0128 (0.2844)
观测值	35	35	35	35	35	35
调整 R^2	0.8029	0.8652	0.8765	0.8514	0.8525	0.8853
F 统计量	4.2292	6.8671	5.6776	3.1958	5.5445	2.5247
Hausman	13.0096	18.2685	45.4212	8.3613	14.9531	20.1976
估计形式	固定效应	固定效应	固定效应	固定效应	固定效应	固定效应

注：（1）面板数据模型的估计形式包括混合效应、固定效应与随机效应，估计形式选择不当会直接影响估计结果的有效性，为此首先使用 F 检验确定是否存在多余的固定效应，如果 F 检验值在 10% 的水平内显著，则拒绝原假设，继续进行 Hausman 检验确定是否选择随机效应，如果 Hausman 检验值在 10% 的水平内显著，则拒绝随机效应原假设，从而确定估计形式为固定效应，反之则选择随机效应。

（2）括号内数值为 t 统计量值，*** 表示在 1% 水平上显著，** 表示在 5% 水平上显著，* 表示在 10% 水平上显著。

（3）表 5-8 中由于亚洲地区截面数较少，而面板数据随机效应检验要求截面数大于解释变量数，因此我们去掉了两个控制变量 INFLATION 和 DOMCREDIT。

（4）所有检验使用 Eviews6.0 软件操作。

三、小结

通过上述检验过程，我们考察了金融部门 FDI 通过效率作用机制而产生的增长效应，在这种机制的检验中，我们尤其强调了 FSFDI 对东道国的资源配置效率机制。结果表明：

1. 在全部样本的检验中，我们发现 FSFDI 对东道国经济增长存在显著的直接和间接资本配置效应，外资银行的进入通过促进东道国银行部门竞争而间接提高了有利于经济增长的资本有效配置，而且外资银行通过自身的专长及其先进的风险管理技术也可以直接为东道国带来有效的资本配置。但是我们也发现，FSFDI 的这种效应的估计系数比较小，因此我们不能对这种效应予以高估。另外我们还发现，在加入了 FSFDI 与要素投入的交叉项后，FSFDI 本身依然显著与人均 GDP 增长正相关，这意味着 FSFDI 对经济增长的积极影响可能还存在其他的作用机制。

2. 在分区域的子样本检验中，中东欧地区 FSFDI 对东道国的直接和间接资本配置效应均显著，但是拉美和亚洲地区 FSFDI 对东道国的资本配置效率机制仅在直接配置效应中表现出显著性，而通过竞争效应的间接资本配置虽然估计符号与预期一致，但不具有统计上的显著性。

3. 亚洲地区与总体样本、拉美以及中东欧地区明显不同的是，劳动增长率对经济增长的作用基本显著为正，表明劳动投入依然是亚洲地区许多国家经济增长的重要投入要素，而且在包含劳动与竞争交叉项的回归结果中，我们也发现了显著为负的结果，我们对此结果的初步解释在于，银行部门竞争通过服务改善而有效促进了劳动力的合理配置，或者说劳动和资本的替代效应在亚洲地区并不明显，银行部门的竞争可能使得信贷资金更多的投放到了劳动密集型企业，从而导致了更多的劳动投入。

本章总结

本章使用 56 个国家 1995—2005 年的面板数据实证检验了金

融业 FDI 对东道国经济增长两种直接作用机制：资本作用机制
与效率作用机制，检验结果总结如下：

资本作用机制：（1）在全部样本中，金融业 FDI 对东道国
存在显著的促进竞争效应，外资银行进入通过促进东道国金融系
统竞争而有助于提高金融服务效率，降低金融服务价格与成本，
并最终导致东道国经济增长。（2）分区域的检验结果存在差异，
总体而言，金融业 FDI 对中东欧地区的增长效应，无论是促进
金融部门竞争还是最终的实体经济增长，都要比拉美和亚洲地区
明显。（3）金融业 FDI 促进东道国物质资本形成检验结果并不
稳健，因此金融业 FDI 通过本形成渠道的增长效应并不明显，
应该存在其他更为重要的渠道。

效率作用机制：（1）在全部样本中，金融业 FDI 对东道国
经济增长存在显著的直接和间接资本配置效应。外资银行既可以
通过促进东道国银行部门竞争而间接提高资本配置效率，也可以
通过自身的专长及其先进的风险管理技术而直接为东道国带来有
效的资本配置。（2）分区域的子样本检验结果表明，中东欧地区
金融业 FDI 对东道国的直接和间接资本配置效应均显著，但是
拉美和亚洲地区金融业 FDI 仅在直接的资本配置效应中表现出
显著性，而通过竞争效应的间接资本配置虽然估计符号与预期一
致，但不具有统计上的显著性。（3）亚洲地区与总体样本、拉美
以及中东欧地区明显不同的是，劳动投入对经济增长的作用基本
显著为正，而且劳动和银行部门集中度的交叉项也显著为负，这
个结果说明，劳动依然是许多亚洲国家经济增长的重要投入要
素，银行部门竞争可以有效地促进劳动力的合理配置。

附　　表

表 5 - 9　本章实证检验所用到的主要变量、变量描述与数据来源

类型	变量名称	变量符号	变量描述	数据来源
金融业 FDI	外资银行数量比重	FORNUM	外资银行（股权≥50％）数量对银行总数量的比重	Claessens 和 Van Horen 等（2008）；Bankscope
	外资银行资产比重	FORASSET	外资银行（股权≥50％）资产对银行总资产的比重	
经济变量	经济增长	PCGDPGR	人均实际 GDP 增长率	世界银行的世界发展指标数据库
	经济规模	ECOSIZE	GDP 占世界 GDP 总量的百分比	
	劳动投入增长率	LABORGR	劳动增长率	
	资本投入增长率	CAPGR	固定资本形成增长率	
	通货膨胀	INFLATION	消费价格指数百分比变化率 GDP 平减指数百分比变化率	
	贸易开放度	TRADEOPEN	贸易总量占 GDP 的百分比	
	汇率变动率	EXRATE	本币对美元的年度百分比变化	
	FDI 流量	FDIFLOW	FDI 净流入量	联合国贸发会议数据库
	FDI 存量	FDISTOCK	FDI 流入存量	
	商品贸易	MERTRADE	商品贸易进出口总量	
	证券投资	FPI	国际证券投资净流入	
金融变量	收益资产率	TEASSET	银行收益性资产占总资产的百分比	Bankscope
	存款与短期资金率	DSTFUND	银行存款与短期资金占总资产的百分比	
	净利息收益率	NIM	净利息收益对银行总资产的百分比	
	经营成本率	OVERHEAD	银行日常管理费用对总资产的百分比	
	集中度	CONCEN	最大三家银行资产占总资产的比重	
	实际利率	RINT	实际利率	世界发展指标数据库

续表

类型	变量名称	变量符号	变量描述	数据来源
金融变量	国内信贷	DOMCREDIT	银行部门信贷占 GDP 的百分比	世界银行金融结构数据库（FSD）
	商业银行资产率	BANKASSET	商业银行资产占商业银行和中央银行资产之和的比率	
	私人部门信贷率	PCCREDIT	金融中介机构对私人部门的信贷占 GDP 的比率	
制度变量	政府消费	GOVGDP	政府消费支出占 GDP 的百分比	世界发展指标数据库
	清廉指数	CORRUP	取值在 0—10 之间，取值越大，腐败越低	透明国际（Transparency International）
	法律法规	RULLAW	取值在 −2.5 到 2.5 之间，取值越高，法制越健全	全球治理指标（WGI）
	航空运输	AIRTRANS	注册航空公司的国内和国际航班数量	世界发展指标数据库

第六章　金融业 FDI 与东道国经济增长：
间接机制的经验检验

在第四章中我们将金融部门 FDI 促进实体经济增长的间接机制归结这样一类效应：金融业 FDI 通过影响其他影响东道国经济发展的外部因素而间接发挥作用的效应。我们主要考虑了金融部门 FDI 对一般资本流入（非金融部门 FDI 和国际证券投资）和对外贸易的信号机制，以及金融部门 FDI 强化实体部门 FDI 技术溢出的机制。在本章中，我们将对金融服务业 FDI 增长效应的信号作用机制、强化溢出效应这两类间接机制进行检验。

第一节　变量描述、数据来源与计量方法

参见第五章第一节的相关内容，这里从略。

第二节　对信号作用机制的检验

一、模型设定与变量选择

为了检验金融部门 FDI 与实体部门 FDI、国际贸易以及国际证券投资的信号作用关系，我们设定为下面三个方程并分别进行面板数据回归：

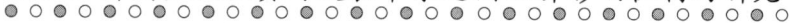

$$NONFSFDI_{it} = \alpha_0 + \alpha_1 FSFDI_{it} + A X_{1,it} + \varepsilon_{1,it} \qquad (6.1)$$

$$MERTRADE_{it} = \beta_0 + \beta_1 FSFDI_{it} + B X_{2,it} + \varepsilon_{2,it} \qquad (6.2)$$

$$FPI_{it} = \gamma_0 + \gamma_1 FSFDI_{it} + C X_{3,it} + \varepsilon_{3,it} \qquad (6.3)$$

其中，$i=1, 2,\ldots, N$，表示国家，$t=1, 2,\ldots, T$，表示以年为频率的时期，ε_{it} 为随机误差项并且满足零均值和等方差的假设。$FSFDI_{it}$ 表示 i 国家 t 年金融部门的直接投资，使用外资银行的数量比重与资产比重（FORNUM、FORASSET）两个指标替代；$NONFSFDI_{it}$ 表示 i 国家 t 年非金融部门的直接投资，我们分别使用 FDI 流量和存量（FDIFLOW、FDISTOCK）两个指标替代[1]；$MERTRADE_{it}$ 表示 i 国家 t 年的商品贸易，我们使用商品进口与出口之和表示；FPI_{it} 表示 i 国家 t 年的国际证券投资流入量，三个被解释变量的数据均来自于世界银行的世界发展指标数据库（WDI，2007），并对其进行取对数处理。方程右边的 X 为影响被解释变量的 $k \times 1$ 维控制变量向量，相应的 A、B、C 则分别表示控制变量向量的 $k \times 1$ 维系数向量，三个方程中控制变量的设定与数量指标的选择如下[2]：

方程 6.1 中的控制变量。根据有关 FDI 区位选择因素的研究文献（张诚和赵奇伟，2008；Cuervo－Cazurra，2008），我们控制了这样一些典型的影响实体部门 FDI 的变量：（1）东道国

---

① 严格来说，这里的 FDI 应该等于总的 FDI 流入量减去金融部门 FDI，但是在我们的样本中较为全面的金融部门 FDI 数据无法获得，所以这里只能使用总的 FDI 流量或存量近似替代，由于 FSFDI 指标使用的是外资银行的资产或数量比重，因此，作者认为这种近似替代对估计结果不会有太大影响。

② 根据张诚和赵奇伟（2008），对于控制变量的选择，我们遵循如下基本原则：增加一个控制变量，不会导致总体出现多重共线性，但可以减少误差方差，另外，控制变量加入模型必须使得调整 R^2 有所提高。

经济和人口规模，我们使用 GDP 和人口数量（POP）衡量，在回归中取对数处理，一般认为，东道国规模越大越有利于吸引 FDI，因为跨国公司可以获取必要的规模经济，因此我们预期东道国市场规模与 FDI 流入正相关；（2）用来反映东道国宏观经济稳定的通货膨胀率（INFLATION），我们以 GDP 平减指数的百分比变化衡量，通常认为，东道国宏观经济波动性越小，FDI 流入就越多，因此我们预期 INFLATION 与 FDI 流入量之间负相关；（3）我们还控制了几个反映东道国制度和政府因素的变量，一个是透明国际（Transparency International）构造的用来反映东道国腐败情况的清廉指数（Corruption Perception Index，CPI）①，这个指数范围为 0—10，取值越大表明该国越清廉。另一个是来自考夫曼和克雷等（Kaufmann 和 Kraay 等，2008）全球治理指标中用来反映东道国法律状况的法律法规指标（RULLAW），该指标取值范围为 −2.5—2.5，取值越大说明东道国法律环境越好。

方程 6.2 中的控制变量主要包括：用于刻画贸易经济波动性的汇率变动（EXRATE），我们以国家本币对美元的年度百分比变化衡量，数据来自 WDI；反映东道国制度和政府因素的清廉指数（CORRUP）和法律指标（RULLAW）；东道国 FDI 存量

---

① 透明国际是 1993 年成立、总部位于德国柏林的专门致力于打击贪污腐败的国际性非政府组织，在全球反贪腐运动中扮演重要角色，发展至今已在全球不少于 100 个国家设有分部及联络点，其公布的指数引起了国际社会的广泛关注。透明国际自 1995 年开始公布由多个调查数据合成的年度清廉指数，该指数并非是某国的实际腐败情况，只是根据各国商人与学者对各国公务人员及政治人物贪污腐败程度的评价而给出的某国廉洁程度的感知反映，满分 10 分代表最清廉，资料来源包括自由之家、瑞士洛桑国家管理学院等 10 个国家组织，任何国家及地区被其中 3 份或以上调查资料作评定后，便会自动被列进清廉指数内。

（FDIGDP），以 FDI 存量占 GDP 的百分比衡量，数据来自联合国贸发会议数据库；用来反映东道国交通基础设施的航空运输（AIRTRANS），数据来自世界银行的 WDI。

方程 6.3 中的控制变量主要包括：汇率变动（EXRATE）；清廉指数（CORRUP）；法律法规（RULLAW）；名义 GDP（NOMGDP）；股票市值（STOCKCAP）；FDI 存量（FDISTOCK）。

上述各个变量详细的数据描述和来源见第五章表 5-9。

二、检验结果及其解释

我们使用 F 检验和 Hausman 检验确定具体的估计形式（F 检验确定是否存在多余的固定效应，Hausman 检验确定是否采用随机效应），然后对全部样本和分区域的子样本分别进行回归估计，估计结果总结在表 6-1 至 6-4 中。下面我们分别对其进行具体分析。

1. FSFDI 对非金融部门 FDI 的信号效应

我们分别以东道国实体部门 FDI 流入的流量和存量两个指标作为被解释变量进行回归估计，目的是考察 FSFDI 对实体部门 FDI 的短期资本流动和长期资本积累的信号效应，估计结果总结在表 6-1 和 6-2 中。在全部样本的结果中，我们发现，无论是 FDI 的流量指标还是存量指标，金融部门 FDI 的两个替代指标都与其在统计上显著相关，并且估计系数的符号为正，与我们的理论预期一致，这表明 FSFDI 或外资银行在东道国的参与有助于非金融 FDI 的短期流入和长期积累，FSFDI 的进入对非金融部门 FDI 存在积极的信号作用。需要注意的是，两个变量正相关关系的存在并不意味着后者必然是前者的原因，许多研究发现了 FSFDI 追随其母国客户而进入东道国的证据（追随客户假说），因此 FSFDI 与实体部门 FDI 的因果关系可能并不明确，两个方向的关系可能都存在。不过对于我们所要考察的问题而言，我们有理由相信 FSFDI 对实体部门 FDI 积极信号效应的存在，因为实践表明，外资银行的金融服务活动对象并不仅仅局限于母国客户，而且外资银行的进入通过竞争或溢出效应所导致的东道国金融系统的改善很可能也是实体部门投资者进行投资决策时考虑的重要因素。在控制变量中，我们发现东道国 GDP 与 FDI 流量和 FDI 存量均显著正相关，这个结果和许多研究是一致的，说明东道国经济规模越大，越有利于吸引非金融部门 FDI 的流入和长期积累，尤其是那些以寻求市场为导向的投资。人口规模的估计系数为负并且不具有统计上的显著性，说明人口因素并非是影响东道国 FDI 流入的重要因素。贸易变量与 FDI 流入显著正相关，说明贸易和 FDI 之间存在互补关系。通货膨胀与 FDI 显著负相关，说明东道国经济波动不利于 FDI 流入。东道国法律对 FDI 流量指标显著正相关，对存量指标虽然符号为正，但是不显著，这说明东道国良好的法律环境对于吸引 FDI 流量更为明显。清廉指数的估计系数不显著并且为负，与我们的预期相反，似乎表明东道国腐败程度越高，越有利于 FDI 流入，不过这种情况是可能存在的，正如 Cuervo－Cazurra（2008）所指出的，尽管东道国腐败会增加 FDI 投资的成本和不确定性，但是在那些制度特征比较落后的国家，腐败反而可能会促进交易与工作程序，从而使得投资者所获得的潜在收益可以部分抵消腐败所带来的成本和不确定性。

表 6-1　FSFDI 对非金融部门 FDI 信号效应的估计结果（全部样本与拉美地区）

解释变量	被解释变量（NONFSFDI）							
	全部样本				拉美地区			
	FDI 流量		FDI 存量		FDI 流量		FDI 存量	
	6.1aa	6.1ab	6.1ac	6.1ad	6.1ba	6.1bb	6.1bc	6.1bd
FORNUM	0.0102 ***		0.0219 ***		0.0076		0.0126 **	
	(2.8357)		(6.1209)		(1.2467)		(2.3067)	
FORASSET		0.0020 **		0.0094 ***		0.0018		0.0076 ***
		(1.9841)		(4.6882)		(0.7065)		(3.7984)
LNGDP	1.3592 ***	1.4693 ***	1.6836 ***	2.0114 ***	2.5692 ***	2.6090 ***	1.6305 **	1.4846 **
	(5.3409)	(5.3801)	(5.8496)	(6.8087)	(4.1852)	(4.6029)	(2.4001)	(2.4004)
LNPOP	−0.4090	−0.4460	−0.1199	−0.7193	−3.7007 ***	−3.4068 ***	3.0652 **	3.2392 ***
	(−0.6501)	(−0.6371)	(−0.1576)	(−0.8870)	(−2.9120)	(−2.7833)	(2.3867)	(2.9587)
MERTRADE	0.0080 **	0.0096 **	0.0114 ***	0.0117 ***	0.0169 *	0.0164 *	−0.0024	−0.0013
	(2.1902)	(2.5647)	(2.9615)	(2.8815)	(1.8357)	(1.7603)	(−0.3189)	(−0.1872)
INFLATION	−0.0048 **	−0.0065 ***	−0.0060 ***	−0.0073 ***	−0.0116 ***	−0.0118 ***	−0.0056 *	−0.0051 *
	(−2.2036)	(−2.9825)	(−3.2445)	(−3.7753)	(−2.6247)	(−2.6208)	(1.6948)	(1.7089)
RULLAW	1.4415 ***	1.4341 ***	0.2554	0.1222	1.0544 ***	1.0469 ***	0.0273	0.0039
	(10.2717)	(9.4262)	(1.1187)	(0.4974)	(3.8399)	(3.9406)	(0.1051)	(0.0164)
CORRUP	−0.0121	−0.0235	−0.0660	−0.1050	0.1575 *	0.1173	0.0086	−0.0591
	(−0.2042)	(−0.3847)	(−0.9752)	(−1.4756)	(1.9660)	(1.4896)	(0.1266)	(−0.9478)
观测值	168	168	169	169	66	66	67	67
调整 R^2	0.9900	0.9901	0.9695	0.9659	0.9748	0.9738	0.9840	0.9867
F 统计量	10.1405	10.0229	12.0344	10.6442	7.1717	7.5189	28.4641	34.2891
Hausman	24.4548	24.1984	33.2118	27.8840	11.2350	14.0925	27.6136	33.4677
估计形式	固定效应	固定效应	固定效应	固定效应	固定效应	固定效应	固定效应	固定效应

表 6－2 FSFDI 对非金融部门 FDI 信号效应的估计结果（中东欧地区与亚洲地区）

解释变量	被解释变量（NONFSFDI）							
	中东欧地区				亚洲地区			
	FDI 流量		FDI 存量		FDI 流量		FDI 存量	
	6.1aa	6.1ab	6.1ac	6.1ad	6.1ba	6.1bb	6.1bc	6.1bd
FORNUM	0.0139 *** (2.5960)		0.0155 *** (6.1820)		0.0384 *** (4.5493)		0.0238 (1.3239)	
FORASSET		−0.0015 (−0.4843)		0.0043 ** (2.5580)		0.0298 ** (2.1930)		0.0087 (0.8593)
LNGDP	1.7239 *** (4.4779)	2.0052 *** (3.2968)	1.7892 *** (9.0181)	2.0673 *** (10.4506)	0.8771 (1.5376)	0.7956 ** (2.1657)	0.9526 ** (2.3803)	1.0753 *** (2.7128)
LNPOP	5.0861 *** (2.7647)	2.6567 ** (2.1851)	−4.0225 *** (−4.4340)	−6.5935 *** (−4.2071)	0.2274 (0.3681)	0.4596 (0.9658)	0.1030 (0.1946)	0.0047 (0.0088)
METRADE	0.0049 (0.9063)	0.0073 (0.8163)	0.0110 *** (3.6510)	0.0122 *** (3.5598)	0.0102 *** (4.2136)	0.0135 *** (5.5072)	0.0146 *** (2.6061)	0.0154 *** (2.6556)
INFLATI	−0.0020 (−0.5782)	−0.0032 (−0.8762)	−0.0078 *** (−3.1388)	−0.0105 *** (−3.3006)	−0.0020 (0.1075)	0.0076 (0.2532)	−0.0345 (−1.3330)	−0.0306 (−1.0695)
RULLAW	1.5251 *** (5.5928)	1.8005 ** (2.2306)	0.4086 * (1.7591)	0.3471 (1.2137)	1.8610 *** (12.6780)	1.9131 *** (9.5171)	0.2985 (0.8455)	0.1334 (0.3932)
CORRUP	−0.3331 * (−1.8065)	−0.3676 ** (−2.4833)	−0.2330 *** (−3.0334)	−0.2590 *** (−3.1383)	−0.2493 (−1.4644)	−0.1015 (−1.2403)	−0.2070 (−1.1273)	−0.2133 (−1.0475)
观测值	69	69	69	69	33	33	33	33
调整 R^2	0.9777	0.9028	0.9888	0.9864	0.7227	0.7138	0.7796	0.7890
F 统计量	4.5904	4.3276	6.6334	5.5659	12.4511	14.8357	7.1851	6.5305
Hausman	22.5894	22.4726	32.2092	32.9131	5.1986	6.3393	7.2883	5.9031
估计形式	固定效应	固定效应	固定效应	固定效应	随机效应	随机效应	随机效应	随机效应

注：（1）面板数据模型的估计形式包括混合效应、固定效应与随机效应，估计形式选择不会直接影响估计结果的有效性，为此首先使用 F 检验确定是否存在多余的固定效应，如果 F 检验值在10%的水平内显著，则拒绝原假设，继续进行 Hausman 检验确定是否选择随机效应，如果 Hausman 检验值在 10%的水平内显著，则拒绝随机效应原假设，从而确定估计形式为固定效应，反之则选择随机效应。（2）括号内数值为 t 统计量值，*** 表示在 1%水平上显著，** 表示在5%水平上显著，* 表示在 10%水平上显著。（3）所有检验使用 Eviews6.0 软件操作。

在分区域样本的估计结果中，我们发现，拉美地区和亚洲地区 FSFDI 对实体部门 FDI 的流量和存量都存在正相关关系，但是拉美地区只有 FDI 存量在统计上显著，而亚洲地区则只有 FDI 流量在统计上显著。中东欧地区 FSFDI 对实体部门 FDI 流量和存量的估计系数均显著为正，这个结果说明金融部门 FDI 对非金融部门 FDI 的信号效应可能在中东地区更为明显。

2. FSFDI 对国际贸易的信号效应

针对 FSFDI 对国际贸易的信号作用问题，我们对全部样本和分区域子样本分别进行了回归估计，估计结果总结在表 6-3 中。全部样本的估计结果表明，FSFDI 的两个替代指标与东道国商品贸易进出口总量显著正相关，而且外资银行数量比重指标（FORNUM）估计系数的显著性水平及绝对值大小都明显高于外资银行资产比重指标（FORASSET），这说明 FSFDI 或外资银行的进入有助于扩大东道国的商品贸易规模。类似于 FSFDI 对实体部门 FDI 的关系，FSFDI 与国际商品贸易的因果关系也很有可能是双向的，许多关于 FSFDI 动因的研究文献，如戈德伯格和桑德斯（Goldberg 和 Saunders，1980）、费希尔和莫利纽克斯（Fisher 和 Molyneux，1996）、Buch（2000）、福卡雷利和波佐洛（Focarelli 和 Pozzolo，2005）等都强调了双边贸易关系对 FSFDI 或外资银行海外扩张活动的影响。尽管 FSFDI 或外资银行把追随母国客户并为其提供贸易融资服务作为海外扩张决策的重要考虑因素之一，但是我们也有理由相信，FSFDI 或外资银行进入东道国后很可能会进一步激发双边商品贸易的进口和出口，主要原因在于，莱文（Levine，1996）指出，促进贸易是金融系统的重要功能之一，因此金融市场比较健全发达的国家之间发生商品贸易往来的可能性更大，而对于那些金融系统相对比较落后的发展中国家，FSFDI 通过竞争或溢出效应促进东道国金融系统的发展，加强了东道国融入世界金融一体化的程度，因此

FSFDI 或外资银行在东道国金融系统的参与活动很可能会为进口商或出口商发出有利于商品贸易往来的积极信号，从而扩大了东道国商品贸易的规模。

表 6 - 3　FSFDI 对东道国商品贸易信号效应的估计结果

解释变量	被解释变量（LNTRADE）							
	全部样本		拉美地区		中东欧地区		亚洲地区	
	6.2aa	6.2ab	6.2ba	6.2bb	6.2ca	6.2cb	6.2da	6.2db
FORNUM	0.0106 ***		0.0062 **		0.0089 ***		0.0344 ***	
	(2.9804)		(2.1982)		(3.5607)		(2.9281)	
FORASSET		0.0035 *		0.0043 **		0.0024 *		0.0215 ***
		(1.9407)		(2.0983)		(1.7134)		(2.8783)
EXRATE	−0.0046 ***	−0.0053 ***	−0.0083 ***	−0.0083 ***	−0.0012	−0.0015 *	−0.0202	−0.0266 **
	(−4.4566)	(−5.1934)	(−3.3542)	(−5.6632)	(−1.5484)	(−1.7462)	(−1.0853)	(−2.4614)
FDIGDP	0.0146 ***	0.0174 ***	0.0015	−0.0004	0.0169 ***	0.0197 ***	0.0053	0.0034
	(4.4936)	(5.6757)	(0.3323)	(−0.1036)	(5.0649)	(6.3902)	(0.3000)	(0.3317)
AIRTRANS	0.0003 ***	0.0003 ***	0.0007 ***	0.0008 ***	0.0007 **	0.0007 **	0.0003 ***	0.0003 ***
	(5.2137)	(4.9885)	(4.4475)	(2.7493)	(2.3652)	(2.2401)	(7.3533)	(6.1028)
CORRUP	−0.0289	−0.0400	−0.0812 **	−0.1118 **	−0.0436	0.0136	0.0069	0.2519
	(−0.4698)	(−0.6369)	(−2.0936)	(−2.0465)	(−0.3485)	(0.0983)	(0.0190)	(0.8096)
LAWRULE	0.2662	0.2428	−0.4108 *	−0.4752 ***	0.5092 **	0.4620 *	−0.0468	−0.2707
	(1.5313)	(1.3477)	(−1.8481)	(−2.6472)	(2.2162)	(1.8401)	(−0.0958)	(−0.7797)
观测值	159	159	55	55	85	85	31	31
调整 R^2	0.9751	0.9739	0.4708	0.4917	0.9831	0.9794	0.9839	0.9881
F 统计量	76.4188	72.6590	118.064	122.411	49.4017	48.6238	75.0624	125.759
Hausman	38.6391	39.8749	7.1164	9.4750	25.6173	29.0236	14.7163	15.3516
估计形式	固定效应	固定效应	随机效应	随机效应	固定效应	固定效应	固定效应	固定效应

注：（1）面板数据模型的估计形式包括混合效应、固定效应与随机效应，估计形式选择不当会直接影响估计结果的有效性，为此首先使用 F 检验确定是否存在多余的固定效应，如果 F 检验值在 10% 的水平内显著，则拒绝原假设，继续进行 Hausman 检验确定是否选择随机效应，如果 Hausman 检验值在 10% 的水平内显著，则拒绝随机效应原假设，从而确定估计形式为固定效应，反之则选择随机效应。（2）括号内数值为 t 统计量值，*** 表示在 1% 水平上显著，** 表示在 5% 水平上显著，* 表示在 10% 水平上显著。（3）所有检验使用 Eviews6.0 软件操作。

对于控制变量，我们发现，汇率变动的估计系数显著为负，说明东道国汇率波动不利于商品贸易，汇率波动大会降低东道国商品贸易流动。总 FDI 存量的估计系数也与商品贸易正相关，并且具有统计上的显著性，说明东道国 FDI 和商品贸易之间存在互补关系，东道国长期 FDI 资本积累有助于商品贸易规模扩大。航空运输变量的估计系数显著为正，说明东道国交通基础设施对于贸易发展很重要。对于两个反映东道国制度和政府因素的指标，都不具有统计上的显著性，而且，我们发现清廉指数的估计系数为负，对此可以借鉴 Cuervo－Cazurra（2008）的观点，做出与腐败对实体部门 FDI 影响的类似可能解释，即制度特征比较落后的国家，腐败反而可能会促进交易与工作程序，从而使得贸易商所获得的潜在收益可以部分抵消因腐败而产生的成本和不确定性。

在分区域的子样本估计结果中，我们发现，FSFDI 的两个替代指标对三个区域的商品贸易都存在显著的正相关关系，说明 FSFDI 或外资银行在三个区域的活动都对其商品贸易存在明显的信号效应。但是几个控制变量在不同的区域表现出较大的差异，尤其东道国制度和政府因素变量，在拉美地区，清廉指数和法律法规两个变量的估计系数均为负，并且具有统计上的显著性，与预期相反，尽管腐败对贸易的正向影响可以用 Cuervo－Cazurra（2008）的观点给出可能的解释，但是良好的法律环境不利于东道国贸易发展的结果难以理解，对此还需要做进一步的研究后才能明确。与此不同的是，中东欧地区的法律法规变量显著与商品贸易正相关，说明东道国良好的法律环境有利于商品贸易的发展。在亚洲地区，清廉指数的估计系数为正，法律法规的估计系数为负，但是两个变量都不具有统计上的显著性。

3. FSFDI 对国际证券投资的信号效应

最后我们分析金融业 FDI 对证券资本流动的信号作用。我们依然对全部样本和分区域子样本分别进行了回归估计，估计结果总结在表 6-4 中。我们从全部样本的估计结果发现，FSFDI 两个替代指标的估计系数尽管符号为正，但是都不具有统计上的显著性，这表明 FSFDI 对国际证券投资的影响作用有限，FSFDI 或外资银行为东道国证券资本流入所发出的信号效应可能并不明显。

在控制变量中，我们发现，名义 GDP 与证券资本流入显著正相关，表明东道国经济发展状况是影响外国证券投资的重要因素，经济发展水平越高越有利于吸引外国证券资本的流入。东道国汇率波动、股票市值与 FPI 负相关，但不具有统计上的显著性。法律法规变量与 FPI 显著正相关，说明东道国良好的法律环境有助于增强外国证券投资者的投资信心，从而有利于证券资本流入。另外，我们发现 FDI 存量与外国证券投资显著负相关，这个结果与 De Santis 和 Ehling（2007）研究德国和七个发达国家的双边资本流动时所发现的 FDI 对 FPI 的正向效应不一致，但是 De Santis 和 Ehling（2007）的结果主要强调的是拟合的 FDI 存量增长率对当前 FPI 增长率的积极影响，他们同时也指出实际的或过去的 FDI 存量增长无助于解释 FPI 交易。对于我们所发现的负相关关系，可能的解释是流入发展中国家的 FDI 对证券资本流入存在显著的替代效应，这种效应在拉美和亚洲地区尤为明显（见表 6-4 中拉美和亚洲两个子样本结果）。

表 6 - 4　FSFDI 对国际证券资本流动信号效应的估计结果

解释变量	被解释变量（LNTRADE）							
	全部样本		拉美地区		中东欧地区		亚洲地区	
	6.3aa	6.3ab	6.3ba	6.3bb	6.3ca	6.3cb	6.3da	6.3db
FORNUM	12.7240 (1.4860)		−6.5332 (−0.2585)		14.3711 (1.0023)		52.2741 (0.8961)	
FORASSET		6.2148 (0.9408)		7.1699 (0.5728)		0.2164 (0.0198)		13.2528 (0.3110)
NOMGDP	0.0097 *** (6.4613)	0.0095 *** (6.2493)	0.0550 *** (12.1789)	0.0542 *** (11.6924)	0.0106 ** (2.3964)	0.0090 ** (2.0033)	0.0113 *** (4.1059)	0.0107 *** (3.9631)
EXRATE	−6.4422 (−1.2581)	−6.5071 (−1.2489)	−33.769 *** (−3.1690)	−33.680 *** (−3.1816)	−3.1598 (−0.5888)	−4.0060 (0.7203)	−4.6046 (−0.0598)	−23.187 (−0.3084)
FDISTOCK	−0.0164 * (−1.8208)	−0.0151 * (−1.6671)	−0.0995 *** (−9.8702)	−0.1013 *** (−9.8285)	0.0211 (1.0958)	0.0283 (1.5425)	−0.0413 ** (−2.1282)	−0.0378 * (1.9529)
STOCKCAP	−1.8264 (−0.3094)	−1.9066 (−0.3155)	4.5801 (0.4184)	1.0640 (0.0960)	−30.603 (−1.0367)	−31.929 (−1.0514)	1.9296 (0.1545)	7.4739 (0.6918)
RULLAW	677.50 ** (2.2309)	725.75 ** (2.3822)	1096.5 (1.3913)	1183.03 (1.5288)	772.93 (1.6210)	976.72 ** (1.9763)	382.99 (0.3414)	57.786 (0.0541)
观测值	172	172	69	69	72	72	31	31
调整 R^2	0.4275	0.4229	0.8334	0.8344	0.3168	0.3062	0.6377	0.6271
F 统计量	1.2808	1.2861	4.5799	4.5403	1.3466	1.3631	1.7412	1.8519
Hausman			63.7306	61.6087				
估计形式	混合效应	混合效应	固定效应	固定效应	混合效应	混合效应	混合效应	混合效应

注：(1) 面板数据模型的估计形式包括混合效应、固定效应与随机效应，估计形式选择不当会直接影响估计结果的有效性，为此首先使用 F 检验确定是否存在多余的固定效应，如果 F 检验值在 10％的水平内显著，则拒绝原假设，继续进行 Hausman 检验确定是否选择随机效应，如果 Hausman 检验值在 10％的水平内显著，则拒绝随机效应原假设，从而确定估计形式为固定效应，反之则选择随机效应。

(2) 括号内数值为 t 统计量值，*** 表示在 1％水平上显著，** 表示在 5％水平上显著，* 表示在 10％水平上显著。

(3) 所有检验使用 Eviews6.0 软件操作。

在分区域子样本的回归结果中，我们发现，金融业 FDI 两个替代指标与外国证券资本流动的关系基本和全部样本一致，估计系数的符号为正、但不具有统计上的显著性。唯一的一个例外

情况是拉美地区外资银行数量比重指标的估计系数为负值（列
6.3ba），这个结果表明，东道国金融业 FDI 存在不利于证券资
本流入的可能。对此结果的可能解释是，外资银行进入对东道国
FPI 资本流入存在直接的替代效应；也有可能是外资银行进入东
道国降低了外国证券投资者的投资信心，这种情况在投资者担心
东道国由于外资银行参与而可能导致金融危机的时候尤为明显；
另外，东道国国内银行被外资银行并购后的退市行为也可能会导
致这种结果，如 2000—2005 年间，墨西哥五家占有 77％银行资
产份额的银行被并购后宣布退市，结果外资银行的参与导致东道
国股票市场市值下降，从而降低了外国证券投资水平。

三、小结

在上述检验过程中，我们分别考察了金融部门 FDI 对东道
国国际资本流入（实体部门 FDI 与外国证券投资）和国际贸易
的信号作用机制，我们对检验结果做如下总结：

1. 金融部门 FDI 对实体部门 FDI 具有显著的信号效应，外
资银行在东道国的参与程度越高越有利于短期 FDI 资本流入和
长期 FDI 资本积累。尽管 FSFDI 与实体部门 FDI 的因果关系可
能存在两个方向，但是在不否认 FSFDI 追随其母国客户并为其
提供金融服务的前提下，我们更强调了 FSFDI 对实体部门 FDI
的积极信号作用，因为许多的实践都表明，外资银行的金融服务
活动对象并不仅仅局限于母国客户，而且外资银行的进入通过竞
争或溢出效应所导致的东道国金融系统的改善很可能也是实体部
门投资者进行投资决策时考虑的重要因素。

2. 金融部门 FDI 对东道国的商品贸易流动存在积极的信号，
外资银行在东道国的参与程度越高越有利于商品贸易规模的扩

大，而且外资银行数量比重指标（FORNUM）估计系数的显著性水平及绝对值大小都明显高于外资银行资产比重指标（FORASSET）。与 FSFDI 对实体部门 FDI 的关系相类似，FSFDI 与国际商品贸易的因果关系也很有可能是双向的，但是在不否认 FSFDI 或外资银行追随母国客户并为其提供贸易融资服务的同时，我们也有理由相信，FSFDI 或外资银行进入东道国后很可能会进一步激发双边商品贸易的进口和出口，主要原因在于，金融系统的重要功能之一就是促进贸易，而对于那些金融系统相对比较落后的发展中国家，FSFDI 通过竞争或溢出效应促进了东道国金融系统的发展，加强了东道国融入世界金融一体化的程度，因此 FSFDI 或外资银行在东道国金融系统的参与活动很可能会为进口商或出口商发出有利于商品贸易往来的积极信号，从而扩大了东道国商品贸易的规模。

3. 我们在考察金融部门 FDI 对外国证券资本流入的过程中，没有发现显著性的证据支持，可能 FSFDI 对外国证券投资决策的信号作用并不明显。

4. 通过对分区域子样本的考察，我们发现 FSFDI 以及其他控制变量对资本流动和贸易的信号效应在拉美、中东欧和亚洲地区存在较大差异。总体而言，中东欧地区 FSFDI 对实体部门 FDI 的短期流入和长期积累相对于拉美和亚洲地区而言更为明显，FSFDI 与三个区域的商品贸易都存在显著的正相关关系，说明 FSFDI 或外资银行在三个区域的活动都对其商品贸易存在明显的信号效应，而 FSFDI 对外国证券资本流动的信号效应并不显著。

第三节　对强化溢出机制的检验

根据第四章中的理论分析，实体部门 FDI 促进东道国经济增长的作用主要是通过加强东道国生产效率的渠道（Alfaro 和 Kalemli—Ozcan 等，2009)，因此技术溢出效应成为 FDI 为东道国带来的最大潜在收益，但是这种收益的真正实现在很大程度上要受到东道国本地条件的限制，而东道国金融市场发展水平就是重要约束条件之一。对于许多金融系统相对不够完善的发展中国家而言，金融部门 FDI 的流入是改善东道国金融体系的重要外部力量，因此，如果金融部门 FDI 可以促进东道国金融市场发展的话，那么 FSFDI 必然间接地有助于东道国实体部门 FDI 技术溢出效应的实现，从而促进东道国经济增长。接下来我们对这种机制进行实证检验。

一、检验模型的设定

基于 FSFDI 的上述作用机理，我们采用两种方法进行实证检验，第一种方法采用分组回归的方式进行，我们根据 FSFDI 的参与程度（依据外资银行数量比重和资产比重两个指标的平均值）将样本国家分成高低两组，然后对两组子样本分别进行回归估计，通过对估计结果的比较，我们考察一般 FDI 对东道国的溢出效应在两组样本中是否存在不同。如果两组样本中的 FDI 估计系数存在显著差异，那么就说明外资银行在东道国的参与程度大小可能是导致 FDI 溢出效应出现差异的原因。为此我们将检验模型设定为下面的方程：

$$GROWTH_{it} = \beta_0 + \beta_1 FDI + A X_{it} + \varepsilon_{it} \tag{6.4}$$

需要说明的是，分组检验的方法只能在一定程度上说明 FSFDI 可能是导致 FDI 估计系数差异的原因，但是并不能真正保证这种差异结果不是由其他因素所引起，为此我们使用第二种方法继续进行检验。第二种方法是在回归方程中加入交叉项的方法，通过将 FSFDI 和 FDI 的交叉项作为回归元纳入方程，从而考察外资银行在东道国的参与程度对 FDI 技术溢出效应的制约作用。基于这种考虑，我们将检验模型设定为下面的方程：

$$GROWTH_{it} = \gamma_0 + \gamma_1 FDI + \gamma_2(FDI_{it} \times FSFDI_{it}) + \gamma_3 FSFDI_{it} + AX_{it} + \varepsilon_{it} \tag{6.5}$$

为了避免交叉项替代 FDI 和 FSFDI 的作用，两个变量作为单独的回归元也都包括在方程中。在方程 6.4 和 6.5 中，$i = 1$，$2, \ldots, N$，表示国家，$t = 1, 2, \ldots, T$，表示以年为频率的时期，ε_{it} 为随机误差项并且满足零均值和等方差的假设。$GROWTH_{it}$ 表示经济增长，我们使用人均 GDP 增长率衡量（PCGDPGR），数据来自世界银行的世界发展指标数据库。$FSFDI_{it}$ 表示 i 国家 t 年金融部门的直接投资，使用外资银行的数量比重与资产比重（FORNUM、FORASSET）两个指标替代，数据来自 Claessens 和 Van Horen 等（2008）。FDI_{it} 为外国直接投资，我们使用 FDI 流入量占 GDP 的比重衡量，数据来自联合国贸发会议数据库（UNCTAD）。交叉项 $FDI_{it} \times FSFDI_{it}$ 表示 FSFDI 对一般 FDI 溢出效应的强化作用。X_{it} 为影响被解释变量的 $k \times 1$ 维控制变量向量，相应的 A 表示控制变量向量的 $k \times 1$ 维系数向量，对于控制变量，我们选择了以往研究文献中使用较多的几个典型变量，主要包括：资本和劳动两种基本的投入要素，资本投入以国内总资本形成占 GDP 的比重衡量，劳动投入以劳动增长率衡量；用以反映东道国宏观经济稳定的通货膨胀率，使用 GDP 平减指数的年度平均变化率衡量；反映政府非生产性支出的政府消费，以政府消费对 GDP 的比重衡量；反映东道国贸易开放规模的变量，以贸易进出口总量占 GDP 的比重衡量。这些控制变量的数据均来自于世界银行的世界发展指标数据库（WDI，2007）。

二、检验结果及其解释

我们使用 1995—2005 年 56 个国家的面板数据进行检验，由于某些数据点缺失，因此我们数据为非均衡面板数据。在分组和包含交叉项的两种检验方法中，我们均使用 F 检验和 Hausman 检验确定具体的估计形式（F 检验确定是否存在多余的固定效应，Hausman 检验确定是否采用随机效应），估计结果总结在表 6-5 至 6-7 中。

1. 第一种方法的估计结果

对方程 6.4 的估计结果总结在表 6-5 中。我们首先对未分组的全部样本进行回归估计，表中 6.4aa 和 6.4ab 两列为估计结果。6.4aa 列为仅包含资本和劳动两种基本投入以及 FDI 的回归结果，结果表明，FDI 的估计系数显著为负，说明 FDI 对东道国增长的作用是消极的，但是这个结果很有可能因为没有考虑其他一些影响增长的重要因素而导致偏误，为此我们在列 6.4ab 中纳入了其他一些对经济增长存在显著作用的控制变量。结果表明，FDI 的估计系数依然为负，但不再具有统计上的显著性，说明 FDI 的正外部性效应并不存在。总之，我们对全部样本的初步估计结果和已有研究文献的发现基本是一致的，如博朗斯兹坦和格雷格里奥（Borensztein 和 De Gregorio 等，1998）、艾特肯和哈里森（Aitken 和 Harrison，1999）、Carkovic 和 Levine

（2005）等研究均没有发现 FDI 对东道国增长的外部正效应证据，有些发现甚至为负。

表 6-5　FSFDI 强化东道国实体部门 FDI 溢出效应的估计结果（分组方法）

解释变量	被解释变量：人均 GDP 增长率（PCGDPGR）					
	未分组		根据 FORASSET 分组		根据 FORNUM 分组	
	6.4aa	6.4ab	6.4ba（高）	6.4bb（低）	6.4ca（高）	6.4cb（低）
INVGDP	0.4444 *** (8.2572)	0.1909 *** (4.6274)	0.2598 *** (3.7805)	0.1696 *** (3, 3547)	0.3334 *** (4.6738)	0.1410 *** (2.7496)
LABORGR	−0.0504 (−0.3475)	−0.0120 (−0.1158)	−0.1018 (−0.6650)	0.0726 (0.5318)	−0.1164 (−0.7315)	0.0252 (0.1861)
FDIGDP	−0.1485 ** (2.0711)	−0.0841 (−1.6020)	−0.0476 (0.5664)	−0.1123 ** (−1.7091)	−0.0267 (−0.3393)	−0.1149 (−1.6351)
INFLATION		−0.0238 *** (−9.0284)	−0.0120 *** (−2.9348)	−0.0327 *** (−9.6978)	−0.0128 *** (−3.3798)	−0.0326 *** (−8.9291)
GOVGDP		−0.4273 *** (−4.7736)	−0.22332 ** (−1.9640)	−0.6683 *** (−4.8888)	−0.2887 ** (−2.3634)	−0.5588 *** (−4.3228)
TRADGDP		0.0602 *** (4.4479)	0.0630 *** (3.0212)	0.0506 *** (2.9581)	0.0590 *** (3.0514)	0.0517 *** (2.7644)
观测值	601	589	295	294	287	302
调整 R^2	0.2710	0.3887	0.3247	0.4875	0.3557	0.4455
F 统计量	3.3398	4.4118	2.9084	7.0657	3.2478	6.2358
Hausman	20.1948	76.3782	36.4240	68.1493	46.5382	52.6399
估计形式	固定效应	固定效应	固定效应	固定效应	固定效应	固定效应

注：(1) 面板数据模型的估计形式包括混合效应、固定效应与随机效应，估计形式选择不当会直接影响估计结果的有效性，为此首先使用 F 检验确定是否存在多余的固定效应，如果 F 检验值在 10% 的水平内显著，则拒绝原假设，继续进行 Hausman 检验确定是否选择随机效应，如果 Hausman 检验值在 10% 的水平内显著，则拒绝随机效应原假设，从而确定估计形式为固定效应，反之则选择随机效应。(2) 括号内数值为 t 统计量值，*** 表示在 1% 水平上显著，** 表示在 5% 水平上显著，* 表示在 10% 水平上显著。(3) 所有检验使用 Eviews6.0 软件操作。

表 6-5 中的其余四列为分组的估计结果。我们根据 1995—2005 年外资银行资产比重和数量比重两个指标的平均值将全部

样本分成高低两组，6.4ba 和 6.4bb 两列为根据外资银行资产比重分组的估计结果，6.4ca 和 6.4cb 两列为根据外资银行数量比重分组的估计结果。我们发现，在每种分组标准下的 FDI 估计系数均为负，但是我们同时也发现，外资银行资产比重低的样本中，FDI 的估计系数显著为负，外资银行数量比重低的样本中，FDI 的估计系数在接近 10% 的水平上显著为负，而外资银行的资产或数量比重高的样本中，FDI 的估计系数虽然为负，但不具有统计显著性，而且外资银行资产或数量比重低的样本中 FDI 估计系数的绝对值都要高于外资参与比重高的样本。这种结果说明，尽管 FDI 的外部性效应在样本国家中均为负，但是这种负外部性效应在外资银行参与程度高的国家要比外资银行参与程度低的国家弱。因此我们猜测外资银行在东道国的更多参与有助于强化东道国获取 FDI 的潜在外部性收益。对此我们使用第二种检验方法继续进行考察。

2. 第二种方法的估计结果

我们将 FDI 与外资银行资产和数量比重的交叉项纳入回归方程，对方程 6.5 的回归结果总结在表 6-6 中。

针对经验研究中 FDI 技术溢出效应不明确的结果，阿尔法罗和钱安达等（Alfaro 和 Chanda 等，2004）、阿尔法罗和奥兹坎等（Alfaro 和 Kalemli-Ozcan 等，2009）强调了东道国金融市场对 FDI 技术溢出的制约作用，为此我们在回归中首先考察了东道国金融市场发展对 FDI 增长效应的影响。金和莱文（King 和 Levine，1993）、莱文和沃斯（Levine 和 Zervos，1998）构造了几个有关信贷市场和股票市场发展的指标，我们使用其中两个纳入分析，这两个指标是商业银行资产率（BANKASSET）和私人部门信贷率（PCCREDIT）。商业银行资产率以商业银行资产占商业银行和中央银行资产之和的比率衡量，它是一个相对规模指标，刻画了商业银行相对中央银行配置社会储蓄的程度以及不同金融机构之间的相对重要性；私人部门信贷率以金融中介机构对私人部门信贷占 GDP 的比率衡量，它反映了信贷在不同部门之间的配置。包括金融市场发展（FMD）以及 FMD * FDI 交叉项的回归结果为表 6-6 中的前四列。根据估计结果我们发现，在不包含交叉项时，金融发展的估计系数为负。纳入交叉项后，金融市场指标与 FDI 的交叉项显著为负，这个结果与阿尔法罗和钱安达等人（Alfaro 和 Chanda 等，2004）的发现不一致，但是与赵奇伟和张诚（2007）对中国 FDI 技术溢出的研究存在相似的地方。阿尔法罗和钱安达等人（Alfaro 和 Chanda 等，2004）使用分别包含 28% 和 41% 发达国家的两个样本的截面数据得出了东道国金融市场有助于 FDI 溢出效应的结果，而赵奇伟和张诚（2007）使用中国省区面板数据则发现金融市场和 FDI 的交叉项显著为负。他们对此给出的解释是，中国相对低效率的金融市场对国内企业吸收外资企业的技术溢出产生了不利的影响，中国信贷结果的严重扭曲使得具有灵活经济机制和投资效率的非国有企业难以从正规金融市场获取信贷资金，从而不能对那些具有良好预期收益的项目提供及时有效的支持。这种缺乏适应市场灵活性需求的金融制度不利于企业或企业家的成长发展，也不利于吸收 FDI 所带来的潜在外部正效应。另外，中国本地企业的生产率不足以同拥有强大资金和科研资源支持的跨国公司相竞争，因此跨国公司进入存在挤占当地企业市场份额的可能，从而会产生负向 FDI 的竞争效应。由于我们的样本国家主要是发展中国家，因此这里出现的结果可能存在类似的原因，即许多发展中国家低效落后的金融市场在一定程度上难以满足外资企业进入所引致的国内企业的融资需要，或者说金融市场发展相对于 FDI 规模可能存在滞后问题，结果导致外资企业对内资企业的竞争效应超过技术溢出效应，并最终导致 FDI 的净溢出效应为负。

表6-6　**FSFDI 强化东道国实体部门 FDI 溢出效应的估计结果（交叉项方法）**

解释变量	被解释变量：人均 GDP 增长率 (PCGDPGR)							
	FMD=BANKCR		FMD=BANKASSET		FSFDI=FORNUM		FSFDI=FORASSET	
	6.5aa	6.5ab	6.5ac	6.5ad	6.5ba	6.5bb	6.5bc	6.5bd
INVGDP	0.2084 *** (6.4966)	0.2010 *** (6.2484)	0.1841 *** (5.5191)	0.1847 *** (5.59887)	0.2259 *** (5.5153)	0.2164 *** (5.2495)	0.2195 *** (5.4150)	0.2217 *** (5.5234)
LABORGR	0.0089 (0.1087)	0.0027 (0.0327)	−0.0264 (−0.3246)	−0.0422 (−0.5155)	−0.0254 (−0.2411)	0.0035 (0.0343)	−0.0095 (−0.0914)	−0.0022 (−0.0216)
FDIGDP	−0.0028 (−0.0631)	0.1299 (1.5348)	0.0010 (0.0227)	0.1718 * (1.8091)	−0.1214 ** (−2.2169)	−0.2123 ** (−2.5095)	−0.1025 * (−1.8957)	−0.1706 *** (−2.6038)
FMD FSFDI	−7.1843 *** (5.7114)	−5.7379 *** (−3.7987)	−0.0200 (−1.2548)	−0.0017 (−0.0955)	0.0113 (0.6977)	−0.0516 * (−2.2079)	−0.0270 *** (−3.1736)	−0.0607 *** (−5.5231)
FMD * FDI FSFDI * FDI		−0.4427 * (−1.7486)		−0.0054 ** (−1.9904)		0.0038 * (1.8480)		0.0032 ** (2.2200)
INFLATION	−0.0167 *** (−3.7740)	−0.0177 *** (−3.8769)	−0.0154 *** (−3.5518)	−0.0167 *** (−3.6769)	−0.0240 *** (−8.8367)	−0.0238 *** (−8.7890)	−0.0255 *** (−9.5503)	−0.0241 *** (−9.1226)
GOVGDP	−0.5337 *** (−6.9440)	−0.5573 *** (−7.0853)	−0.4475 *** (−5.4585)	−0.4608 *** (−5.6025)	−0.4087 *** (−4.4249)	−0.3934 *** (−4.3549)	−0.4350 *** (−4.8246)	−0.3702 *** (−4.2729)
TRADGDP	0.0288 *** (3.3654)	0.0292 *** (3.3881)	0.0351 *** (4.1571)	0.0367 *** (4.3629)	0.0462 *** (3.1751)	0.0137 (0.9153)	0.0634 *** (4.4811)	0.0194 (1.3244)
观测值	505	505	507	507	595	595	595	595
调整 R^2	0.6808	0.7255	0.6950	0.6994	0.3809	0.4282	0.3918	0.4560
F 统计量	3.7527	3.7560	3.2527	3.2567	4.2626	4.2793	4.4814	4.4921
Hausman	57.9909	63.9484	41.2672	44.3344	77.3363	76.9891	83.9820	83.1068
估计形式	固定效应	固定效应	固定效应	固定效应	固定效应	固定效应	固定效应	固定效应

注：（1）面板数据模型的估计形式包括混合效应、固定效应与随机效应，估计形式选择不当会直接影响估计结果的有效性，为此首先使用 F 检验确定是否存在多余的固定效应，如果 F 检验值在 10％的水平内显著，则拒绝原假设，继续进行 Hausman 检验确定是否选择随机效应，如果 Hausman 检验值在 10％的水平内显著，则拒绝随机效应原假设，从而确定估计形式为固定效应，反之则选择随机效应。

（2）括号内数值为 t 统计量值，＊＊＊表示在 1％水平上显著，＊＊表示在 5％水平上显著，＊表示在 10％水平上显著。

（3）所有检验使用 Eviews6.0 软件操作。

表 6-6 中的后面四列为包括外资银行资产比重和数量比重以及两个指标与 FDI 交叉项的回归估计。结果发现，外资银行资产比重和数量比重指标与 FDI 交叉项的估计系数均为正，并且具有统计上的显著性。这个结果说明，外资银行在东道国的参与活动有利于东道国获取 FDI 的正向外部收益。不过这种效应比较小（估计系数数值仅约为 0.003），因此外资银行对 FDI 的这种效应不应高估。尽管如此，这种效应的存在还是为鼓励外资银行参与东道国金融系统提供了一些新的证据支持。相对于发展中东道国不太完善的金融系统，尽管东道国整体金融市场在一定程度上难以满足很多企业的融资需要，但是外资银行本身却有可能弥补这种不足，外资银行凭借自身的专长和风险管理技术优势可能会为东道国企业，尤其是中小企业提供有利的资金配置。而且，有些 FDI 项目资本也并非完全是由国外流入，有可能是在东道国融资，因此外资银行凭借其高效的金融服务功能可以为 FDI 项目向更有效率和利润预期的投资项目配置，这些都有可能使得 FDI 带来更多的技术外部性，也有利于东道国有效地吸收这些潜在的技术收益。

另外，我们还发现，列 6.5ba 中外资银行数量比重的估计系数为正，但是统计上不显著，而外资银行资产比重（列 6.5bc）的估计系数显著为负，似乎意味着外资银行市场份额越大，越不利于东道国经济增长[①]。对此的解释是，短期内，外资银行参与对东道国经济的积极影响可能并不明显，甚至会产生负面影响。

---

① 这个结果与前面的某些检验结果不一致（见第五章表 5-5），主要的原因在于，我们这里使用的是年度数据，而非平均数据，因此，这里的结果可以看做是 FSFDI 的短期效应，而平均数据更多的表现长期效应。

这种结果是可能的，因为金融业 FDI 的增长效应主要是通过东道国金融体系而间接发挥作用，因此这种迂回的传导机制使得外资银行对东道国经济增长的正向效应需要一个过程。而且，以并购方式进入的外资银行，由于经营管理、企业文化等模式与内资银行存在差异，在一定程度上可能会对东道国金融监管或货币政策的有效性产生不利冲击，从而成为经济增长的不利因素。

我们最后对三个区域分别进行了包含外资银行资产比重和数量比重与 FDI 交叉项的回归，估计结果总结在表 6-7 中。结果表明，外资银行资产比重和数量比重与 FDI 交叉项的估计系数在三个地区的符号均为正，但是统计显著性存在较大差异，中东欧地区两个交叉项的估计系数均显著为正，与总体样本保持一致，亚洲地区外资银行资产比重与 FDI 交叉项的估计系数显著为正，数量比重与 FDI 交叉项的估计系数虽然为正但并不显著，而拉美地区金融业 FDI 的两个替代指标与 FDI 交叉项的估计系数均不具有统计上的显著性。这些结果表明，在三个区域中，中东欧地区外资银行的参与对东道国吸收 FDI 潜在技术溢出收益的强化效应最为明显，这个结果与中东欧地区外资银行参与程度最高是一致的，同时也意味着，东道国自身禀赋条件的差异会直接影响外资银行积极效应的发挥。

表 6-7　FSFDI 强化东道国 FDI 溢出效应的分区域估计结果

解释变量	被解释变量：人均 GDP 增长率（PCGDPGR）					
	拉美地区		中东欧地区		亚洲地区	
	6.5aa	6.5ab	6.5ac	6.5ad	6.5ba	6.5bb
INVGDP	0.1960 ** (2.3954)	0.2095 ** (2.5235)	0.1718 ** (2.5337)	0.1670 * (1.6540)	0.2313 *** (4.3160)	0.2148 *** (3.8712)
LABORGR	−0.2497 (−1.5138)	−0.2407 (−1.4458)	0.0333 (0.2345)	0.0471 (0.3905)	−0.2067 (−0.5193)	−0.1426 (−0.3505)

续表

解释变量	被解释变量：人均GDP增长率（PCGDPGR）					
	拉美地区		中东欧地区		亚洲地区	
	6.5aa	6.5ab	6.5ac	6.5ad	6.5ba	6.5bb
FDI	0.0141 (0.0951)	0.0184 (0.0950)	−0.2288 ** (−2.5178)	−0.2777 ** (−2.4114)	−0.2054 (−0.9548)	−0.2480 (−0.7957)
FSFDI	−0.0540 ** (−2.4095)	−0.0492 (−1.1517)	−0.0716 *** (−4.8139)	−0.0815 ** (−2.4093)	−0.0729 (−1.4558)	0.0266 (0.3445)
FDI * FSFDI	0.0014 (0.3530)	0.0008 (0.1752)	0.0032 * (1.7991)	0.0043 ** (2.1365)	0.0221 * (1.7222)	0.0190 (1.2109)
INFLATION	−0.0634 *** (−2.6205)	−0.0550 ** (−2.2300)	−0.0221 *** (−7.0233)	−0.0220 *** (−2.8635)	−0.2082 *** (−5.3267)	−0.1884 *** (−4.8289)
GOVGDP	−0.6258 *** (−3.2883)	−0.6560 *** (−3.3439)	−0.2806 ** (−2.2497)	−0.3334 *** (−2.9871)	−0.4319 ** (−2.2049)	−0.3008 (−1.4142)
TRADGDP	−0.0156 (−0.6169)	−0.0200 (−0.7750)	0.0586 ** (2.0645)	0.0450 (1.5123)	0.0057 (0.4506)	0.0003 (0.0197)
观测值	232	232	256	256	107	107
调整 R^2	0.3101	0.2845	0.4507	0.4020	0.3172	0.3225
F 统计量	2.0535	2.2150	4.0094	3.4407	3.1475	3.8594
Hausman	22.4586	24.7110	28.2263	26.0485	8.8094	8.1620
估计形式	固定效应	固定效应	固定效应	固定效应	随机效应	随机效应

注：（1）面板数据模型的估计形式包括混合效应、固定效应与随机效应，估计形式选择不当会直接影响估计结果的有效性，为此首先使用 F 检验确定是否存在多余的固定效应，如果 F 检验值在 10% 的水平内显著，则拒绝原假设，继续进行 Hausman 检验确定是否选择随机效应，如果 Hausman 检验值在 10% 的水平内显著，则拒绝随机效应原假设，从而确定估计形式为固定效应，反之则选择随机效应。（2）括号内数值为 t 统计量值，*** 表示在 1% 水平上显著，** 表示在 5% 水平上显著，* 表示在 10% 水平上显著。（3）每个地区的估计结果均包含两列，其中 FSFDI 对应的替代指标分别是外资银行资产比重（FORASSET）和外资银行数量比重（FORNUM）。（4）所有检验使用 Eviews6.0 软件操作。

三、小结

在上述检验过程中，我们重点考察了金融部门 FDI 强化东道国实体部门 FDI 溢出效应的机制，我们将检验的主要结果总结如下：

1. 我们采用两种方法分析 FSFDI 对东道国 FDI 溢出效应的

强化作用，第一种方法是分组的方式，在未分组的全部样本估计中，对于 FDI 的增长效应，我们发现了与以往研究比较一致的结果，即 FDI 对发展中东道国的正外部性效应并不明显，甚至为负，因此 FDI 的潜在技术溢出收益很可能需要依赖东道国的本地条件。在根据外资银行资产比重和数量比重两个指标分组的估计中，我们发现，在每种分组标准下的 FDI 估计系数依然为负，但是外资银行资产比重低的样本中，FDI 的估计系数显著为负，外资银行数量比重低的样本中，FDI 的估计系数在接近 10% 的水平上显著为负，而外资银行的资产或数量比重高的样本中，FDI 的估计系数虽然为负，但不具有统计上的显著性，而且外资银行资产或数量比重低的样本中 FDI 估计系数的绝对值都要高于外资参与比重高的样本，这种结果说明，尽管 FDI 的外部性效应在样本国家中均为负，但是这种负外部性效应在外资银行参与程度高的国家要比外资银行参与程度低的国家弱。这个结果印证了我们的猜测，即外资银行在东道国的更多参与有助于强化东道国获取 FDI 的潜在外部性收益。

2. 在使用第二种方式的检验估计中，我们将外资银行资产比重和数量比重分别与 FDI 的交叉项纳入回归方程，通过分析交叉项的估计系数考察外资银行参与对东道国吸收 FDI 潜在外部性收益的影响，结果表明，外资银行资产比重和数量比重指标与 FDI 交叉项与东道国经济增长显著正相关，外资银行在东道国的参与活动有利于东道国获取 FDI 的正向外部收益，但是这种效应比较小（估计系数数值仅约为 0.003），因此外资银行对 FDI 的这种效应不应高估。尽管如此，这种效应的存在还是为鼓励外资银行参与东道国金融系统的决策提供一些新的证据支持。相对于发展中东道国不太完善的金融系统，东道国金融市场在一定程度上难以满足很多企业的融资需要，但是外资银行却有可能弥补这种不足，外资银行凭借自身的专长和风险管理技术优势可能会为东道国企业，尤其是中小企业提供有利的资金配置，而且有些 FDI 项目资本也并非完全是由国外流入，也有可能是在东道国融资，因此外资银行凭借其高效的金融服务功能可以为 FDI 项目向更有效率和利润预期的投资项目配置，这些都有可能使得 FDI 带来更多的技术外部性，也有利于东道国有效地吸收这些潜在的技术收益。

3. 在对分区域的子样本回归估计中，我们发现外资银行资产比重和数量比重与 FDI 交叉项的估计系数在三个地区的符号均为正，但是统计显著性存在较大差异，中东欧地区两个交叉项的估计系数均显著为正，亚洲地区外资银行资产比重与 FDI 交叉项的估计系数显著为正，数量比重与 FDI 交叉项的估计系数虽然为正但并不显著，而拉美地区 FSFDI 两个替代指标与 FDI 交叉项的估计系数均不具有统计上的显著性。这些结果表明，在三个区域中，中东欧地区外资银行的参与对东道国吸收 FDI 潜在技术溢出收益的强化效应最为明显，这个结果与中东欧地区外资银行参与程度最高也是一致的。

本章总结

本章使用 56 个国家 1995—2005 年的面板数据实证检验了金融业 FDI 对东道国经济增长的间接机制：信号作用机制和强化溢出机制。检验结果总结如下：

信号作用机制：（1）金融业 FDI 对实体部门 FDI 具有显著的信号效应，外资银行在东道国的参与程度越高越有利于短期

FDI 资本流入和长期 FDI 资本积累。（2）金融业 FDI 对东道国的商品贸易存在积极的信号作用，外资银行在东道国的参与程度越高越有利于商品贸易规模的扩大。（3）我们在考察金融业 FDI 对外国证券资本流入的过程中，没有发现显著性的证据支持，因此金融业 FDI 对外国证券投资决策的信号作用并不明显。（4）分区域的实证结果表明，金融业 FDI 对资本流动和贸易的信号效应在拉美、中东欧和亚洲地区存在较大差异。总体而言，相对于拉美和亚洲地区，中东欧地区金融业 FDI 对实体部门 FDI 的短期流入和长期积累作用更为明显，金融业 FDI 与三个区域的商品贸易都存在显著的正相关关系，说明金融业 FDI 在三个区域的活动都对其商品贸易存在明显的信号效应，而金融业 FDI 对外国证券资本流动的信号效应并不显著。

强化溢出机制：（1）我们采用两种方法分析金融业 FDI 对东道国 FDI 溢出效应的强化作用。第一种方法是分组的方式。根据外资银行资产比重和数量比重分组的估计结果表明，每种分组标准下的 FDI 估计系数虽然都为负，但是外资银行资产比重低的样本中，FDI 的估计系数显著为负，外资银行数量比重低的样本中，FDI 的估计系数在接近 10% 的水平上显著为负，而外资银行资产或数量比重高的样本中，FDI 的估计系数虽然为负，但不具有统计上的显著性，而且外资银行资产或数量比重低的样本中 FDI 估计系数的绝对值都要高于外资参与比重高的样本，这个结果说明，尽管 FDI 的外部性效应在样本国家中均为负，但是这种负外部性效应在外资银行参与程度高的国家要比外资银行参与程度低的国家弱。这个结果印证了我们的猜测，即外资银行在东道国的更多参与有助于强化东道国获取 FDI 的潜在外部性收益。（2）在使用第二种方式的检验估计中，我们将外资银行资产比重和数量比重与 FDI 的交叉项纳入回归方程，通过分析交叉项的估计系数考察外资银行参与对东道国吸收 FDI 潜在外部性收益的影响。结果表明，交叉项与东道国经济增长显著正相关，外资银行在东道国的参与活动有利于东道国获取 FDI 的正向外部收益。虽然发展中东道国不太完善的金融系统在一定程度上难以满足诸多企业的融资需要，但是外资银行却有可能弥补这种不足，外资银行凭借自身的专长和风险管理技术优势可能会为东道国企业，尤其是中小企业提供有利的资金配置，而且有些 FDI 项目资本也并非完全是由国外流入，也有可能是在东道国融资，因此外资银行凭借其高效的金融服务功能可以为 FDI 项目向更有效率和利润预期的投资项目配置，这些都有可能使得 FDI 带来更多的技术外部性，也有利于东道国有效地吸收这些潜在的技术收益。（3）分区域子样本估计结果中，外资银行资产比重和数量比重与 FDI 交叉项的估计系数在三个地区的符号均为正，但是统计显著性存在较大差异。中东欧地区两个交叉项的估计系数均显著为正，亚洲地区外资银行资产比重与 FDI 交叉项的估计系数显著为正，数量比重与 FDI 交叉项的估计系数虽然为正但并不显著，而拉美地区两个指标与 FDI 交叉项的估计系数均不具有统计上的显著性。这个结果表明，在三个区域中，中东欧地区外资银行的参与对东道国吸收 FDI 潜在技术溢出收益的强化效应最为明显。

第七章 本书主要结论与政策性启示

第一节 本书主要研究结论

20 世纪 90 年代以来，金融业 FDI 快速流向新兴发展中国家，并对发展中东道国产生了深刻的影响。作为金融产业内的直接投资活动，金融业 FDI 对东道国金融产业的影响引起了较多的关注，但是金融业 FDI 对东道国宏观经济增长的影响并未得到足够重视，而金融业 FDI 对东道国经济增长的影响机制研究更显不足。本书以此作为切入点，从竞争和溢出的视角，基于金融体系效率和稳定的逻辑主线，对金融业 FDI 影响发展中东道国宏观经济增长的机制问题展开了深入的理论分析和经验检验。本书研究的主要研究结论如下：

第一，金融业 FDI 有利于促进发展中东道国的宏观经济增长。相对于实体部门 FDI，金融业 FDI 对东道国经济增长的迂回式影响特点更为明显，即金融业 FDI 通过改善东道国金融服务功能，进而通过金融服务业和其他实体产业的密切关联效应而最终促进东道国经济增长。因此，金融业 FDI、金融系统发展以及经济增长之间构成了一个因果关系链条，从积极方面看，这个链条的内在逻辑在于，金融业 FDI 通过促进竞争、促进溢出和制度完善等各种渠道而改善东道国金融产业效率和金融体系稳定，高效稳健的金融体系可以稳定地提高信贷供给能力和资源配置效率、改善公司治理和制度建设、持续地吸引其他实体产业的资本流动或贸易，从而有利于东道国的资本形成和生产率提高，并最终促进宏观经济增长。

第二，金融业 FDI 通过一定的影响机制促进发展中东道国经济增长。这些机制包括：资本作用机制、效率作用机制、信号作用机制和强化溢出机制。

1. 资本作用机制

金融业 FDI 通过促进金融市场竞争而改变东道国的垄断市场结构，从而提高了金融服务效率，降低了金融服务价格，这个过程使得经济中的储蓄和投资机制更为顺畅，储蓄有效地转化为投资，从而有利于资本形成，并通过资本渠道促进经济增长。实证结果表明，金融业 FDI 存在显著的促进竞争效应，外资银行进入通过促进东道国金融系统竞争而有助于提高金融服务效率，降低金融服务价格与成本，并最终促进东道国经济增长。研究同时发现，相对于外资银行在东道国的市场份额，外资银行数量的促进竞争效应更为明显。另外，实证结果还表明，尽管金融业 FDI 通过促进竞争效应为东道国带来显著的增长收益，但是当考察这种收益是否主要通过资本渠道而发生时，我们发现，并非所有的检验指标都存在统计上的显著性，这说明，金融业 FDI 通过资本渠道影响东道国经济增长的作用是有限的。

2. 效率作用机制

外国直接投资有利于促进东道国技术进步，实体部门 FDI 通过竞争、技术转移或溢出影响东道国实体产业的技术状况，进而影响生产率与产业增长。与此不同的是，金融业 FDI 对实体经济的生产率效应则主要体现为两个层面上的功能性资源配置效率改善：一是外资金融机构进入直接改善资源配置效率；二是通过对东道国金融产业的竞争或溢出而导致的间接资源配置效率改善。实证结果表明，金融业 FDI 对东道国经济增长存在显著的直接和间接资本配置效应，外资银行的进入不仅可以通过促进东道国银行部门竞争而间接促进有利于经济增长的资本有效配置，而且外资银行通过自身的专长及其先进的风险管理技术也可以直接为东道国带来有效的资本配置。

3. 信号作用机制

金融业 FDI 为东道国带来资本和有效银行技术的同时，也会促进一些附加利益，比如由于"声誉资本"的引入而导致的东道国经济环境的改善。另外，外资金融机构（银行）拥有东道国市场较多的信息，外资银行母国的投资者在与这些机构的信息交流中可能会获益，因此，金融业 FDI 以及富有声誉的银行机构可能会对商品贸易和其他资本流入发出积极的信号，从而扩大这些经济活动，最终间接地促进东道国经济增长。实证结果表明，第一，金融业 FDI 对实体部门 FDI 存在显著的信号效应，外资银行在东道国的参与程度越高越有利于短期 FDI 资本流入和长期 FDI 资本积累。尽管金融业 FDI 与实体部门 FDI 的因果关系可能存在两个方向，但是在不否认金融业 FDI 追随其母国客户并为其提供金融服务的前提下，我们更强调了金融业 FDI 对实体部门 FDI 的积极信号作用，因为许多实践都表明，外资银行的金融服务活动对象并不仅仅局限于母国客户，而且外资银行的进入通过竞争或溢出效应所导致的东道国金融系统的改善很可能也是实体部门投资者进行投资决策时考虑的重要因素。第二，金融业 FDI 对东道国的商品贸易流动存在积极的信号，外资银行在东道国的参与程度越高越有利于商品贸易规模的扩大，而且外资银行数量比重指标的显著性水平及绝对值大小都明显高于外资银行资产比重指标。类似于金融业 FDI 与实体部门 FDI 的关系，金融业 FDI 与国际商品贸易的因果关系也很有可能是双向的，但是在不否认金融业 FDI 或外资银行追随母国客户并为其提供贸易融资服务的同时，我们也有理由相信，金融业 FDI 或外资银行进入东道国后很可能会进一步激发双边商品贸易的进口和出口，主要原因在于，金融系统的重要功能之一就是促进贸易，而对于那些金融系统相对比较落后的发展中国家，金融业 FDI 通过竞争或溢出效应促进了东道国金融系统的发展，加强了东道国融入世界金融一体化的程度，因此，金融业 FDI 或外资银行在东道国金融系统的参与活动很可能会为进口商或出口商发出有利于商品贸易往来的积极信号，从而扩大了东道国商品贸易的规模。第三，我们在考察金融业 FDI 对外国证券资本流入的过程中，没有发现显著性的证据支持，说明金融业 FDI 对外国证券投资决策的信号作用并不明显。

4. 强化溢出机制

技术溢出是东道国引进 FDI 的重要收益，但是许多研究表明，FDI 的溢出效应受到东道国金融市场的约束，发达的金融市场有利于促进 FDI 潜在溢出效应的实现，因此有助于改善东道国金融体系效率和稳定的金融业 FDI 可以强化这种技术溢出效应。本书使用两种方法实证考察了这种作用机制，结果证实了金融业 FDI 的强化作用。第一种方法采用分组的方式，根据外资银行资产比重和数量比重两个指标分组的检验结果表明，在每种分组标准下，FDI 对发展中东道国的溢出效应虽然都为负，但是外资银行资产比重和数量比重越低的国家，FDI 的负向溢出效应越显著，而外资银行资产和数量比重越高的国家，FDI 的负向溢出效应越不明显，这个结果说明外资银行的更多参与有助于强化东道国获取 FDI 的潜在外部性收益；第二种方法将外资银行资产比重和数量比重与 FDI 的交叉项纳入回归方程，结果表明，金融业 FDI 的强化溢出作用更为明显，两个交叉项（外资银行资产比重和数量比重指标与 FDI）分别与东道国经济增长显著正相关，外资银行在东道国的参与活动有利于东道国获取 FDI 的正向外部收益。相对于发展中东道国不太完善的金融系统，外资银行凭借自身的专长和风险管理技术优势可以为东道国企业，尤其是中小企业提供有利的资金配置，而且有些 FDI 项目资本也并非完全是由国外流入，也有可能是在东道国融资，因此外资银行凭借高效的金融服务功能可以促进 FDI 项目向更有效率和利润预期的投资项目配置，这些都有可能使得 FDI 带来更多的技术外部性，也有利于东道国有效地吸收这些潜在的技术收益。

　　第三，金融业 FDI 对发展中东道国宏观经济增长的积极效应依赖一定的约束条件。尽管本书较多的强调了金融业 FDI 对东道国的积极效应，但是我们并不否认金融业 FDI 对东道国的挑战，甚至负面效应的存在，实证结果也表明，金融业 FDI 总体上有利于东道国长期经济增长，但是，增长效应的区域间差异非常明显。在各种作用机制的实证结果中，中东欧地区金融业 FDI 的增长效应与总体结果比较接近，金融业 FDI 对东道国经济增长的促进作用更为明显，而拉美和亚洲地区存在较大的变动，有些结果甚至与理论预期相反。这说明，金融业 FDI 对经济增长正效应的发挥与东道国自身实际情况密切相关，相对于拉美和亚洲地区，中东欧国家比较成功的经济改革和私有化进程为金融业 FDI 发挥积极效应奠定了良好的基础，不断提高的经济发展水平、不断完善的金融基础设施、不断健全的金融法规等为外资银行搭建了良好的作用平台，促进了外资银行技术溢出的传播和深化，提升了东道国本土银行以及整个银行体系的效率和稳定，从而最终为东道国资本形成和生产率提高作出了较多的积极贡献。因此，区域性差异结果的存在，说明金融业 FDI 的宏观经济效应受到东道国自身禀赋条件的约束，东道国要想在金融业 FDI 的引进中获得更大的经济增长空间，需要东道国具备良好的经济基本面，如宏观经济平稳运行，金融体系自身的良好发展等，当然，东道国政府提供恰当的保障措施对于实现金融业 FDI 的积极经济效应显得尤为重要。

第四，金融业 FDI 的自身产业效应是影响东道国经济增长的重要前提条件。基于金融产业与实体经济的内在渗透性关联，金融业 FDI 对东道国宏观增长的影响建立在金融产业效应基础之上，而效率和稳定则是发展中东道国从金融业 FDI 中获得的主要直接效应。就积极效应而言，长期内，金融业 FDI 有助于改善东道国金融体系效率和稳定，改善效率的传导路径在于：外资金融机构自身的高效率经营直接为东道国金融体系效率改善融入了积极影响因素；外资金融机构主动发展东道国金融市场的内在激励有利于促进东道国金融体系效率的改善；金融业 FDI 的竞争和溢出机制促进东道国本土机构提高效率，促进金融制度建设，从而有助于间接改善东道国金融体系效率。金融业 FDI 促进东道国金融体系稳定的传导路径在于：外资金融机构自身稳健、成熟的风险管理实践以及较低的信贷周期敏感度为东道国金融体系直接注入了稳定的因素；金融业 FDI 对东道国内资金融机构的竞争与监管溢出有助于间接强化东道国金融体系的稳定；金融业 FDI 在危机期间发挥的"稳定锚"的作用可以充当东道国资金流动的避风港，从而有利于东道国金融体系稳定。总之，金融业 FDI 的直接参与以及通过竞争和溢出的间接影响为东道国金融体系的效率改善奠定了微观基础，为金融体系的稳定奠定了物质基础，金融业 FDI 通过促进相关制度的完善则为改善东道国金融体系效率和稳定奠定了制度基础。但是，金融业 FDI 对东道国金融产业的长期积极效应需要付出短期调整成本，而且，东道国获得的效率收益在很大程度上取决于金融业 FDI 是否能够带来更多的竞争，如果金融业 FDI 不是加强而是削弱了东道国金融体系的竞争，那么从金融业 FDI 中获得的效率收益就会大打折扣，因此，如何维持金融业 FDI 或外资银行进入后的必要竞争态势，成为东道国金融监管部门考虑的重要问题。另外，尽管金融业 FDI 有利于提升东道国金融体系稳定，但是也有可能加剧金融体系脆弱性，东道国从金融业 FDI 中获得的效率收益也可能以金融不稳定为代价，这种双重性影响对于金融发展水平较低、金融体系竞争力较差、金融监管能力较弱的发展中国家尤为明显，因此，东道国政府应该采取积极措施防范金融业 FDI 带来的不利冲击和挑战。

第二节　基于中国的政策性启示

中国经济发展兼有转型和新兴市场的双重特点，因此，其他转型国家或新兴市场国家金融业 FDI 实践为我国提供了有益的借鉴和参考。金融业 FDI 对东道国经济影响机制的研究对中国的政策性启示在于：

第一，深刻理解金融业 FDI 对经济的长期作用，积极稳步引进金融业 FDI。相对于其他新兴发展中国家，中国金融业开放比较晚，金融业总体发展水平也比较低。2006 年年底，中国结束加入 WTO 后的五年过渡期，根据加入之初的承诺，取消了外资金融机构在华经营地理位置、经营币种、客户类型、经营实体等方面的限制，对外资金融机构实现全面的国民待遇，外资金融机构在华投资步伐进一步加快。就银行业而言，截至 2008 年年底，47 个国家和地区的 193 家银行在华设立了 242 家代表处，12 个国家和地区的银行在华设立 28 家外商独资银行（下设分行 157 家）、2 家合资银行（下设分行 5 家，附属机构 1 家）、外商独资财务公司 2 家，另有 25 个国家和地区的 75 家外国银行在华设立 116 家分行，外资金融机构的资产达到 1.3 万亿元，占我国银行业金融机构总资产的 2.2%①。尽管如此，相对于其他新兴经济体，中国依然是最封闭的市场之一，即使是新兴亚洲地区内，外资银行在中国的参与也同样是非常低的国家。因此，中国金融业 FDI 还存在很大的进入空间，中国必须深刻理解金融业 FDI 的长期作用，在审慎性监管的前提下，积极吸引外资银行和合格境外战略投资者②进入。

第二，充分利用金融业 FDI 对实体经济的效率作用机制促进我国经济持续增长。根据本书的研究结果，效率作用机制是金

---

① 数据来自中国银监会 2008 年年报。

② 境外战略投资是中国商业银行引进外资的一种股权投资形式。2003 年后，中国把单个境外投资者投资中国商业银行的投资比例限额由 15% 提高到 20%，全部境外投资占单一中国商业银行的比重提高到 25%，截至 2008 年年底，中国工商银行、中国银行、中国建设银行和交通银行 4 家实施股改的大型商业银行先后引进 9 家境外机构投资者，24 家中小商业银行引进 33 家境外机构投资者，3 家农村合作金融机构引进 3 家境外机构投资者，共引进资本 327.8 亿美元。尽管这种战略投资是否应计入即期吸收的金融业 FDI 还存在争议，但是事实上，这种股权投资形式对于改善我国商业银行的公司治理结构、风险管理标准以及信贷文化等方面都发挥了积极的作用。

融业 FDI 发挥增长效应的关键机制，金融业 FDI 不仅可以间接改善东道国资源配置效率，而且还可以直接促进资源有效配置，因此这种作用机制对于谋求转变增长方式的中国经济具有非常重要的意义。长期以来，中国经济增长模式的基本特点是要素推动下的"粗放式"高增长，尽管 80 年代出现过较高的生产率增长，但是 90 年代之后，资本投入的增长经常超过 GDP 的增长，成为增长的主要源泉，而生产率的增长则呈现出趋缓的态势。因此，经济增长模式的转变成为当前中国经济持续发展的关键性问题，而增长模式转变的关键在于由要素投入的过分依赖转换为生产率的持续提高上来。中国的生产率提高是内外因素共同推动的结果，但是相对而言，我国内生技术创新活动较为不足，而外部技术引进和吸收发挥了关键性作用，尤其是改革开放以来外商直接投资带来的技术转移和溢出，这也是我国大力引进制造业 FDI 的重要原因之一。尽管金融业 FDI 并不会带来诸如工业工艺或设计等等硬技术，但是信贷评估、风险定价等软技术对资源配置功能的直接或间接改善，也是提高实体经济生产效率不容忽视的方面，因此，在资源约束日益明显的形势下，充分利用金融业 FDI 的有效资源配置功能，促进中国生产率提高及经济持续发展，就显得尤为重要。

第三，积极利用金融业 FDI 吸引实体部门 FDI 流入，提高吸收其潜在收益的能力。根据本书的研究结果，外资银行进入有利于东道国吸引更多 FDI 流入，并且有利于促进 FDI 的潜在溢出效应。在过去的十几年中，中国吸收了较多的 FDI，但是随着中国廉价劳动力成本优势的逐渐丧失，中国自身对引资结构的调整，以及世界范围内可获得 FDI 资金的减少，对 FDI 资本的竞争也变得越来越激烈，只是依靠传统的优惠措施已无法适应国际资本流动新趋势的要求。东道国除了通过提高竞争力而改善区位优势外，整体制度环境的发展成为外国投资者更为关注的方面。金融业 FDI 的进入，不仅可以直接影响 FDI 流入数量，还可以通过促进东道国金融体系效率、提高东道国制度的透明和质量而改善东道国投资环境，从而提高其他实体部门 FDI 的引进水平和效率。外资金融机构的参与为投资者发出了积极的投资信号，从而有利于增强 FDI 投资者的信心，有利于投资者发展并购等高层次投资活动，也有利于东道国吸引更多技术、专利投入型 FDI 的流入，从而带来更多的 FDI 技术收益。

第四，加强审慎性金融监管，推进金融基础设施发展。金融业 FDI 的宏观经济效应受东道国自身禀赋条件的约束，因此，东道国政府的保障措施对于促进金融业 FDI 的积极效应、降低金融业 FDI 的不利冲击和挑战显得尤为重要。尽管中国强劲的经济增长态势有利于吸引金融业 FDI 流入，但是目前中国的金融环境依然存在很多急需解决的问题，如缺乏能够确保投资者安全回报的制度，缺乏高效的破产法、高效的抵押品处置程序，缺乏对产权和贷款人利益的保护，合同和司法执行中存在许多问题，会计标准不审慎以及信息披露不充分等。因此，为了吸引更多高质量金融业 FDI 流入，促进金融业 FDI 增长效应的最大发挥，应该进一步加强金融当局的审慎性监管，加强金融法制建设，完善金融监管法律体系，同时推进会计标准、审计规则等金融基础设施的完善和发展，并使其与全球规则保持协调一致。另外，针对金融业 FDI 进入所可能产生的监管挑战，金融当局应该加强与 FDI 来源国的国际监管合作，外资金融机构母国和东道国之间的合作对于成功实现跨国金融监管、真正保证东道国金融体系在开放条件下的高效和稳定至关重要。

附录　外资银行资产比重和数量比重

附表 1　外资银行资产比重 　　　　　　　　　　（单位:%）

国家	1995	1996	1997	1998	1999	2000	2001	2002	2003	2004	2005
拉美地区											
阿根廷	22	24	27	50	49	52	47	37	33	28	25
玻利维亚	8	9	10	42	43	41	37	34	35	36	38
巴西	5	8	11	13	15	23	24	20	21	22	25
智利	6	19	15	13	20	25	28	40	36	34	32
哥伦比亚	10	16	17	33	31	23	22	14	12	12	18
厄瓜多尔	0	0	7	3	2	8	7	12	11	12	5
墨西哥	15	23	16	22	17	27	26	81	82	83	82
巴拉圭	50	43	63	67	70	70	70	79	82	75	71
秘鲁	31	42	43	50	87	86	95	95	95	95	95
乌拉圭	32	25	31	32	35	46	57	83	53	50	44
委内瑞拉	8	6	23	28	27	39	37	37	38	33	32
安提瓜和巴布达	0	0	0	0	0	0	0	3	2	0	0
巴巴多斯	0	0	0	0	0	0	88	92	100	100	100
哥斯达黎加	25	27	30	32	43	62	25	25	24	26	22
多米尼加	9	8	8	8	6	6	6	5	12	12	12
萨尔瓦多	0	0	4	4	5	9	36	34	65	67	78
危地马拉	11	10	9	9	11	13	12	12	11	10	8
洪都拉斯	3	3	3	2	2	8	9	8	10	14	29
牙买加	0	0	0	0	0	0	0	48	51	49	51

续表

国家	1995	1996	1997	1998	1999	2000	2001	2002	2003	2004	2005
尼加拉瓜	21	26	29	28	35	40	31	32	32	33	34
巴拿马	79	75	73	62	59	56	61	60	60	57	42
特立尼达和多巴哥	14	16	20	16	14	13	13	13	12	10	13
中东欧地区											
阿尔巴尼亚	0	0	95	0	14	29	33	38	42	96	93
亚美尼亚	0	70	60	57	56	57	50	55	55	48	31
白俄罗斯	0	0	0	0	5	10	12	15	19	16	13
保加利亚	1	2	5	38	42	45	45	51	73	74	72
克罗地亚	0	0	1	36	62	73	76	81	84	88	91
捷克	49	47	52	53	66	68	88	86	86	79	78
爱沙尼亚	24	18	22	34	92	98	98	98	98	99	100
匈牙利	29	76	87	86	88	85	84	86	94	94	94
拉脱维亚	17	19	66	83	66	41	48	44	43	48	52
立陶宛	0	0	0	0	0	71	71	89	92	92	92
马其顿	0	0	0	2	1	50	49	37	49	75	80
摩尔多瓦	19	71	36	74	40	40	45	52	35	29	30
波兰	10	15	18	59	58	62	62	53	72	72	73
罗马尼亚	46	39	3	6	31	38	40	47	50	55	60
斯洛伐克	1	5	11	22	17	26	86	95	97	94	91
乌克兰	4	5	5	5	13	14	13	30	27	26	28
阿塞拜疆	0	0	1	1	0	1	1	3	4	0	5
波斯尼亚	0	8	6	17	28	36	65	69	74	81	90
格鲁吉亚	0	0	0	0	0	9	14	11	12	12	32
哈萨克斯坦	0	0	2	3	5	8	6	29	27	26	24
吉尔吉斯斯坦	100	100	60	0	0	55	59	77	86	77	75
俄罗斯	13	18	16	31	11	12	14	11	11	13	13
土耳其	0	0	0	4	1	3	2	3	3	3	4

续表

国家	1995	1996	1997	1998	1999	2000	2001	2002	2003	2004	2005
乌兹别克斯坦	0	0	0	0	15	10	3	6	10	3	1
亚洲地区											
印度	0	0	2	5	6	6	3	3	5	5	5
印度尼西亚	3	4	5	10	4	5	4	19	21	26	28
马来西亚	16	16	15	19	16	17	15	14	16	16	16
菲律宾	0	2	4	4	9	17	17	14	14	2	1
泰国	12	9	12	5	6	4	4	5	5	5	5
柬埔寨	0	0	0	0	0	63	64	47	29	29	27
中国	1	1	1	1	1	0	0	0	0	0	0
蒙古	0	0	0	0	0	0	0	0	20	20	22
尼泊尔	36	37	38	18	33	30	28	25	14	14	9
巴基斯坦	0	0	1	1	1	1	13	13	18	20	23

资料来源：Claessens & Van Horen et（2008），"Foreign Bank Presence in Developing Countries 1995—2006：Data and Trends"，*SSRN eLibrary*.

附表2 外资银行数量比重 （单位：%）

国家	1995	1996	1997	1998	1999	2000	2001	2002	2003	2004	2005
国家	1995	1996	1997	1998	1999	2000	2001	2002	2003	2004	2005
拉美地区											
阿根廷	22	24	28	32	36	39	38	37	34	36	32
玻利维亚	29	29	29	38	43	54	54	50	54	54	54
巴西	23	24	29	31	32	34	34	34	34	34	35
智利	50	50	50	52	57	55	54	50	48	43	41
哥伦比亚	19	21	26	27	30	26	27	24	24	24	23
厄瓜多尔	18	17	17	18	19	27	31	26	23	23	23
墨西哥	30	35	42	42	42	47	46	51	54	54	49
巴拉圭	57	59	58	58	67	67	65	68	71	71	71
秘鲁	45	50	54	56	63	63	75	80	80	79	79

国家	1995	1996	1997	1998	1999	2000	2001	2002	2003	2004	2005
乌拉圭	79	79	79	77	77	77	80	80	81	82	81
委内瑞拉	12	15	17	25	24	25	25	26	28	29	30
安提瓜和巴布达	0	0	0	0	0	0	0	17	17	17	17
巴巴多斯	50	50	50	50	50	50	50	50	100	100	100
哥斯达黎加	15	15	15	18	21	21	20	21	21	20	20
多米尼加	8	8	8	8	7	6	10	13	17	18	19
萨尔瓦多	17	14	33	33	33	38	47	43	57	57	57
危地马拉	11	11	16	17	19	19	21	22	22	23	23
洪都拉斯	19	19	22	22	22	21	21	22	25	37	39
牙买加	20	20	20	20	20	22	33	33	33	33	50
尼加拉瓜	17	17	33	33	42	33	44	63	57	57	57
巴拿马	69	68	68	67	65	66	65	66	66	66	65
特立尼达和多巴哥	25	25	25	30	30	30	30	30	30	30	40
中东欧地区											
阿尔巴尼亚	25	40	40	57	63	75	75	75	70	73	82
亚美尼亚	20	18	18	25	33	33	38	42	42	42	50
白俄罗斯	20	24	22	22	22	32	30	39	39	39	44
保加利亚	19	24	28	34	41	43	48	54	57	57	61
克罗地亚	4	12	17	22	25	29	32	33	33	24	30
捷克	41	42	40	47	48	52	56	54	54	56	56
爱沙尼亚	9	8	8	9	22	50	50	50	50	67	83
匈牙利	61	66	69	78	79	81	84	83	89	86	85
拉脱维亚	9	13	24	24	29	29	27	29	29	38	38
立陶宛	0	0	0	8	17	36	50	67	67	67	67
马其顿	17	15	15	15	21	36	38	38	47	47	47
摩尔多瓦	9	9	25	31	36	36	36	43	43	43	43
波兰	29	38	40	47	60	61	66	69	69	71	73
罗马尼亚	20	22	33	40	45	52	55	61	70	70	74

续表

国家	1995	1996	1997	1998	1999	2000	2001	2002	2003	2004	2005
斯洛伐克	43	45	43	43	43	48	67	88	94	88	94
乌克兰	6	5	12	14	16	18	23	23	22	28	32
阿塞拜疆	11	15	14	18	18	18	18	18	15	14	14
波斯尼亚	11	16	23	21	23	30	41	47	45	52	57
格鲁吉亚	0	0	0	0	20	20	20	11	11	11	22
哈萨克斯坦	25	20	27	35	32	33	36	38	35	35	35
吉尔吉斯斯坦	33	25	50	50	43	50	50	50	63	75	75
俄罗斯	9	10	10	11	11	12	14	16	17	17	17
土耳其	11	11	12	13	15	15	17	18	22	23	24
乌兹别克斯坦	22	30	27	27	27	25	23	31	31	29	29
亚洲地区											
印度	6	6	6	8	8	8	8	9	9	9	9
印度尼西亚	26	25	27	27	27	33	36	36	37	34	36
马来西亚	31	31	29	28	27	26	27	30	28	29	29
菲律宾	5	8	9	11	16	16	17	15	11	13	13
泰国	17	17	17	12	18	18	18	22	24	22	26
柬埔寨	0	0	0	14	14	29	29	25	25	25	25
中国	14	15	16	15	15	13	14	13	12	10	10
蒙古	0	0	0	0	0	0	0	0	14	14	14
尼泊尔	20	18	18	15	15	15	14	13	13	13	13
巴基斯坦	5	5	10	10	14	19	15	14	13	13	17

资料来源：Claessens & Van Horen et (2008)，"Foreign Bank Presence in Developing Countries 1995—2006：Data and Trends"，*SSRN eLibrary*.

参考文献

中文部分

1. 陈奉先、涂万春：《外资银行进入对东道国银行业效率的影响——东欧国家的经验与中国的实践》，《世界经济研究》2008 年第 1 期。

2. 陈坚定：《银行业对外直接投资动因的理论与实证研究的文献综述》，《上海金融》2002 年第 11 期。

3. ［美］德米尔古克－肯特、莱文：《金融结构和经济增长：银行、市场和发展的跨国比较》，黄纯纯译，中国人民大学出版社 2006 年版。

4. 丁志杰：《发展中国家金融开放：效应与政策研究》，中国发展出版社 2002 年版。

5. 窦菲菲：《转型国家银行改革及其对经济增长影响分析——基于外资银行视角》，法律出版社 2009 年版。

6. 傅章彦：《外资银行进入对信贷资金供给的影响——来自亚洲新兴市场国家的经验证据》，《云南财经大学学报》2009 年第 3 期。

7. 高铁梅：《计量经济分析方法与建模：Eviews 应用及实例

（第二版）》，清华大学出版社 2009 年版。

8. 郭妍、张立光：《外资银行进入对我国银行业影响效应的实证研究》，《经济科学》2005 年第 2 期。

9. 韩廷春：《金融发展与经济增长：经验模型与政策分析》，《世界经济》2001 年第 6 期。

10. 何德旭：《外资进入中国银行业：趋势，影响及对策》，《财经论丛》2004 年第 2 期。

11. 黄宪、熊福平：《外资银行进入对我国银行业影响的实证研究》，《国际金融研究》2006 年第 5 期。

12. 金学群：《金融发展理论：一个文献综述》，《国外社会科学》2004 年第 1 期。

13. 廖岷：《中国银行业的外国直接投资：意义及挑战》，《国际金融研究》2008 年第 1 期。

14. 刘才涌：《外资银行参与东盟新兴市场研究》，博士学位论文，厦门大学 2007 年。

15. 刘春江、洪凯：《新兴市场国家的外资银行》，《银行家》2006 年第 2 期。

16. 刘辉煌：《金融服务贸易自由化论纲》，博士学位论文，中国社会科学院研究生院 2000 年。

17. 刘兴凯：《基于金融发展视角下的 FDI 与经济增长研究综述》，《金融理论与实践》2009 年第 2 期。

18. 刘兴凯：《中国服务业全要素生产率阶段性及区域性变动特点分析——基于 1978—2007 年省际面板数据的研究》，《当代财经》2009 年第 12 期。

19. 刘兴凯：《新兴发展中国家金融业 FDI 研究综述》，《内蒙古财经学院学报》2010 年第 4 期。

20. 刘兴凯：《新兴市场国家金融部门 FDI 的兴起及其原因分析》，《前沿》2010 年第 21 期。

21. 刘兴凯、张诚：《中国服务业全要素生产率增长及其收敛分析》，《数量经济技术经济研究》2010 年第 3 期。

22. 刘煜辉、徐义国、李铮：《外资银行进入新兴市场国家的动因研究》，《新金融》2007 年第 2 期。

23. 马君潞、满新程：《全球银行业跨国并购的特点和趋势》，《财经科学》2006 年第 1 期。

24. 邱延冰：《外资银行进入对新兴市场国家金融业的影响》，《国际金融研究》2001 年第 8 期。

25. 任永菊：《跨国银行地区总部促进金融中心建设的溢出机制研究》，《上海金融》2008 年第 8 期。

26. 施丹：《金融服务贸易自由化的经济效应分析》，博士学位论文，对外经济贸易大学 2007 年。

27. 苏舟：《银行跨国并购效率及其决定因素研究：欧盟经验》，博士学位论文，华东师范大学 2010 年。

28. 谈儒勇：《中国金融发展和经济增长关系的实证研究》，《经济研究》1999 年第 10 期。

29. 谭鹏万：《外资银行进入对中东欧国家内资银行绩效的短期影响研究——基于 10 国 105 家银行的面板数据检验》，《国际金融研究》2007 年第 3 期。

30. 汪建新：《外资银行市场进入：转轨经济国家视角》，《改革与战略》2009 年第 6 期。

31. 王果：《银行跨国并购：动因、绩效与政策协调》，博士学位论文，上海社会科学院 2008 年。

32. 王佳佳：《发展中国家的外资银行：竞争、效率与稳定》，人民出版社 2007 年版。

33. 王天龙、侯庆琳、袁强：《金融市场全球化与经济增长研究：理论及启示》，《江西社会科学》2008 年第 4 期。

34. 王永齐：《FDI 溢出，金融市场与经济增长》，《数量经济技术经济研究》2006 年第 1 期。

35. 项卫星、王达：《中东欧五国银行体系改革过程中的外资参与问题研究》，《国际金融研究》2005 年第 12 期。

36. 项卫星、王达：《新兴市场国家金融部门外国直接投资：文献综述》，《南开经济研究》2007 年第 5 期。

37. 项卫星、王达：《新兴市场国家金融部门外国直接投资问题研究》，《世界经济研究》2007 年第 5 期。

38. 项卫星、王达：《拉丁美洲、中东欧及东亚新兴市场国家金融部门外国直接投资研究》，《国际金融研究》2008 年第 4 期。

39. 徐光：《发展中国家银行业开放的福利效应研究》，博士学位论文，浙江大学 2007 年。

40. 许海睿：《外资银行在华直接投资的理论探讨》，《世界经济情况》2006 年第 3 期。

41. 姚战琪：《金融部门 FDI 和金融服务贸易的理论与实证分析》，《财贸经济》2006 年第 10 期。

42. 叶欣：《外资银行进入对中国银行业效率影响的实证研究》，《财经问题研究》2006 年第 2 期。

43. 叶欣、冯宗宪：《外资银行进入对本国银行体系稳定性影响的实证研究》，《经济科学》2003 年第 2 期。

44. 叶欣、冯宗宪：《外资银行进入对本国银行体系稳定性的影响》，《世界经济》2004 年第 1 期。

45. 张诚、赵奇伟：《中国服务业外商直接投资的区位选择因素分析》，《财经研究》2008 年第 12 期。

46. 张礼卿：《新兴市场经济体的银行业开放及其影响》，《国际金融研究》2007 年第 3 期。

47. 张荔、张蓉：《外资银行进入与东道国银行体系的效率改进——新兴市场国家的截面数据分析》，《南开经济研究》2006 年第 1 期。

48. 张林：《拉美金融危机的教训——访泛美银行研究部首席顾问爱德华多·劳拉》，《中国金融》2005 年第 20 期。

49. 张渠：《银行国际化并购与绩效研究》，博士学位论文，对外经济贸易大学 2007 年。

50. 张维：《发展中国家金融服务贸易模式研究》，博士学位论文，中国社会科学院研究生院 2003 年。

51. 赵蓓文：《金融服务业对外直接投资的理论及效应分析》，《世界经济研究》2002 年第 2 期。

52. 赵奇伟、张诚：《FDI 溢出效应与区域经济增长：基于东道国要素市场发展的理论视角及中国经验》，《世界经济研究》2007 年第 7 期。

53. 赵振全、薛丰慧：《金融发展对经济增长影响的实证分析》，《金融研究》2004 年第 8 期。

54. 周慧君、顾金宏：《外资银行渗透对中国银行业体系稳定性的影响——基于阶段理论与演化理论的实证研究》，《国际金融研究》2009 年第 12 期。

英文部分

1. Abiad A. , Oomes N. and Ueda K. , "The Quality Effect: Does Financial Liberalization Improve the Allocation of Capital?", *Journal of Development Economics*, Vol. 87, No. 2, 2008, pp. 270—282.

2. Adams M. , Andersson J. and Andersson L. etc, "The Historical Relation between Banking, Insurance, and Economic Growth in Sweden: 1830 to 1998", *University of Wales Swansea working paper*, 2005.

3. Aitken B. J. and Harrison A. E. , "Do Domestic Firms Benefit from Direct Foreign Investment? Evidence from Venezuela", *The American Economic Review*, Vol. 89, No. 3, 1999, pp. 605—618.

4. Alfaro L. , Chanda A. and Kalemli-Ozcan S. etc, "FDI Spillover, Financial Development and Economic Development", *IMF Working papers*, WP/03/186, 2003.

5. Alfaro L. , Chanda A. and Kalemli-Ozcan S. etc, "FDI and Economic Growth: The Role of Local Financial Markets", *Journal of International Economics*, Vol. 64, No. 1, 2004, pp. 89—112.

6. Alfaro L. , Kalemli-Ozcan S. and Sayek S. , "FDI, Prooluctivity and Financial Development", *World Economy*, Vol. 32, No. 1, 2009, pp. 111—135.

7. Aliber R. Z. , "International Banking: A Survey", *Journal of*

Money, Credit and Banking, Vol. 16, No. 4, 1984, pp. 661—678.

8. Arena M., "Does Insurance Market Activity Promote Economic Growth? A Cross-Country Study for Industrialized and Developing Countries", World Bank Policy Research Working Paper, No. WPS4098, 2006.

9. Arrow K., "The Economic Implications of Learning by Doing", Review of Economic Studies, Vol. 29, No. 3, 1962, pp. 155—173.

10. Ball C. A. and Tschoegl A. E., "The Decision to Establish a Foreign Bank Branch or Subsidiary: An Application of Binary Classification Procedures", The Journal of Financial and Quantitative Analysis, Vol. 17, No. 3, 1982, pp. 411—424.

11. Barajas A., Steiner R. and Salazar N., "The Impact of Liberalization and Foreign Iinvestment in Colombia's Financial Sector", Journal of Development Economics, Vol. 63, No. 1, 2000, pp. 157—196.

12. Barro R. J. and Sala-I-Martin X., Economic Growth, MA: McGraw-Hill: Cambridge, 1995.

13. Baudino P., Caviglia G. and Dorrucci E. etc, "Financial FDI to the EU Accession Countries", Central Bank Papers Submitted by Working Group Members, 2004.

14. Beck T. and Levine R., "Stock Markets, Banks, and Growth: Panel Evidence", Journal of Banking and Finance, Vol. 28, No. 3, 2004, pp. 423—442.

15. Benhabib J. and Spiegel M. M., "The Role of Financial

Development in Growth and Investment", *Journal of Economic Growth*, Vol. 5, No. 4, 2000, pp. 341—360.

16. Berger A. N., De Young R. and Genay H. etc, "Globalization of Financial Institutions: Evidence from Cross-Border Banking Performance", *Brookings Papers on Economic Activity*, No. 2, 2000, pp. 23—158.

17. Berger A. N. and DeYoung R., "The Effects of Geographic Expansion on Bank Efficiency", *Journal of Financial Services Research*, Vol. 19, No. 2, 2001, pp. 163—184.

18. Bils M. and Klenow P. J., "Does Schooling Cause Growth?", *The American Economic Review*, Vol. 90, No. 5, 2000, pp. 1160—1183.

19. Blomstrom M., Lipsey R. E. and Zejan M., "Is Fixed Investment the Key to Economic Growth?", *NBER Working Paper Series*, NO. 4436, 1996.

20. Blomstrom M. and Kokko A., "Multinational Corporations and Spillovers", *Journal of Economic Surveys*, Vol. 12, No. 3, 1998, pp. 247—277.

21. Bonin J. P. and Abel I., "Retail Banking in Hungary: A Foreign Affair?", *William Davidson Institute Working Paper*, No. 356, 2000.

22. Borensztein E., De Gregorio J. and Lee J. W., "How does Foreign Direct Investment Affect Economic Growth?", *Journal of International Economics*, Vol. 45, No. 1, 1998, pp. 115—135.

23. Brealey R. A. and Kaplanis E. C., "The Determination of

Foreign Banking Location", *Journal of International Money and Finance*, Vol. 15, No. 4, 1996, pp. 577—597.

24. Brimmer A. F. and Dahl F. R., "Growth of American International Banking: Implications for Public Policy", *Journal of Finance*, 1975, pp. 341—363.

25. Buch C. M., "Why Do Banks Go Abroad? Evidence from German Data", *Financial Markets, Institutions & Instruments*, Vol. 9, No. 1, 2000, pp. 33—67.

26. Buch C. M. and De Long G., "Cross-border Bank Mergers: What Lures the Rare Animal?", *Journal of Banking & Finance*, Vol. 28, No. 9, 2004, pp. 2077—2102.

27. Buch C. and Lipponer A., "FDI versus Cross-Border Financial Services: The Globalization of German Banks", *Studies of the Economic Research Centre Discussion Paper Series*, No. 05, 2004.

28. Calomiris C. W. and Powell A., "Can Emerging Market Bank Regulators Establish Credible Discipline?", In: Mishkin F (eds), *Prudential Supervision: What Works and What doesn't*, Chicago: NBER and University of Chicago Press, 2001, pp. 147—191.

29. Cárdenas J., Graf J. P. and Dogherty P. O., "Foreign Banks Entry in Emerging Market Economies: A Host Country Perspective", *Background Paper for the Working Group on Financial Sector FDI of the BIS Committee on the Global Financial Systems. Banco de Mexico*, 2003.

30. Carkovic M. and Levine R., "Does Foreign Direct Investment

Accelerate Economic Growth", In: Moran T H, Graham E M, Blomstr M M (eds), *Does Foreign Direct Investment Promote Development?*, Peterson Institute, 2005, pp. 195—220.

31. CGFS, "Foreign Direct Investment in the Financial Sector of Emerging Market Economies", *Report Submitted by a Working Group Established by the Committee on the Global Financial System*, 2004.

32. Chandavarkar A., "Of Finance and Development: Neglected and Unsettled Questions", *World Development*, Vol. 20, No. 1, 1992, pp. 133—142.

33. Chenery H. B. and Strout A. M., "Foreign Assistance and Economic Development", *The American Economic Review*, Vol. 56, No. 4, 1966, pp. 679—733.

34. Cho K. R., "Foreign Banking Presence and Banking Market Concentration: the Case of Indonesia", *Journal of Development Studies*, Vol. 27, No. 1, 1990, pp. 98—110.

35. Claessens S., Demirg Kunt A. I. and Huizinga H., "How does Foreign Entry Affect Domestic Banking Markets?", *Journal of Banking & Finance*, Vol. 25, No. 5, 2001, pp. 891—911.

36. Claessens S., Van Horen N. and Gurcanlar U. etc, "Foreign Bank Presence in Developing Countries 1995—2006: Data and Trends", *SSRN eLibrary*, 2008.

37. Claessens S. and Van Horen N., "Location Decisions of Foreign Banks and Institutional Competitive Advantage",

SSRN eLibrary,2008.

38. Clarke G. ,Cull R. and D Amato L. etc,"On the Kindness of Strangers? The Impact of Foreign Entry on Domestic Banks in Argentina", In: Claessens S, Jansen M (eds), *The Internationalization of Financial Services: Issues and Lessons for Developing Countries*, The Hague: Kluwer Law International,2000,pp. 331—354.

39. Clarke G. ,Cull R. and Martínez Pería M. S. , "Foreign Bank Participation and Access to Credit across Firms in Developing Countries", *Journal of comparative economics*, Vol. 34, No. 4,2006,pp. 774—795.

40. Clarke G. , Cull R. and Peria M. S. M. etc, "Foreign Bank Entry: Experience, Implications for Developing Economies, and Agenda for Further Research ", *The World Bank Research Observer*, Vol. 28, No. 2,2003, pp. 25—59.

41. Clarke G. ,Cull R. and Peria M. etc,"Bank Lending to Small Businesses in Latin America: Does Bank Origin Matter?", *Journal of Money, Credit, and Banking*, Vol. 37, No. 1, 2005,pp. 83—118.

42. Crystal J. , Dages B. G. and Goldberg L. S. , "Does Foreign Ownership Contribute to Sounder Banks in Emerging Markets? The Latin American experience", In: Litan R, Masson P, Pomerleano M (eds), *Open Doors: Foreign Participation in Financial Systems in Developing Countries*, Washington, D. C. : Brookings Institution Press, 2001,pp. 217—266.

43. Cuervo-Cazurra A. , "Better the Devil You Don't Know: Type of Corruption and FDI in Transition Economies", *Journal of International Management*, Vol. 14, 2008, pp. 12—27.

44. Cull R. and Peria M. , "Foreign Bank Participation and Crises in Developing Countries", *World*, 2007.

45. Cumming C. , "Review of Recent Trends and Issues in Financial Sector Globalization", *Fifth BIS Annual Conference on Financial Globalization*, 2006.

46. De Gregorio J. and Guidotti P. E. , "Financial Development and Economic Growth", *World Development*, Vol. 23, No. 3, 1995, pp. 433—448.

47. De Haas R. and van Lelyveld I. , "Foreign Banks and Credit Stability in Central and Eastern Europe", *DNB Staff Reports*, No 109, 2003.

48. De Haas R. and Van Lelyveld I. , "Foreign Banks and Credit Stability in Central and Eastern Europe. A Panel Data Analysis", *Journal of Banking and Finance*, Vol. 30, No. 7, 2006, pp. 1927—1952.

49. De Santis R. A. and Ehling P. , "Do International Portfolio Investors Follow Firms' Foreign Investment Decisions?", *European Central Bank Working paper series*, No. 815, 2007.

50. Deidda L. and Fattouh B. , "Non-linearity between Finance and Growth", *Economics Letters*, Vol. 74, No. 3, 2002, pp. 339—345.

51. Demirgüç-Kunt A. I. , Levine R. and Min H. G. , "Opening to

Foreign Banks: Issues of Efficiency, Stability, and Growth", In: Lee S, Seoul(eds), *The Implications of Globalization of World Financial Markets*, Korea: The Bank of Korea, 1998.

52. Detragiache E., Tressel T. and Gupta P., "Foreign Banks in Poor Countries: Theory and Evidence", *The 7th Jacques Polak Annual Research Conference Paper*, 2006.

53. Detragiache E. and Gupta P., "Foreign Banks in Emerging Market Crises: Evidence from Malaysia", *Journal of Financial Stability*, Vol. 2, No. 3, 2006, pp. 217—242.

54. Di Giovanni J., "What Drives Capital Flows? The Case of Cross-border M&A Activity and Financial Deepening", *Journal of International Economics*, Vol. 65, No. 1, 2005, pp. 127—149.

55. Domanski D., "Foreign Banks in Emerging Market Economies: Changing Players, Changing Issues", *BIS Quarterly Review*, No. 12, 2005, pp. 69—81.

56. Domar E. D., "Capital Expansion, Rate of Growth, and Employment", *Econometrica*, Vol. 14, No. 2, 1946, pp. 137—147.

57. Dufey G. and Giddy I. H., "Innovation in the International Financial Markets", *Journal of International Business Studies*, Vol. 12, No. 2, 1981, pp. 33—51.

58. Dunning J. H., "Trade, Location of Economic Activity and the MNE: A Search for an Eclectic Approach", In: Ohlin B, Hesselborn P, Wijkman P M (eds), *The International Allocation of Economic Activity*, London, UK: Macmillan,

1977,pp. 395—418.

59. Durham J. B. J. B. ,"Absorptive Capacity and the Effects of Foreign Direct Investment and Equity Foreign Portfolio Investment on Economic Growth", *European Economic Review*,Vol. 48,No. 2,2004,pp. 285—306.

60. Easterly W. , "The ghost of Financing Gap", *Journal of Development Economics*,Vol. 60,No. 2,1999,pp. 423—438.

61. Easterly W. and Levine R. , "It's Not Factor Accumulation: Stylized Facts and Growth Models ", *manuscriot, Minneapolis,MN:Carlson School Management*,2000.

62. Eller M. , Haiss P. and Steiner K. , " Foreign Direct Investment in the Financial Sector and Economic Growth in Central and Eastern Europe: The Crucial Role of the Efficiency Channel", *Emerging Markets Review*,Vol. 7,No. 4,2006,pp. 300—319.

63. Farnoux M. , Lanteri M. and Schmidt J. , "Foreign Direct Investment in the Polish Financial Sector ", *Case Study Prepared for the CGFS Working Group on Financial Sector FDI*,2004.

64. Fieleke,"The Growth of U. S. Banking Abroad:An Analytical Survey",*Federal Reserve Bank of Boston Conference Series : Key Issues in International Banking*, Vol. 18, 1977, pp. 9—40.

65. Fisher A. and Molyneux P. ,"A Note on the Determinants of Foreign Bank Activity in London between 1980 and 1989", *Applied Financial Economics*, Vol. 6, No. 3, 1996,

pp. 271—277.

66. Focarelli D. and Pozzolo A. F. ,"The Patterns of Cross-border Bank Mergers and Shareholdings in OECD Countries", *Journal of Banking & Finance*, Vol. 25, No. 12, 2001, pp. 2305—2337.

67. Focarelli D. and Pozzolo A. F. , "Where Do Banks Expand Abroad? An Empirical Analysis", *The Journal of Business*, Vol. 78, No. 6, 2005, pp. 2435—2464.

68. Focarelli D. and Pozzolo A. F. , "Cross-border M&As in the Financial Sector: Is Banking Different from Insurance?", *Journal of Banking & Finance*, Vol. 32, No. 1, 2008, pp. 15—29.

69. Francois J. F. and Eschenbach F. , "Financial Sector Competition, Services Trade, and Growth", *Tinbergen Institute Discussion Paper*, Vol. 089/2, 2002.

70. Galindo A. , Micco A. and Serra C. , "Better the Devil that You Know: Evidence on Entry Costs Faced by Foreign Banks", *Inter-American Development Bank Working Paper*, Vol. 477, 2003.

71. Gelos R. G. and Roldos J. , "Consolidation and Market Structure in Emerging Market Banking Systems", *Emerging Markets Review*, Vol. 5, No. 1, 2004, pp. 39—59.

72. Giannetti M. and Ongena S. , "Financial Integration and Entrepreneurial Activity: Evidence from Foreign Bank Entry in Emerging Markets", *European Central Bank Working Paper Series*, No. 498, 2005.

73. Goldberg L. G. and Johnson D. , "The Determinants of US Banking Activity Abroad", *Journal of International Money and Finance*, Vol. 9, No. 2, 1990, pp. 123—137.

74. Goldberg L. G. and Saunders A. , "The Causes of US Bank Expansion Overseas: The Case of Great Britain", *Journal of Money, Credit and Banking*, Vol. 12, No. 4, 1980, pp. 630—643.

75. Goldberg L. S. , "When is US Bank Lending to Emerging Markets Volatile?", *Federal Reserve Bank of New York Staff Report*, No. 119, 2001.

76. Goldberg L. S. , "Financial Sector FDI and Host Countries: New and Old Lessons", *Economic Policy Review*, Vol. 13, No. 1, 2007, pp. 1—17.

77. Goldberg L. S. , Dages B. G. and Kinney D. , "Foreign and Domestic Bank Participation in Emerging Markets: Lessons from Mexico and Argentina", *NBER working paper*, 2000.

78. Goldsmith R. W. , *Financial Structure and Development*, Yale University Press, New Haven, 1969.

79. Goldstein I. and Razin A. , "Foreign Direct Investment vs Foreign Portfolio Investment", *NBER Working Paper Series*, No. 11047, 2005.

80. Goldstein I. and Razin A. , "An Information-based Trade off between Foreign Direct Investment and Foreign Portfolio Investment", *Journal of International Economics*, Vol. 70, No. 1, 2006, pp. 271—295.

81. Gormley T. A. , "Costly Information, Foreign Entry, and

Credit Access", *Washington University Working Paper*, 2006.

82. Gormley T. A., "Banking Competition in Developing Countries: Does Foreign Bank Entry Improve Credit Access?", *MIT Working paper*, 2007.

83. Gray J. M. and Gray H. P., "The Multinational Bank: A Financial MNC?", *Journal of Banking & Finance*, Vol. 5, No. 1, 1981, pp. 33—63.

84. Grosse R. and Goldberg L. G., "Foreign Bank Activity in the United States: An Analysis by Country of Origin", *Journal of Banking & Finance*, Vol. 15, No. 6, 1991, pp. 1093—1112.

85. Grubel H., "A Theory of Multinational Banking", *Banca Nazionale del Lavoro Quarterly Review*, Vol. 123, 1977, pp. 349—363.

86. Haber S. and Musacchio A., "Contract Rights and Risk Aversion: Foreign Banks and the Mexican Economy, 1997—2004", *Harvard Business School Working Papers*, No. 025, 2005.

87. Haiss P. and Sümegi K., "The Relationship between Insurance and Economic Growth in Europe: A Theoretical and Empirical Analysis", *Empirica*, Vol. 35, No. 4, 2008, pp. 405—431.

88. Hawkins J. and Mihaljek D., "The Banking Industry in the Emerging Market Economies: Competition, Consolidation and Systemic Stability—An Overview", *BIS Paper*, No. 4, 2001.

89. Hermes N. and Lensink R., "Foreign Direct Investment, Financial Development and Economic Growth", *The Journal*

of *Development Studies*, Vol. 40, No. 1, 2003, pp. 142—163.

90. Hicks J., *A Theory of Economic History*, Oxford: Clarendon Press, 1969.

91. Hsiao C., *Analysis of Panel Data*, England: Cambridge University Press, 2003.

92. Javorcik B. S., "Does Foreign Direct Investment Increase the Productivity of Domestic Firms? In Search of Spillovers through Backward Linkages", *The American Economic Review*, Vol. 94, No. 3, 2004, pp. 605—627.

93. Jenkins H., "Commercial Bank Behaviour in Micro and Small Enterprise Finance", *Harvard Institute for International Development Disscussion Paper*, No. 741, 2000.

94. Kaufmann D., Kraay A. and Mastruzzi M., "Governance Matters VII: Aggregate and Individual Governance Indicators, 1996—2007", *World Bank Policy Research Working Paper*, No. 4654, 2008.

95. King R. G. and Levine R., "Finance and Growth: Schumpeter Might be Right", *The Quarterly Journal of Economics*, Vol. 108, No. 3, 1993, pp. 717—737.

96. King R. G. and Levine R., "Finance, Entrepreneurship and Growth: Theory and Evidence", *Journal of Monetary Economics*, Vol. 32, No. 3, 1993, pp. 513—542.

97. Kokko A., *Foreign Direct Investment, Host Country Characteristics, and Spillovers*, Ph. D Thesis, Stockholm: Stockholm School of Economics, 1992.

98. Kokko A., "Productivity Spillovers from Competition

between Local Firms and Foreign Affiliates", *Journal of International Development*, Vol. 8, No. 4, 1996, pp. 517—530.

99. Krugman P., "International Finance and Economic Development", In: Giovannini A (eds), *Finance and Development: Issues and Experience*, Cambridge: Cambridge University Press, 1993, pp. 11—24.

100. Kugler M. and Ofoghi R., "Does Insurance Promote Economic Growth? Evidence from the UK", *University of Southampton*, 2005.

101. Lensink R. and Hermes N., "The Short-term Effects of Foreign Bank Entry on Domestic Bank Behaviour: Does Economic Development Matter?", *Journal of Banking & Finance*, Vol. 28, No. 3, 2004, pp. 553—568.

102. Levine R., "Foreign Banks, Financial Development, and Economic Growth.", In: Barfield C E (eds), *International Financial Markets: Harmonization versus Competition*, Barfield, Washington, D. C.: The AEI Press, 1996, pp. 225—254.

103. Levine R., "International Financial Liberalization and Economic Growth", *Review of International Economics*, Vol. 9, No. 4, 2001, pp. 688—702.

104. Levine R., *Finance and Growth: Theory and Evidence*, NBER working paper, 2004.

105. Levine R., Loayza N. and Beck T., "Financial Intermediation and Growth: Causality and Causes", *Journal of Monetary Economics*, Vol. 46, No. 1, 2000, pp. 31—78.

106. Levine R. and Zervos S. , "Stock Markets, Banks, and Economic Growth", *The American Economic Review*, Vol. 88, No. 3, 1998, pp. 537—558.

107. Li D. and Moshirian F. , " International Investment in Insurance Services in the US", *Journal of Multinational Financial Management*, Vol. 14, No. 3, 2004, pp. 249—260.

108. Lucas R. S. , " On the Mechanics of Economic Development", *Journal of Monetary Economics*, Vol. 22, 1988, pp. 3—42.

109. Ma Y. and Pope N. , "Determinants of International Insurers' Participation in Foreign Non-Life Markets", *The Journal of Risk and Insurance*, Vol. 70, No. 2, 2003, pp. 235—248.

110. Mac Dougal G. , " The Benefits and Costs of Private Investment from Abroad: A Theoretical Approach ", *Economic Record*, Vol. 36, 1960, pp. 13—35.

111. Markusen J. R. , " The Boundaries of Multinational Enterprises and the Theory of International Trade", *Journal of Economic Perspectives*, Vol. 9, No. 2, 1995, pp. 169—189.

112. Mc Fadden C. , "Foreign Banks in Australia", *The World Bank*, *Mimeo*, 1994.

113. Mckinnon R. I. , *Money and Capital in Economic Development*, Brookings Institution Press, 1973.

114. Meier G. M. and Seers D. , *Pioneers in Development*, New York: Oxford University Press, 1984.

115. Mian A. , "Distance Constraints: The Limits of Foreign Lending in Poor Economies", *Journal of Finance*, Vol. 61,

No. 3,2006,pp. 1465－1505.

116. Micco A. ,Panizza U. and Yañez M. ,"Bank Ownership and Performance",*Inter-American Development Bank Working Paper* ,No. 518,2004.

117. Micco A. ,Panizza U. and Yanz M. ,"Bank Ownership and Performance,Does Politics Matter?",*Journal of Banking & Finance* ,Vol. 31,No. 1,2007,pp. 219－241.

118. Miller S. R. and Parkhe A. ,"Patterns in the Expansion of U. S. Banks' Foreign Operations",*Journal of International Business Studies* ,Vol. 29,No. 2,1998,pp. 359－389.

119. Moshirian F. , "Foreign Direct Investment in Insurance Services in the United States",*Journal of Multinational Financial Management* ,Vol. 7,No. 2,1997,pp. 159－173.

120. Moshirian F. ,"International Financial Services:Multinational Financial Companies in Australia ", *Journal of Multinational Financial Management* ,Vol. 8,No. 4,1998, pp. 365－379.

121. Moshirian F. ,"International Investment in Financial Services", *Journal of Banking & Finance* , Vol. 25, No. 2, 2001, pp. 317－337.

122. Nigh D. ,Cho K. R. and Krishnan S. ,"The Role of Location-Related Factors in U. S. Banking Involvement Abroad:An Empirical Examination",*Journal of International Business Studies* ,Vol. 17,No. 3,1986,pp. 59－72.

123. Peek J. and Rosengren E. S. ,"Implications of the Globalization of the Banking Sector:the Latin American Experience",

Federal Reserve Bank of Boston, 2000.

124. Rioja F. and Valev N. , "Does One Size Fit All?: A Reexamination of the Finance and Growth Relationship", *Journal of Development Economics*, Vol. 74, No. 2, 2004, pp. 429—447.

125. Robinson J. , "The Generalization of the General Theory", In:(eds), *The Rate of Interest and Other Essays*, London: Mac Millan, 1952.

126. Roessl P. and Haiss P. , "FDI as Signal for Competitive Advantage: Does Financial Sector FDI Attract Real Sector FDI, Portfolio Investment and Trade?", In: Kowalewski O, Weresa M(eds), *The Role of Foreign Direct Investment in the Economy*, Munich: Rainer Hampp Verlag, 2008.

127. Romer P. M. , "Increasing Returns and Long-run Growth", *The Journal of Political Economy*, Vol. 94, No. 5, 1986, pp. 1002.

128. Romer P. , "Idea Gaps and Object Gaps in Economic Development", *Journal of Monetary Economics*, Vol. 32, No. 3, 1993, pp. 543—573.

129. Ruhr M. and Ryan M. , "Following or Attracting the Customer? Japanese Banking FDI in Europe", *Atlantic Economic Journal*, Vol. 33, No. 4, 2005, pp. 405—422.

130. Sabi M. , "An Application of the Theory of Foreign Direct Investment to Multinational Banking in LDCS", *Journal of International Business Studies*, Vol. 19, No. 3, 1988, pp. 433—447.

131. Schulz H. , "Foreign Banks in Mexico: New Conquistadors or Agents of Change?", *Wharton Financial Institutions Center Working Paper*, No. 06—11, 2006.

132. Seth R. , Nolle D. E. and Mohanty S. K. , "Do Banks Follow their Customers Abroad?", *Financial Markets Institutions and Instruments*, Vol. 7, 1998, pp. 1—25.

133. Shaw E. S. , *Financial Deepening in Economic Development*, Oxford University Press, 1973.

134. Sjoholm F. , "Technology Gap, Competition and Spillovers from Direct Foreign Investment: Evidence from Establishment data", *Journal of Development Studies*, Vol. 36, No. 1, 1999, pp. 53—73.

135. Sohinger J. , "Growth and Convergence in European Transition Economies. ", *Eastern European Economics*, Vol. 43, No. 2, 2005, pp. 73—94.

136. Soussa F. , "A Note on Banking FDI in Emerging Markets: Literature Review and Evidence from M&A Data", *Central Bank Paper Submitted for the CGFS Working Group on Foreign Direct Investment in the Financial Sectors of Emerging Market Economies*, 2004.

137. Spence M. , "Job Market Signaling", *The Quarterly Journal of Economics*, Vol. 87, No. 3, 1973, pp. 355—374.

138. Spence M. , "Signaling in Retrospect and the Informational Structure of Markets", *American Economic Review*, Vol. 92, No. 3, 2002, pp. 434—459.

139. Terrell H. S. , "The Role of Foreign Banks in Domestic

Banking Markets", In: Cheng H(eds), *Financial Policy and Reforming Pacific-Rim Countries*, Lexington Books: Lexington, MA. ,1986, pp. 297−304.

140. Tschoegl A. E. , "Size, Growth, and Transnationality Among the World's Largest Banks", *The Journal of Business*, Vol. 56, No. 2, 1983, pp. 187−201.

141. Uiboupin J. , "Short-term Effects of Foreign Bank Entry on Bank Performance in Selected CEE Countries", *Bank of Estonia Working Papers*, No. 05−04, 2005.

142. UNCTAD, *World Investment Report: Foreign Direct Investment and the Challenge of Development*, New York: United Nations Publication, 1999.

143. UNCTAD, *World Investment Report: The Shift towards Services*, New York: United Nations Publication, 2004.

144. UNCTAD, *World Investment Report: Transnational Corporations and the Internationalization of R&D*, New York: United Nations Publication, 2005.

145. UNCTAD, *World Investment Report: Transnational Corporations, and the Infrastructure Challenge*, New York: United Nations Publication, 2008.

146. Unite A. A. and Sullivan M. J. , "The Effect of Foreign Entry and Ownership Structure on the Philippine Domestic Banking Market", *Journal of Banking & Finance*, Vol. 27, No. 12, 2003, pp. 2323−2345.

147. Ursacki T. and Vertinsky I. , "Choice of Entry Timing and Scale by Foreign Banks in Japan and Korea", *Journal of*

Banking & Finance, Vol. 16, No. 2, 1992, pp. 405—421.

148. Walkenhorst P., "Economic Transition and the Sectoral Patterns of Foreign Direct Investment", *Emerging Markets Finance and Trade*, Vol. 40, No. 2, 2004, pp. 5—26.

149. Webb I. P., Grace M. F. and Skipper H. D., "The Effect of Banking and Insurance on the Growth of Capital and Output", *Center for Risk Management and Insurance Working Paper*, No. 02—1, 2002.

150. Williams B., "Factors Affecting the Performance of Foreign-owned Banks in Australia: A Cross-Sectional Study", *Journal of Banking & Finance*, Vol. 22, No. 2, 1998, pp. 197—219.

151. Williams B., "The Defensive Expansion Approach to Multinational Banking: Evidence to Date", *Financial Markets, Institutions and Instruments*, Vol. 11, 2002, pp. 127—203.

152. Yamori N., "A Note on the Location Choice of Multinational Banks: The Case of Japanese Financial Institutions", *Journal of Banking & Finance*, Vol. 22, No. 1, 1998, pp. 109—120.

153. Yeyati E. L. and Micco A., "Concentration and Foreign Penetration in Latin American Banking Sectors: Impact on Competition and Risk", *Journal of Banking & Finance*, Vol. 31, No. 6, 2007, pp. 1633—1647.

后　记

　　当提笔准备写后记的时候，切身体会到了感慨万千的滋味。"痛并快乐着"也许能形象的表达学术研究过程中的心路历程。

　　本书是在作者博士论文的基础上几经修改而成，也是作者从事学术研究以来的第一本著作。对于本书的顺利出版，作者颇感欣慰，同时，亦有诸多的感触。

　　回想三年前，怀着对母校的眷恋和对经济学的憧憬再度回到南开园，仿佛感觉一切就在昨天。三年的博士生涯让我再次感受到了学生的苦与乐，而博士论文的写作更是让我体会到了知识的无限，深刻感悟到了学海无涯的简单至理。

　　首先感谢我的导师张诚教授。张老师学识渊博但为人谦和，作为一名跨学科的学生，经济学基础的薄弱无形之中增加了老师指导的难度，但是张老师给予我更多的是宽容和耐心。张老师严谨的治学态度对我更是影响至深，从论文的选题到框架结构的搭建，张老师都给予了细致的指导，而论文写作过程中与张老师的讨论，往往使我茅塞顿开。论文初稿完成后张老师更是提出了许多建设性意见，并对论文进行了斟词酌句的修改。由于学生才学有限，虽然尽力去做，但依然难以达到老师的期望，因此论文中的纰漏与不足当由学生承担。

感谢国际经济研究所和跨国公司研究中心的冼国明教授、邱立成教授、蒋殿春教授、戴金平教授、张岩贵教授、张晓桐教授等各位老师，通过学习他们的课程或聆听他们的学术讲座，让我在经济学殿堂中受益匪浅。

感谢天津广播电视大学的吴惟义教授，吴教授对我攻读博士学位给予了诸多的鼓励和支持。

感谢我的硕士导师王左立教授及其爱人赵侠教授，尽管是跨学科攻读博士，但二位老师依然给予了诸多的关心和支持。

感谢杨明、张九海、贾向桐、王革等好友，作为好朋友兼校友，他们对我的读博也同样给予了诸多的激励和勇气。

感谢同门师妹周琳，感谢袁其刚、蔺庆校、孙江永等同班同学，感谢谢申祥、李国栋、孙经国等博士好友，与同学们的沟通和交流，既开阔了我的研究思路，也让我再次感受到了同学之间的深情厚谊。

感谢我的父母、我的妻子史彩虹女士以及女儿笑笑。读博期间，回老家尽孝的次数减少，感谢父母的谅解。读博期间，妻子承担了一切家务和照看孩子的重担，感谢她的理解和支持。感谢可爱的女儿，读博期间，很少拿出时间来陪伴孩子，孩子经常问的一个问题是，爸爸为什么又要去学校啊？感觉很是愧对女儿。尽管如此，在我写作疲倦之时，孩子却用她那童稚的笑声为我带来了一丝丝惬意。

最后感谢人民出版社承接了本书的出版，尤其经济编辑室的郑海燕主任，从作者酝酿本书的出版开始，一直到文稿后期的编辑排版，整个过程中，郑海燕编辑都以一种热情宽容但又不乏严谨敬业的精神给予了诸多的帮助，付出了诸多的劳动，在此表示深深的谢意！由于作者学识所限，书中难免存在不足之处，文责当然自负，敬请学界前辈和同行批评指正。

刘兴凯

2011 年 11 月 28 日于寓所